凡是与书相关之人，不论性别、阶级、职位，都最容易敲开我们的心扉，而且获得我们的热情与偏爱。

——〔英〕理查德·德·伯利

文化名家暨"四个一批"人才自主选题资助项目
"广东特支计划"宣传思想文化领军人才资助项目

書海思問錄

何春华 著

中華書局

图书在版编目(CIP)数据

书海思问录/何春华著. —北京:中华书局,2019.1(2019.5重印)
ISBN 978-7-101-13635-7

Ⅰ.书…　Ⅱ.何…　Ⅲ.出版工作-深圳-文集
Ⅳ.G239.276.53-53

中国版本图书馆 CIP 数据核字(2018)第 288571 号

书　　　名	书海思问录
著　　　者	何春华
封面题签	徐　俊
责任编辑	罗华彤　葛洪春
出版发行	中华书局

　　　　　　(北京市丰台区太平桥西里 38 号　100073)
　　　　　　http://www.zhbc.com.cn
　　　　　　E-mail:zhbc@zhbc.com.cn

印　　　刷	北京市白帆印务有限公司
版　　　次	2019 年 1 月北京第 1 版
	2019 年 5 月北京第 2 次印刷
规　　　格	开本/920×1250 毫米　1/32
	印张 11⅜　插页 6　字数 300 千字
国际书号	ISBN 978-7-101-13635-7
定　　　价	78.00 元

第七届全国书市1996年11月8日在深圳书城隆重开幕。

第七届全国书市开幕式现场。

第七届全国书市宽敞的销售大厅。

第七届全国书市中作家张抗抗被热情的读者围得水泄不通。

2000年9月,中科院院士、著名科学家钱伟长先生参观深圳书城,盛赞"深圳书城有气派"。

2001年9月,作者前往香港拜见饶宗颐先生,代表深圳读书月组委会呈交"深圳读书月特别顾问"证书。

2005年5月，作者与武汉大学教授、博士生导师黄凯卿先生在武汉大学硕士研究生毕业论文答辩会上。

2006年10月，作者与南怀瑾先生在太湖大学堂。

2006 年 11 月,金庸先生在深圳书城古籍书店鉴赏古籍。

2013 年 11 月,原深圳市委书记李灏同志(中)、著名经济学家厉以宁先生(右)参观深圳书城中心城。

2014 年 11 月, 王蒙先生偕夫人参加深圳读书月"深圳读书论坛"活动。

2015 年 1 月, 作者赴北京大学看望深圳读书月特别顾问: 中科院院士、著名物理学家陈佳洱先生(前排右二), 著名文艺评论家、诗人谢冕先生(前排左二)。

　　2015 年 7 月,著名中医学家樊正伦先生参加深圳市民文化大讲堂活动,主讲"中医养生的智慧"。

　　2016 年 4 月,著名经济学家吴敬琏先生参观深圳书城中心城尚书吧。

书海泛舟图，陈义望，2018 年

序　言

21 世纪人类社会进入了知识经济和信息时代,计算机、大数据、云计算、人工智能与移动互联网的广泛应用以及随之而来的万物互联和电子商务热潮,正深刻改变着世界各领域各行业,也对世界各国出版业的变革与发展产生巨大的影响。今天,在受惠于信息技术应用的同时,如何认真总结其特点及规律,分析面临的问题并寻求对策,是当前我国出版发行界极其关注的问题,也是持续推动我国出版发行业实现高质量发展的重大课题。

1965 年,美国学者托马斯·库恩(Thomas Kuhn)在《科学发现的逻辑》中提出,科学研究存在所谓"范式",当旧的"范式"不能解决新问题的时候,新的"范式"就会逐渐形成。其后,托马斯·库恩的范式理论被广泛应用于商业模式分析和产业利润获取模式的研究。反观传统的出版发行"范式",具有比较重视控制成本、质量与价格的特点,而新兴的出版发行"范式"则强调加快出版物交易过程、推行技术标准化和企业核心价值优先。两种"范式"代表着两种不同的经营模式和运作规则。

在辩证思维、系统思维、战略思维和创新思维的引领下,我国出版发行企业一直在努力全方位地从市场中寻找有价值的读者群,制定能够满足读者需求的整体解决方案,使扩大市场份额和获取利润的方式及能力不断提升,并最终实现"双效丰收"的文化使命。这一切不仅与管理思想、管理方法有关，而且与管理技术、管理工具和管理环境有关。随着信息技术的不断发展进步，网络、数据、新媒体对出版发行业的影响越来越大，创造的机会也越来越多。从国内外出版发行企业的运行实践可以看出，学习和掌握信息技术，努力营造优异的营商环境，加快出版物流的速度与质量建设，积极开展以信息标准化、设备自动化、经营集约化为核心的企业流程再造，是提高传统出版发行企业市场竞争力的有力举措。

新时代中国出版发行业正经历着从传统计划经济向现代市场经济转变，从粗放分散型经营向集约规模化经营转变，从片面追求数量规模的要素投入型发展模式向全面追求高质量、可持续发展的内生动力型发展模式转变。一句话：普遍注重供给侧结构性改革，以迎接经济发展新常态的挑战，同时创造更多更好的发展机遇。出版发行业的深化改革、全面发展，不仅是文化自信的客观要求，也是文化自信的具体表现。然而，如何应对新时代出版发行业的深刻变革，寻求科学、合理、有效的出版发行业新发展"范式"，推动其快速健康地发展，需要众多有识之士投入到这场丰富多彩、波澜壮阔的理论探索和经营管理实践之中。

我深知探索者、先行者不计其数。《书海思问录》的作者何春华先生，是众多投身此项工作的人士之一。这位目前任职于深圳出版发行集团公司的资深管理者，来自江西省萍乡的农村，自幼勤动脑善思考的他1984年考入武汉大学，就读于教育部初创的出版发行管理学专业，1988年毕业后入职该集团公司的前身——深圳市新华书店，30年来一直在此从事书店业务及管理工作。2002年他再次回到母校攻读出版管理硕士学位。虽然工作十分繁忙，但他并未陷于单纯的事务，始终保持着思考和钻研的习惯，与时偕行，探索新时期出版发行业出现的各种问题，参与改革的探讨与交流。《书海思问录》是他从业30年以来在各类报刊等媒体发表的文章、企业转型发展思考及论坛演讲等文字的汇集，内容涉及出版发行业新常态发展、新书城业态模式、全民阅读、阅读与城市文化、书业物流发展战略研究、书店改革创新发展、职业道德与职业修养等诸多方面。鉴于深圳之于全国、深圳书城之于全国书业的影响力，可以说这既是一部卖书人、爱书人的职业自传，又是一部浓缩的全国书业改革发展史。

纵观改革开放40年我国出版发行体制的变迁，何春华用"从官方走向市场，从单一走向多元，从贫乏走向丰富，从封闭走向开放"四句话来概括，这也是他踏入出版发行行业整整30年对行业的发展和思考总结。在客观、冷静、清醒地分析当下我国出版发行业所面临的种种挑战和发展中的诸多机遇以后，他认为，出版发行业作为我国经济、政治、文化、社会和生态文明建设的重要组成部分，当前面临新常态的考验。提出必须摆脱过去主要依靠要素投入为主的外延扩张模式，转向提升产品质量、优化产品结构、提高投入产出效率为主的内涵式发展道路，谋求并实现高质量、可持续的新常态发展。要依靠深化文化体制改革和搞活企业运行机制，提高企业市场应变能力、科技创新能力、新媒体与传统媒体融合发展能力和内部经营活力，走内生式（而非外部输血）发展之路。在企业经营管理方面，必须扭转重规模重速度、轻效率轻质量，重经营重投入、轻管理轻核算的粗放经营管理模式，走向重质量、重管理、重核算尤其重投入产出比例分析的集约型精细化管理。

从《书海思问录》30万字的论述中，可以看出自从1988年开始就一直在深圳国有书业从事业务与管理工作的何春华，对出版发行业有着无比的热爱，对本职工作有着满腔的热情，对卖书、买书、藏书和读书有着痴迷的执着。他不仅认真做好本职工作，而且根据自己的工作体会与理论学习，时刻在思考我国出版发行企业的发展模式与发展战略问题，通过撰写论文来阐明自己的观点，积极参加行业的业务交流与探索，为行业的改革、创新及未来发展发声、给力。虽不以名闻自视，但新见新识是常有的，步子是稳健的。其先后被中宣部列为"四个一批"人才，被国家新闻出版广电总局评为"全国新闻出版行业领军人才"，入选"广东省宣传思想战线优秀人才"和深圳市高层次人才，享受国务院政府特殊津贴，成为一名真正的书业思想者和实践者。《书海思问录》中的论文，发表时间前后跨越近 30 年，不少观点、数据和结论与当前的现状可能有差异，有抵牾，甚至有错误，但其始终热爱本职工作，始终坚持手不释卷，始终保持思问的精神和作为，是有启发意义的。希望我们出版发行企业的从业人员，有更多的人能够像作者这样，干一行、爱一行，不改初心，矢志如一，勤于实践，勤于学习，关心并投入到发展中国特色社会主义出版发行事业中来，为之奋斗，为之快乐，为之幸福。

无庸讳言，春华是我的学生，从本科一直到研究生，序作中溢美之辞是难免的。1988 年 7 月，他毕业南下特区发展，我满心欢喜，寄以期望；他从事图书发行，执着卖书、藏书、读书，我特别高兴，在学生中加以称许；广东那边的学生常常捎话，说春华如何如何爱好买书、藏书、读书，我更为他骄傲，以为这应当是文明人的本色。在我眼里，他永远是一个卖书人、一个读书人。因以为序。

黄凯卿

2018 年 11 月 18 日于武汉珞珈山，时年七十二

目 录

中编　探索

下编　交流

上编　实践

深圳书城罗湖城(木刻版画),梁国富,2015 年

深圳书城罗湖城。

1996 年 11 月 8 日开业。

占地面积 6044 平方米,总建筑面积 40912 平方米,营业面积 13000 平方米。

全国首个以"书城"命名的出版物经营场所,汇聚各类图书期刊、音像制品等出版物 20 余万种。常年举办各类文化活动,是深圳市著名的文化旅游景点。

最美是书城*
——新时代深圳书城发展模式研究

第一节　书城时代(1996—2008年)

改革开放以后,我国实体书店的发展大致经历了两个阶段。第一个阶段:1978至2008年,是实体书店发展的"黄金三十年",出版物品种、门店数量及市场销售极其繁荣,发展快速。第二个阶段:2009年至今,2008年可以说是实体书店发展的拐点年。2009年开始实体书店受到电商和新媒体阅读的猛烈冲击,开始走下坡路,销售连年下滑,2012年行业销售首次出现负增长。

1996—2008,正是实体书店"黄金三十年"的最后十余年,也是实体书店发展承上启下,追寻自我变革、转型提升的火热阶段。正是从1996年底开始,深圳书城第一个书城——深圳书城罗湖城诞生起步,书城作为实体书店转型升级的代表,如雨后春笋般在全国各地萌发、涌现、发展、壮大,中国书业迎来了大发展大繁荣的书城时代。

＊本文系中宣部2014年文化名家暨"四个一批"人才自主选题资助项目。

一、从五星级书店到体验式书城

1996 年 11 月 8 日,深圳书城罗湖城(简称"罗湖书城")首次以"书城"命名,隆重开业,开启了中国书业大书城发展的新时代。8—18 日,第七届全国书市在这里成功举办,11 天累计客流突破百万,销售额达到 2170 万元,创造了书业奇迹和全国书市七项纪录,改变了全国书市的命运。2004 年 7 月、2006 年 11 月,深圳书城第二、三家书城——深圳书城南山城(简称"南山书城")、深圳书城中心城(简称"中心书城")陆续问世,深圳国有书业形成了"三联星"的市场格局,进入大书城连锁的新阶段。从罗湖书城到中心书城,深圳书城历经"综合性图书超市"、"BOOK MALL"到"体验式书城"的嬗变,成为享誉业界的知名品牌;书城从一个卖书的场所不断丰富内涵外延,蜕变成阅读的倡导者、文明的传承者和城市文化生活空间的塑造者,形成了独特而富有生命力的大书城发展模式。

(一)五星级书店,现代书业的创举——罗湖书城时期(1996—2003 年)

罗湖书城 1991 年立项,1993 年中动工,1996 年底开业。总建筑面积 42000 平方米,楼高 33 层,总投资 1.8 亿元人民币。卖场营业面积 13000 平方米,陈列图书近 20 万种,全场开架式、自选式经营,配套了广场、停车场等硬件设施,极大满足了深圳市民的购书需求和阅读渴望,书城被称为"文化沙漠里的绿洲"。她以一流的设施、一流的环境、一流的服务受到来自深圳、珠三角乃至全国越来越多的读者的认同,被市民誉为"文化公园",被深圳市新闻出版局和旅游局定为"文化旅游景点",逐渐成为特区的一道亮丽的文化景观。先后获得"全国新华书店精神文明示范单位"、"全国新华书店'成绩优异、服务优良'双优先进单位",省、市"文明单位"、"南粤女职工文明岗"、"三八红旗集体"、"巾帼文明示范岗"等由中央宣传部、中央文明办、新闻出版总署、广东省委省政府、深圳市委市政府颁发的50多个奖项。

1. 打造五星级书店,创建一流购书环境和五星标准服务体系。

罗湖书城开业以前,深圳市小书店林立。深圳市新华书店拥有的20余家门市,分布在全市六区各处,总经营面积8000平方米,单店最大面积不足500平方米。号称"全国最高书城"的罗湖书城体量大、配套全,一举改变了"规模小、环境差、布点分散、品种匮乏"的深圳书店形象,使深圳图书零售实现了由"小书店"向"综合性大卖场"的跨越式转变。

硬件环境的极大改善呼唤与之相匹配的软件服务。1997年,新闻出版署授予深圳书城"全国新华书店精神文明示范单位",把深圳书城的品牌定位为:既是读者心目中一座精神文明建设的圣殿,又是提供优质服务的示范窗口。这一年,深圳市新华书店提出"把深圳书城创建成五星级书店"的响亮口号。罗湖书城突破传统书店的模式,将目光投向了刚刚兴起不久的大卖场以及星级酒店等新生事物,建立起一个全新的服务体系和经营理念,即"以书业为核心,以网点为依托,以科技为导向,以服务求效益",推出了一套专业化、标准化、技术化的管理服务体系,打造五星级书城,让全国书业经营者耳目一新。

（1）千方百计改善服务环境。率先在国内书业界采用综合购物超市的经营方式,内设商务中心、邮电代办所、银行等服务设施。在一楼大堂首设总服务台,增加了现代导购、宣传、查询、接待、咨询、接受投诉等服务功能；全面调整书城布局，设置新书台、畅销书台，使读者能便利、快捷地找到畅销书；科学调整了图书陈列分类，增设细目 30 类，达到 176 类；灯箱、标记牌、分类牌均改用中英文标识，方便国内外读者找书；增设格栅灯盘 150 个，加强卖场的灯光；书城大堂安装了投影式大型彩色屏幕，各楼层卖场安装了 20 部 29 寸彩色电视机，播放新书介绍和背景音乐；常年摆设盆栽花卉美化购书环境；在书城内外增设了绿色喷塑钢椅供读者休息。

（2）一心一意提供优质服务。通过加强职业道德建设和规范管理、量化考核，制定了五星级书店的标准，并赋予它新的内涵，以"为读者找书，为书找读者"为核心内容，建立深圳书城优质服务保障体系，为读者提供高水准的、全天候的优质服务。在服务理念上倡导人文服务、零缺陷服务。持续开展优质服务月活动，建立读者监督机制，并在书城二至四楼显著位置悬挂读者投诉电话牌。印制了《深圳书城读者调查问卷》，收集读者意见，改进工作。让读者参与评选优秀服务员和十差服务员，彻底改善服务作风和服务面貌等。

深圳市新华书店创建五星级书店的服务和做法受到社会各界热烈赞扬，深圳书城的品牌形象日臻完美，品牌效应日渐增强。几年间，书城共收到读者的表扬信（电话）500 余件，新闻界的表扬文章约 160 篇。深圳的读者说："深圳书城是我们深圳人的福气和骄傲。"2000 年 11 月，深圳市新华书店收到远在贵州的一位读者的来信，盛赞深圳书城是"全国最好最值得信赖的书店"。

2. 实施连锁经营，形成"大书城为中心，小门市环绕"的图书零售网络格局。

1996 年，罗湖书城率先应用自主开发的 BIMS 信息系统进行连锁经营管理,开创了新华书店系统的计算机信息化时代,自此全国各地的新华书店纷纷引进该系统。使用高峰时,全国近50%的新华书店和书城引进应用了该系统。深圳市店借助此系统,在国内同业中率先成功实施以深圳书城为核心、符合国际惯例的连锁经营管理。紧紧围绕满足读者文化需求,全力打造连锁经营五项核心技术,精心培育文化品牌,迅速成为深圳文化产业发展的一支重要力量。经过7年锻造,深圳书城在深圳全市六区成功发展了深圳书城南油城、宝安城、万商城、东门城、西丽店、坂田店、春风店等连锁经营门店,形成了以"大书城为中心,小门市环绕"的"卫星式"网点分布格局。

(1)以信息系统为支撑。要推行连锁经营体制,没有信息系统支撑是难以成功的,必须借助计算机技术。为此,深圳市新华书店决定以"图书营销信息管理系统(BIMS)"为技术平台,按照国际通行的连锁经营规范,以贸易部《连锁店经营管理规范意见》为指导,在全店建立连锁经营体制,实现业态创新和体制创新。1996年初成功开发的BIMS系统,为连锁经营管理体制实行从粗放经营型向集约经营型、从码洋管理向品种管理的转变提供了技术保障。该系统在全国同行业处于领先地位,得到新闻出版署和全国各地同行的高度评价,成功移植到南宁、西安、重庆、长沙、郑州和江西等23个省市。利用BIMS系统的技术优势,深圳市新华书店成立巴颜喀拉出版在线有限公司,又开发了出版社信息管理系统,建立了网上图书信息发布平台和网上书城信息管理平台,实现了图书采购、销售电子化交易,为读者购书、书店订货提供了更加先进便捷的方式,使出版社和书店之间的信息流实现无缝连接,受到出版发行界和读者的一致好评,有力地推动了我国图书发行信息化进程。借助于计算机管理系统的技术优势和连锁经营体制的机制优势,深圳市新华书店按国际惯例大力发展特许加盟连锁店,吸收具有一定规模和信誉的个体书店、大商场、超市加盟。

(2)以规范化管理为保障。连锁经营相对单店管理,是书店经营业态的彻底变革。为此,深圳市店通过全面推行量化管理,在全店各个业务部门建立了科学的量化考核指标体系;通过建立规范管理制度和标准化业务流程,来实现规范化管理;2001—2003年,市店引入并建立 ISO9001 质量管理体系。一系列管理措施的实施,保证了连锁经营的健康发展。

深圳市新华书店 1996 年开始大胆探索实践连锁经营,在传统图书零售业业态创新和经营体制创新方面迈出了可喜的一步,取得显著的经济效益和社会效益。1996 年至 2000 年间,深圳市新华书店更是以跳跃式速度向前发展,销售总额从 8946 万元增长到 28070 万元,年均增长速度 33%,利润总额从 88.7 万元增长到 1809.8 万元,年均增长速度 113%,净资产从 7818.2 万元增长到 15079.3 万元,年增长速度 18%,五年间再造了三个深圳市新华书店。2001 年 6 月中旬,新闻出版总署在深圳召开了全国新华书店连锁经营研讨会,深圳市店的连锁经营实践成为会议讨论的热点,受到石宗源署长和业内同行的高度评价。

3. 首创"深圳读书月",掀起深圳全民阅读建设与推广的光荣序幕。

20 世纪 80、90 年代,深圳作为中国改革开放的试验田,发展异常迅猛,各路英才汇聚这里,读书需求特别旺盛,深圳书城、深圳图书馆经常人满为患。人们忘我阅读的场景,尤其是 1996 年罗湖书城开业和第七届全国书市的空前盛况,成为深圳创办读书月的触媒之一。2000年11月1日,经过深圳市委宣传部、市文化局和新闻出版局等相关部门精心策划和组织,首届"深圳读书月"在罗湖书城北广场隆重启动。深圳书城自此成为深圳读书月的主阵地,深圳市新华书店成为深圳读书月的主承办单位。首届读书月共举行50项主题活动,扎实又热闹;参加者众,直接、间接参与活动的市民多达170万人次,其中进入深圳书城的读者人数达105万人次,平均每天3.5万人次,各类图书销量大幅增长。参与报道首届深圳读书月的新闻记者达1000多人次,各种传媒刊发有关深圳读书月的稿件600余篇(条)。首届深圳读书月的举办,不仅再现了深圳成功举办第七届全国书市的火爆场面,而且把深圳的读书热潮推上一个新的高度、新的水平,掀起了深圳全民阅读建设与推广的序幕。国家新闻出版署机关报《新闻出版报》就此评论说:举办读书月,这是深圳的又一个创举。

(1)读书月是深圳积极拓展城市文化发展空间的新尝试。时至2000年世纪之交,"深圳"这一最具中国改革开放标识意义的符号,已经成功完成了从"经济特区"到"现代都市"的华丽转身。在持续了20年的经济和商业繁荣之后,深圳的全市人口已达700万,地区生产总值达到1665亿元,无论是城市人口总量还是经济总体规模,均已跃居全国特大城市行列。但与经济相比,深圳的城市文化依然不尽如人意。一方面,经过20年的大力建设,深圳的文化设施有了很大的发展,休闲娱乐等商业文化场所颇为丰富,相关文化活动也得到了一定的开展;但另一方面,由于城市的文化积淀需要一个较长的历史时段,而深圳的城市历史只有短短的20年,公共文化设施和各类文化活动相对有限,显然难以满足城市急剧扩张所带来的巨大需求,如无论是周末还是平时深圳书城均人头攒动,尽管一度被评为"深圳十景"之一,但这也从某个侧面反映了深圳类似的文化设施及相关服务太少,以至于呈现出供不应求的紧张局面。

同时,作为经济特区和我国社会主义市场经济的试验地,深圳在20年间培育出了极为发达的经济理性,以世俗化、市场化和商业化为取向的物质欲望获得了空前的集中释放,而且作为一个人口流动性极强的移民城市,深圳的"户籍人口"与"流动人口"严重倒挂,巨大而严重的投机心态影响着这座城市的社会生活,不仅导致深圳城市认同感、家园意识较为薄弱,也使得稳定的城市文化的形成较为缓慢。因此,对于致力形成新的人文精神、弥补城市生态缺失的深圳来说,一个重要举措就是推广全民阅读。通过倡导读书这一最具人文魅力的文化行为,来达致对文明的亲近,使每一位市民在与这座城市的共同成长中学习到"读书为乐,读书为荣"的文明习性。通过创办读书月,把深圳这座城市的理想注入市民心中,不仅能极大改变人们的价值观念和生活方式,而且能在潜移默化中形塑各种公共文化空间,形成一种具有公共性的阅读风尚,滋养一种新的城市精神。

(2)读书月成为一种社会文化现象,形成长效机制。首届深圳读书月即突破购书、藏书、评书等单一活动的简单叠加,实现了政府倡导,专家指导,企业承办,全民参与,媒体支持,沟通出版社、书店、图书馆与读者之间的联系,实现互动。因而在形式、内容、本质等方面都超出了读书作为个人生活的范畴,具有社会文化的意义,成为一种社会文化现象。

深圳读书月在政府引导、部门组织的基础上,充分体现了多样性、社会性、科学性、文化性。成立了由专家、学者组成的读书指导委员会，向广大读者推荐了第一批100种藏书与阅读书目。这些书目，注重思想性与艺术性、科学性的结合，注重现代与传统的结合，注重普及与提高的结合，受到了广大读者的欢迎与响应。组委会不仅引导群众读书，而且围绕读书，开展了50项活动，使深圳读书月成为一个综合性的、功能极强的大型文化活动，呈现了鲜明的特色。

一是多样性。在50项活动中，图书唱主角，电子出版物、软件、网络、数字图书馆、电子商务、科普展览、科学讲座、作文大赛等都在活动中有一席之地，并且吸引着大量的读者。

二是社会性。众多的活动吸引着不同层次、不同职业、不同地域的读者广泛积极地参与，男女老幼都能在深圳读书月中找到自己喜爱的活动。如"读书在深圳"征文大赛收到了来自深圳以及全国各地的稿件共计1200篇，还有一篇来自远隔重洋的美国纽约联合国总部。全市5万多名青少年参与"我们来换书"活动，获奖者最小的年龄仅为5岁。

三是科学性。在科学地安排各项活动的同时，充分考虑深圳的实际，安排了多项与高新技术相关的活动，如进口科技图书展销，科技知识讲座，电子商务与读书，数字化图书馆演示等，都充盈着科技意识。

四是文化性和实效性。每一项活动的设置，组委会都考虑到了提升深圳文化品位，从大处着眼，从小处入手，春风化雨，润物无声。专家推荐图书的指导性、针对性，都充分体现了读书方法的指导，读书方向的引导。在藏书、选书、读书、用书，每个环节上都不放松。同时，为了更准确地掌握深圳人的读书现状，组委会专门组织了读书问卷调查,4000多名市民参加了此项调查。组委会会同特区文化研究中心的专家发布了资料翔实、论点鲜明、立论科学的调查问卷分析报告。这对把握深圳人的精神文化追求,进而引导文化消费非常有益。

(二)行见南山,坐拥书城——南山书城时期(2004—2006年)

南山书城地处深圳市南山区商业文化中心,地上7层、地下2层,建筑面积3.6万平方米,营业面积2.5万平方米,于2004年7月19日开业,经营中外出版物及文化艺术用品30万种。南山书城秉承"以书为媒"的经营理念,以"打造深圳湾畔的文化MALL,提供一流文化体验"为宗旨,将大书城的经营范围从出版物展示销售拓展到文化餐饮、传统工艺品、动漫产品、少儿培训等项目,极大满足了市民多样性的文化需求,实现了深圳书城从"综合性大卖场"向"BOOK MALL"的跨越式发展。开业前期年度销售持续以两位数增长,2005—2006年度销售分别突破5000万、6000万大关;平均每年接待读者三百万人次,成为深圳西部重要的文化服务提供和文化消费平台,被深圳媒体亲切地称为"市民心仪的文化公园"。先后荣获中国最具成长性书城、中国书店50强、全国出版物发行行业"文明店堂"、"优秀馆配商"、广东省书报刊发行业"十大文明店堂"、广东省"巾帼文明岗"、深圳市"文明示范窗口"、"青年文明号"等称号。

1.坚守"以书为媒,书与非书融合"的综合化经营思路。

南山书城在总结罗湖书城8年运作经验的基础上,在国内同业中首家采用"书与非书(其他文化产品)融合"的经营模式,实施"以书为媒,一业为主,多种经营"的综合化经营思路。在实践中明确书城首先是书店的定位,认为综合化经营必须以书为媒,必须做好出版物营销这一主业。这是综合化经营的根本和灵魂，必须毫不动摇。总体来讲，书城出版物主业经营重抓商品、营销和服务，旨在满足读者文化阅读需求；非书异业是主业的辅助，讲求项目的多样性、针对性与品牌性，为读者提供愉悦的文化体验，满足读者购书之外的其他关联性文化需求。

南山书城在确保书业主体经营的前提下，尝试在卖场内按书业客群进行项目搭配，探索多业态组合，成功为顾客打造了一个复合功能、一站式的、健康有趣的文化生活新空间，满足了市民日益增长并悄然变迁的文化生活需求。书城一楼设有配套服务和文化街，有麦当劳、星巴克、花旗银行、旅游咨询、生活精品等品牌和项目；二至五楼根据本楼层的场地特征和出版物的受众特点，分别组合了培训、动漫产品、数码专区、文化用品、收藏鉴赏等项目；六楼及六夹层引进了KTV。整体上看，南山书城围绕着学生及家庭的主要目标客群，基本构建了书业和项目有机结合、和谐共生的格局。

2.持续优化服务环境，创新服务项目。

南山书城建筑气势恢宏，犹如一艘满帆远征的巨轮，楼顶镶嵌的"深圳书城"四个大字绿意盎然，书香拂面。二至五楼设有22个主题书店，并有文化用品、少儿培训、咖啡简餐映衬其间，布局合理，环境舒适。书城内平面导购图、电脑检索、架位管理系统、滚动大屏幕、手扶电梯、服务台等配套设施齐全，各楼层均设有阅读椅。店堂内灯光适宜，空气清新，辅以绿化点缀、背景音乐烘托，为顾客营造了温馨、和谐、舒适的店堂环境。华灯初上，书城里，读者或倚或坐，或结伴或独行，人多却意外宁静，不知疲倦地阅读着书籍，这已经成为众多读者心中对南山书城的经典印象。

为提升终端服务,南山书城还在各楼层设置"首席导购员",及时提供读者咨询和导引服务。积极通过集团公司开发的网站平台,为客户提供新书(活动)信息查询、网上推介订购、试读、在线写作、数据下载等网上电子服务,实现了书城与读者之间、读者与读者之间的有效互动。为帮助机关企事业单位和深圳市各公共图书馆做好单位文献资源建设服务,书城设立团购部门提供从查重、书目推荐、专项采配到编目上架及活动策划的全面专业服务。

对引进项目,书城强调规范化管理,对商家的服务礼仪、服务方法和经营商品进行培训、实时督导和抽查,保证商品质量和服务水平,力求为顾客提供愉悦的文化消费环境。

3.强化品类管理,持续加强卖场导读能力。

商品是满足顾客阅读需求的核心。南山书城结合卖场布局、各品类品种多寡及市场陈列需要,建立并启用了5级营销分类体系及新的分类标识,并实施架位管理。所有商品精确定位,各专业店增设了自助查询台,商品管理和顾客服务能力大有提升,得到了热心读者的肯定。为了在海量品种中为顾客推荐好书,节约顾客选择成本,书城强化品类管理,通过了解各种图书信息、分析顾客消费热点来筛选精品,满足及引导顾客购买。在卖场设立媒体推荐专架、新书推荐架、大社品牌架等,使新品、畅销品等重点商品的展现更为突出,直接促进了销售,也缩短了好书与读者的距离,为读者找书提供了便利。

南山书城开业后,与罗湖书城相互呼应,极大满足了深圳西部片区市民购书与参加文化活动的需要,深圳国有书业由"一个中心"变成了"双中心"。从深圳书城发展历程看,南山书城及南山书城所尝试探索的"BOOK MALL"雏形正是一种过渡模式,是罗湖书城"图书大卖场式"向中心书城"平台体验式"书城蜕变进程中重要而有益的实践。

(三)跨界,打造体验式书城——中心书城时期(2006—2008年)

2006年11月6日,第七届深圳读书月期间,中心书城华丽亮相,一个世界单体面积最大的体验式书城在深圳中心区诞生。

中心书城开业前后,正值资讯传播与阅读方式、出版物分销渠道与流通方式发生革命性变化,对书城经营产生了巨大挑战,全国其他大型实体书城的经营亦日益艰难。深圳出版发行集团(前身深圳市新华书店、深圳发行集团)带领下的运营团队,积极适应了市场环境和消费方式的变化,主动进行业态创新,创造性地应用"跨界"理念,横跨式经营书业、文化、商业、设计、创意、展览等不同领域的核心地带,终于成功创建了以中心书城为样板的体验式书城业态和书业跨界运行的商业模式。由此,深圳书城转型成为公共文化服务的提供者,致力于为市民提供一个集阅读学习、展示交流、聚会休闲、创意生活于一体,贯通文化消费和精神体验的复合式城市文化生活空间,释放出强大的公众吸引力、文化影响力和消费创造力,推动了良好社会效益和经济效益的协调持续发展,探索出全新的现代大书城发展之路。

中心书城是深圳书城模式的一次完美绽放。此次最大的突破是在运营角色上首次定位为平台集成经营者,克服了作为书业经营者的局限性,以顾客需求为中心来选择、集成最优项目打造平台。中心书城创造了国内最成功、最有社会效益和经济效益的书城模式,是最具魅力、最美的书城。开业以来,中心书城年接待读者超过一千万人次、港澳读者百万人次、中外参观考察团100余批次,年举办各项文化活动600多场。中心书城平台年产值近10亿元,其中出版物零售1.5亿元,年增长率持续位居全国大书城前列,获得了全国文明单位、中国超级书城、中国实力书城、全国出版物发行行业"文明店堂"、广东省文明窗口、广东省书报刊发行业"十大文明店堂"、深圳市"文明示范窗口"、深圳市首批文化产业示范基地和"文化+旅游型"示范基地等光荣称号。吸引了包括香港、台湾地区在内的30多个城市的书业和商业以及投资机构前来参观并寻求合作。

1. 突破性运用"跨界"理念,开创一种全新的书城业态和商业模式。

(1)围绕跨界空间定位,进行系统规划和有序组合。所谓"跨界",代表一种新锐的生活态度和审美方式的融合。跨界合作的最大益处,是让原本看似毫不相干的元素,相互渗透融合,树立一种立体感和纵深感,形成互补。这里所说的互补并非简单的功能互补,而更多的是顾客体验上的互补。

中心书城以阅读生活为核心,将互为补充且积极协同的项目、品牌进行有机复合,形成一个多层次、高效率的物质、能量共生网络,创造了更多人们到达书城的机会与可能,强有力地吸引聚合着热爱阅读、追求品质生活的人,实现了社会效益最大化和经济效益最优化。在4万多平方米的经营空间里,中心书城集聚了与图书、与文化、与休闲生活相关的20多种业态、140多家品牌,其中出版物经营面积近2万平方米,提供国内外1000余家出版机构的30多万种中外出版物。中心书城围绕着跨界空间定位,成功地将书业、文化、商业、设计、创意、展览等在书城空间进行融合，实现城市与人、人与人、文化与商业、生活与艺术、知识与情感的交汇、沟通与互动，创造了更多人们到达书城的机会与可能。

中心书城针对读者的阅读诉求进行书业规划，拥有丰富的书店业态，在书店的设置和布局上亦可谓匠心独具。这里汇集了30多万种中外出版物，有1万多平方米的综合书店；也有音乐时空店、艺术设计店、专营外版书的益文书局，还有永不打烊的24小时书吧、以经营古籍善本和二手书为主的尚书吧等特色书店。这些书店根据书城的区域功能定位错落有致地分布在不同区域。这种多种书店业态组合呈现的方式既可以满足市民综合一站式阅读需求，又可以使少儿、大众、白领等不同顾客群分别处于相对独立互不干扰的阅读空间，同时又让整个书城空间都洋溢着浓郁的文化气息。这种因应建筑特色和读者客群首创"主力书店＋书吧＋特色主题店"的书业规划运营方式，有效满足了大众读者和细分小众读者的多样化、多层次阅读需要。

（2）注重感官审美和过程感受，专业化打造富有情趣的体验式空间。对产品、服务和环境的全方位体验是实体店差异化于网络虚拟空间的关键。中心书城从顾客感受出发，着力营造舒适、宽松、自在的环境。它由国际设计规划大师参与，本着人与建筑、环境和谐共生的原则，进行空间布局、尺度规划和环境设计，整个建筑强调人与自然的和谐共生。首层有供游客漫步的回廊，二层有观景平台，屋顶是绿化与生态广场，南北两区分别有一方一圆两个采光天井，常年红花绿竹，生机盎然，使顾客更加舒适；专业管理团队基于顾客的需求、行为和心理，着眼于好的客户参与体验感与客户满意度规划设计服务项目、业务流程和服务方式；人性化的卖场布局、专业化的品类管理、智能化的查询终端、WLAN免费无线上网服务等,使顾客需求得以方便、快捷地满足;精心编制的背景音乐和灯光模式更是因季节、天气、日子、时段的不同而呈现别样的韵味;在节庆时通过展览、动态活动等营造浓郁的节日氛围,使顾客愉悦地徜徉其中,并引发美好的联想和偏好情感,从而成为顾客向往和流连忘返的场所。

2. 突出"创意"元素、聚合扶持创意项目,把书城打造成优质创意产业平台。

(1)聚合多彩创意项目,成为创意激荡的鲜活空间。中心书城围绕出版物与阅读、文化与生活规划的"跨界"空间,组合的深圳艺廊、弘文艺术、印象映画、无感陶艺、动漫天下等有影响力的创意项目,以及咖啡店、风格餐厅、茶馆、书吧等,成为创意交流激荡的据点。值得一提的是,位于中心书城二层的一个千余平方米的"CROSS"空间,是以创意艺术为主题的,集展览、沙龙、文化资讯等于一体的充满趣味的创意空间,这里有各种充满艺术感的创意小店,有专业的办展场地设施,有经常性的艺术创意交流活动,是创意产业、创意群落展出创意产品,与公众交流沟通的平台。

中心书城所聚合的大量爱阅读、好文化、追求品质生活的人们为创意、设计类项目提供了充裕的创作者、欣赏者和消费者。在这里,人们没有心理门槛,自然而然便融入艺术与创意之中,得到潜移默化的浸润与滋养,将创意因子深植于人们日常生活中,成为创意激荡的平台。

(2)提供专业化支持,成为创意项目的孵化器。中心书城以科学合理的规划布局、完备的功能配套、密集的文化消费项目、专业化的服务支持,吸引了越来越多的创意品牌、项目、作品、活动在此展演,被公众充分了解并认同,由此迅速成长壮大。中心书城在人流最旺的南、北台阶定期举行创意市集,对原创品牌、作品实行免费入场,享受专业化的服务与宣传资源,受到了市民的热捧,其所呈现的热烈场面与景象,激发越来越多的市民参与到创意中来,推动了原创品牌和创意项目的发展,使这里成为新生原创产品产业化的沃土。一批如 HOLY MOLY、无感陶艺、SIMPLE THINGS 等从创意市集中成长起来的品牌已开始跨地区经营,产业化发展。

中心书城为创意的萌生与培育,为创意项目的孵化与成长探索出了一种新的模式,成为鲜活的创意产业优质平台。

3.突显丰富艺文活动、引领读者参与互动,打造一站式综合性文化生活空间。

(1)以高品质的文化活动为载体,构建创意书生活。随着物质生活水平的不断提高,人们越来越渴求平和闲适的内心体验和精神状态。中心书城突破了以买书卖书为主要功能的传统书城运行模式,以人为本安排空间,并常年举办丰富多彩的艺文活动和富有品质的公益文化活动,呈现全新的阅读生活,构建休闲、怡情、雅兴的休闲生活方式,打造以"积极休闲"和"能动生活"为特征的一站式综合性文化生活空间,持续给读者传递更有品质的阅读生活之美,使人们在高节奏工作生活中释放疲惫、放飞心灵。

基于"城市晚上八点后的生活决定了其核心竞争力与未来发展方向"的理念,开业不久中心书城即推出"深圳晚八点·新阅读运动"项目,3 年间,该项目 1000 多场活动吸引了 20 多万人参与,拥有了一批忠实的观众群,通过媒体报道辐射人群达百万人次,越来越多的人选择阅读作为新的晚间生活方式。参加了深圳晚八点活动的央视百家讲坛主讲人鲍鹏山感慨:"深圳晚八点在全国书城是绝对领先的,我从来没有看到一个传统书店像中心书城一样,以这样的频次坚持做系列公益文化活动。"每年除夕,中心书城举办"除夕守岁黄金屋,新春悦读中国年"活动,中央电视台报道称:"万人除夕逛书城"成为深圳人的新年俗。公益阅读活动"沙沙讲故事"通过"亲子共读·我讲书中的故事"每周吸引上百个家庭参与,激发了孩子们对阅读的热爱。

中心书城坚持公益、公众的策展精神,常年举办社会生活、民俗文化、艺术设计等各类展览,如每逢春节、端午、重阳等民族传统佳节都举办"我们的节日·民俗文化展"。中心书城的 24 小时书吧,是深圳"永不落幕的 24 小时约会地",有媒体充满诗意的感叹:"即使整个城市都沉入黑夜,这里也有盏灯,为你永远亮着。"这些公益性文化活动、服务项目促进形成了"热爱阅读、求学问道"的良好社会风气。国际书商联合会理事长法兰克瓦·都博胡勒女士说:"在欧洲,几乎看不到深圳中心书城这样棒的大型实体书店。欧洲城市里,遍布着各种各样小众的文艺书店,像中心书城这样的体验式书城,只有在中国才能看到。我很喜欢这里的氛围,不仅仅是卖书,它还具有娱乐功能,能吃饭、逛街,让人印象非常深刻。在深圳的书店里频繁举行的各类文化活动,也让我感到新奇。"

(2)"扮舞台、打灯光",促进交流分享,打造心灵共鸣的场所。中心书城通过空间、氛围、活动、服务的系统安排和精心策划,让读者与书、读者与作者、读者与读者之间的交流成为一种自然的可能,让阅读和参与活动变成一种人文社交的语言,建设成为新型的市民精神栖息地和心灵共鸣的场所。在中心书城,顾客不是被动的旁观者,而是重要的组成部分,也就是鲜活的人以及他们的思想、情感和创作才是书城平台最为鲜活的因子。中心书城一直以来努力扮演好"搭舞台、打灯光"的角色，支持思想、情感、创作、创意的展现交流。在这里，作品得到赏读，文化气质得到关注，情感得到释放与呼应，人们得到实现自我的满足和成就感。中心书城有展示最新词曲创作的音乐时空；有分享诗作的诵读会；有展示绘画、摄影、设计、手工作品的个展、联展、主题展；甚至有供夜半时分分享创作创意的 24 小时书吧……中心书城激发了人文生活的无限可能，并支持了这些可能的发生与发展。人们在中心书城构建了自己的精神生活空间并找到适合自己的群体，使相似的灵魂找寻彼此成为可能，实现了市民群体的文化融合和再社会化。

"一个成熟的市民社会，一定会有非常发达的公共生活。在书城这个公共空间，人们可以享受到一种积极的休闲和能动的生活。"一位专家这样点评。在中心书城，人们能够以亲切、便捷、动人的方式体验生活魅力、感受文化滋养。书城也因此成为人们日常生活和假日出游的重要安排。中心书城已成为深圳这座年轻城市不可或缺的文化地标，成为深圳市民喜闻乐"到"的城市文化生活中心。她以文化人，潜移默化地影响着这个城市市民的生活方式，引领着"阅读为荣，阅读为乐"的社会风尚，进而影响城市的文化性格、人文环境和发展后劲，成为公共文化服务体系的重要组成部分。

创新的跨界运行理念、体验式的场所打造、富有创意的氛围、洋溢的生活气息，使中心书城吸引了越来越多的人前来选书、看书、观展、参与公众活动，形成了一个强大的文化气场，具有鲜明的示范引领效应。在后来实体书店发展遭遇瓶颈、销售滞长的大环境下，中心书城自开业以来，客流量、场地价值、出版物销售、人均

劳动生产率等关键指标均稳步提升。中心书城所举办的展览、公众
文化活动在受众人数、社会反响、交易量等方面表现突出。由于良
好的示范效应,书城业态对专业性强、品位高的优质品牌项目和艺
文活动的吸引力与聚合力明显增强。第十届文博会期间,中宣部副
部长、国家新闻出版广电总局局长蔡赴朝同志视察中心书城时,充
分肯定了书城模式,给予中心书城"规模体量最大,环境最为舒适优
雅,功能最为齐全,运营管理最好"的高度评价。

二、连锁经营助推书城跨越式发展

1996年罗湖书城开业,被视为深圳市新华书店连锁经营元
年。深圳市新华书店率先在全国书业界实现连锁经营,成立统一
的采购中心、物流中心、销售中心、计算机中心等部门,建立了"以
(罗湖)书城为中心,小门市为侧卫"的网点连锁机制。2004年南
山书城开业,深圳市新华书店改制成立深圳发行集团之后,书城
进行公司化运作,罗湖书城亦于当年底成立公司,小门市基本都
归并到大书城,大书城连锁成为连锁的主要形式,一直延续到中
心书城时期。2006年中心书城开业,延续公司化运营和大书城连
锁,2007年深圳出版发行集团成立。深圳出版发行集团成为我国
第一家经中宣部和国家新闻出版总署批准成立、融合出版发行业
上下游资源于一体的企业,是深圳三大国有文化产业集团和首批
九个文化产业基地之一,集出版、发行、书城运营、影视、教育、文
化休闲等于一体的大型文化创意产业集团。可以说,连锁经营助
推了深圳书城的跨越式发展,深圳书城以书业为核心、以书城为
平台的快速发展模式又成就了集团事业的不断壮大。

因此,"深圳书城"既是深圳出版发行集团大书城连锁经营的

核心实体,毋庸置疑又是引领同业、寻求更大发展的行业品牌。投入运营多年的罗湖、南山、中心等三大深圳书城迄今累计接待读者近 3 亿人次,销售图书近 1.5 亿册、33 亿元,举办各类文化活动 1 万多场,为深圳推广全民阅读、提供公共文化服务和丰富市民文化休闲生活做出了卓越贡献,成为深圳的文化地标和深圳人的精神家园。

深圳书城能够取得良好的经济效益,得益于连锁经营本身的体制优势、规模优势、技术优势与专业化组织的采购、物流、管理总部,由此带来规模化的商流、物流、信息流和资金流,使连锁店和总部可实现资源共享,降低成本。深圳书城连锁经营的成功实施与健康发展,连锁经营核心技术的研究与应用起了关键作用。深圳书城连锁经营是零售商业运作技术的系统集成,概而言之,包括人力资源管理技术、信息管理技术、中央采购技术、物流配送技术、营销创新技术等五项核心技术。

(一)人力资源管理技术

市场竞争,归根到底是人才的竞争。连锁企业需要强调把人才当资源加以开发、利用,讲求成本、效益,培育团队精神,建立考核体系和激励机制,增进人才对事业的忠诚度,变被动的人事管理为主动的人力资源管理。科学系统的人力资源管理技术包括人力资源规划、严谨切实的岗位分析、务实高效的员工培训、公平合理的薪酬政策、严格系统的员工考评体系、智能化的计算机人力资源管理系统等一系列内容。深圳书城人力资源管理由总部统一规划实施,强调结合行业特点、分级分类管理、注重实践、讲求实效。如在人力资源规划方面,强调根据连锁企业的战略目标、发展规划、整体布局、现有人力资源状况以及现实和未来人力资源的社会供给情况,提早制定必要的政策和措施来保证在需要的时间和需要的岗位上获得所需要的人员。如为适应深圳书城南山城和中心城这样超大规模书城的开业,深圳书城提前5年开始有计划有针对性的招收应届大学毕业生,先后组织入职培训、岗位培训、专业技能培训、后备管理力量培训等多项系统化培训项目,进行人才储备和专业培养,保证在新书城开业时有充足可用的人才满足各管理岗位需要。

(二)信息管理技术

信息技术是连锁经营的灵魂与先导,图书营销信息管理系统(BIMS)构成了信息技术的核心。集团开发的BIMS系统历经多次升级,主要包括以下几个方面:系统技术规范和数据标准;强大的网络链接功能;可靠的后台和前台处理系统;便捷的操作控制系统和操作界面;不断扩容的系统智能化平台;针对新业务新业态开发的新应用系统,如进出口图书管理系统、团购管理系统、在线平台等。

深圳书城的BIMS系统包括针对客户服务的POS收银系统、客户关系管理系统,针对后台管理的业务处理系统如采购管理、物流配送、财务结算等功能模块,还包括数据仓库、数据挖掘、OLAP应用等数据分析技术的应用,在智能化数据分析的基础上实现了智能化采购和配货。系统可根据出版物的营销特征和生命周期对其进行分级分类管理,设置商品库存的上下监测临界点,再依照系统对全年的采购、销售计划以及历史经营数据的分析结果,事先设定好各类商品的采购、配货策略,由计算机系统对跨越临界点的商品自动产生调剂单或采购单,真正解决"断货"矛盾。还可利用数据仓库和数据挖掘等商业智能技术,采用聚类分析、多维分析、主成分分析、时间序列分析、关联规则分析、回归分类分析等多种方法对业务数据进行智能分析,从中挖掘出贡献率突出的畅销产品和忠实客户,及时调整经营策略,不断提高连锁店的市场竞争能力,真正把信息转化为生产力。

(三)中央采购技术

中央采购技术是书业连锁经营的基石,中央采购技术围绕如何组织产品而展开。一般商业的商品种类不多,但功能、外观性能上同类商品有趋同性,而出版物却浩如烟海,内容千差万别,同类单品众多、更新快、品种滚动循环迅速。针对目前我国书业经营卖场陈列规模的约束,采购作业要对新品引进、常备常销品管理、适销品补货和滞销品淘汰等环节进行产品分类细分管理。正是在总量目标控制下,以新品引进为龙头,以在销品添退货控制为后继的动态循环,从而达到品种的更新和规模的控制。采购技术强调进货的计划性、品种的适销性、采购的及时性、操作的效率化、成本的可控性等指标,通过将计划、信息、版类协调、供应商和质量等五方面纳入 ISO9001 质量管理体系来实现采购作业的管理与控制。如全面推行采购项目管理责任制,实行供货商分级管理产品的分级管理、BIMS 系统的智能化升级、采购企业化经营后的量化考核、评估技术等。

(四)物流配送技术

物流配送技术是连锁经营高效运作的关键环节,没有成熟的物流配送技术,就不可能有成功的连锁经营。书业具有品种多、品种更新快、品种之间替换性不大以及绝大多数为非连续性产品(常备工具书可视为连续性产品)等特点,配货数量、品种、时效的实现与控制等都是书业物流技术中的关键因素。在书业连锁经营的实践中,由于物流经营运作技术还比较落后,诸如整体信息化建设滞后;自动化程度不高,普遍采用手工劳动;设施体系不全;运输效率低,使得物流配送的速度慢、成本高成为大家普遍感到的难题。为适应大书城连锁经营发展需要,深圳书城着手建立现代化的物流体系。

首先,开展物流流程再造工程,按照"简化优化、提质提效"的原则,根据快捷、高效、安全、低成本的物流工作总体要求,全面提高现有物流作业环节的运行速度和规范化管理水平。其次,根据连锁经营社会化、大生产的要求,对现有物流资源和运作模式进行全面整合规划,打破体系内各自为政、分块配送的运作模式,实现物流资源有效配置。从企业内部物流向企业内第三方物流直至向企业外第三方物流模式发展。积极探索运输业务外包,强化客户服务功能,提高物流运输效率,节约运输成本60%。第三,积极引进新技术、新设备,加大技术含量,促进物流由传统向现代的转变。已经引进一条由中国普天万向物流技术有限公司生产的物流自动化退货分拣线,并最新升级优化扩展到物流各环节,借助PDA实现全环节无纸化、电子化,大幅提升工作效率。第四,根据各连锁门市的市场定位和营销特点,进行有针对性的配送,减少无效配货。如根据大型书城连锁店面积大、陈列品种多、周转快的营销特点,采用班车制、时段制方式按时配送;小型门市则可采用主配和请配相结合的方式,按需定时配送。

(五)营销创新技术

营销是连锁经营的终端环节。书业营销创新技术是以市场为导向,以读者满意为中心,顺应市场潮流,充分运用连锁经营的业态优势,实现分销渠道、卖场环境、商品管理、促销手段、服务工作的规范化、精细化，让读者充分体验新技术、新理念带来的购书乐趣，从而产生对连锁店品牌的认同感。深圳书城主要在以下几方面进行探索。首先重视品牌形象（CIS）建设和连锁店市场定位。各连锁店在保持 CIS 设计的独立性、整体性和一贯性前提下，通过对 POS 机所收集的信息进行类别分析，针对市场展开调查，确定各店应具备的经营特色，或专业店，或综合店，或突出重点、兼顾其他，提高卖场贩卖力。如深圳书城连锁店分为罗湖书城、南山书城、中心书城等超大型卖场系列，宝安城等综合卖场系列，书吧等社区店卖场系列等。其次，以创建优质文化生活体验空间为抓手，规范卖场服务，突出卖场导购功能，创新陈列方式，运用 20/80 原则，挖掘卖场潜力，提高贩卖力和指引力。第三，发展 CRM 客户关系管理，由简单地解决读者售前、售中、售后服务发展到成立专门的部门、开发专业的 CRM 管理系统，对会员实行分类管理、积分升级，为读者提供更准确完善的信息和服务。目前已拥有 50 多万名书城会员。针对团体客户，专设团购部门，提供选书、查重、加工及定向组织营销活动等系列专业化的贴心服务。第四，加强营销技术的研究。深圳书城与武汉大学信息管理学院合作研究开发了"超大型书城发展模式与国内外比较研究"、"超大型书城业务流程及管理系统总体方案"、"出版物卖场陈列展示及促销方案"、"编制出版物信息机读著录标准"、"编制出版物营销分类法"等课题，以满足书城经营管理的需求。第五，顺应电商和新技术发展，开发书城在线平台，提供实体书店的延伸服务，并尝试建立网络分销渠道。

（六）加强规范化管理，保障连锁经营五项核心技术实施

连锁经营是以专业分工和标准化作业为基础的，规范管理是

连锁经营的生命线。为保证连锁经营五项核心技术的实施,深圳书城于 2001 年初正式启动 ISO9001 质量体系认证工作,并于 2003 年 3 月获得国际权威认证机构——英国标准协会 BSI 公司颁发的 ISO9001 品质管理系统证书。ISO9001 质量管理体系的实施,为连锁经营核心技术的研究提供了系统、科学、全面的管理思想。它通过对连锁经营的组织机构、部门、岗位职责权限、业务流程、规范要求进行设计优化,建立文件化的体系,实现法制化和系统化管理,通过规范的质量手册、程序文件和作业文件等使各种因素处于受控状态,它以国际公认的准则构建企业内部制度体系,从根本上解决管理工作中的随意性、模糊性、盲目性,确保连锁经营五项核心技术的顺利规范实施。

连锁经营五项核心技术的持续提升,为深圳书城成功实施连锁经营提供了强有力的技术支持。响应深圳市实施文化立市、文化强市的发展战略,深圳市店及之后的深圳发行集团、深圳出版发行集团坚持以深圳书城品牌为依托,以连锁经营五项核心技术为支撑,顺利在深圳市南山区和中心区分别发展了经营面积 25000 平方米和 42000 平方米的南山书城和中心书城两大连锁门店,至 2006 年底深圳书城经营面积近 10 万平方米。

先进的深圳书城模式和强大的连锁经营能力,带来了集团书城事业的跨越式发展,为集团构建了“书业连锁”与“书城平台”两大核心优势,拓展了新时期企业生存发展的新空间。2015 年 5 月 15 日,深圳书城在深圳市内的第四座超大型书城——深圳书城宝安城隆重开业;2015 年 6 月 25 日,深圳书城落户安徽合肥,即将打造达 10 万平方米的“文化创意综合体”,由此深圳书城模式正式迈出了全国扩张的第一步;2018 年 7 月 18 日,深圳书城龙岗城投入运营,成为深圳书城在深圳市内投建的第五座超大书城。

三、书城平台跨界运营的主要构件解析

深圳书城品牌旗舰店——中心书城探索体验式书城,构建一站式综合性城市文化生活中心的成功实践,使深圳书城转型成为一个面向全社会公众的公共文化服务平台。中心书城成功运作的最大特点就是把自己定位为平台集成经营者,打造城市文化生活空间的过程就是一个专业集成并运营各种技术和产品及服务的过程。

深圳书城平台运营体系最重要最关键的组成部分包括出版物运营、项目组合、营销及营运管理四个板块,它们都服从于书城平台的定位和经营理念。出版物运营和项目组合着力于构建书城平台的经营项目体系,并将之在平台空间内合理规划安排,在功能上纵深互补。其中出版物运营是书城平台的核心和基础,是书城区别于其他文化消费场所或大型购物中心的标志;项目组合是书城经营理念和多元文化消费理念的具化,是塑造空间吸引力的"硬件"基础,相对稳定和静态。营销则是动态的、针对书城整体平台的、密切平台与客群黏度的,丰富市民文化生活,打造空间魅力提升书城平台价值的重要手段。营运管理在书城平台营运中担任着牵头组织者和经营整合者的角色,通过实施一体化管理,在确保平台安全、顺畅、高效地营运中起着核心作用。上述四块各有侧重又相互依存,构成了深圳书城平台运营的骨干,决定着深圳书城平台的运营质量。

（一）出版物运营

1.出版物运营的角色与价值。

　　出版物运营是书城的核心项目,是书城平台的基础和主角。它承担着书城这一公共文化服务平台服务大众阅读需求的主要职能,也肩负着传播先进文化、体现并引领当代文化思潮,实现市民基本文化权利的社会责任。

　　在符合书城平台定位及核心经营理念的前提下,书城内的出版物运营项目,主要任务是围绕书城所处商圈及辐射区域内大众多样性多层次的阅读品种需求和阅读体验需求,组织丰富齐全的品种,提供创新而富于美感的商品组合及展示,营造知性雅致的阅读空间,实施专业的阅读指引和个性化服务。通过专业的出版物运营,塑造书城空间的人文气质,为书城平台赢得美誉并扩大影响力,吸引大量客流集聚,使书城能够更好地发挥城市文化生活中心和公共文化服务平台的社会作用,同时也使书城平台上以书业为基础的项目组合更具活力和价值,从而助力书城项目达到社会效益和经济效益协调发展,打造社会效益最大化、经济效益最优化的良性循环的运营目标。

　　2. 出版物运营的核心要素。

　　书城平台的出版物运营项目是出版物连锁经营的重要构成部分,定位于综合性书店,以提供丰富齐全的出版物品种,满足目标顾客“一站式”阅读需求为经营理念,实施集团统一采购、统一配送、统一信息管理系统、统一财务管理等的运作模式。出版物运营既是书城平台的主力项目,又是集团出版物运营的终端;它既相对独立又与平台、总部保持着紧密的联系。因此,出版物运营体系主要由自身的经营定位、营运组织和内外体系的衔接三部分组成(如图所示)。

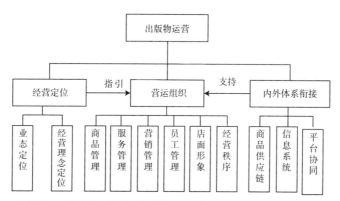

出版物运营的经营定位包括经营业态选择和经营理念的定位,必须符合书城的整体定位和规划,结合消费需求、同业竞争及自身优势来进行。更重要的是,这一定位必须与出版物运营在书城项目中的角色和价值相匹配。定位关键要注意三点:

(1)规划适当的营业面积和适度的品种规模。出版物营业面积的大小要综合考虑书城的体量规模、商圈内的顾客需求、经营品种量、出版物的展示及塑造阅读生活空间魅力的需要而定。鉴于出版物市场的发展变化和出版总量的极大增长,出版物的经营必须变革,必须注重品种的精选和有效性,改变大型综合性书店以往"全品类、全品种"的品种策略。同时,鉴于出版物运营是书城区别于其他文化消费场所和购物中心的标志,出版物运营面积的大小应以出版物经营品类、品种相对齐全、特色品类品种完备为准绳,使出版物运营成为书城核心的主力店,保证书城的纯度和人文特色。

(2)业态组合因地制宜。根据行业发展的变化趋势、经营者的经营理念和不同选址区域顾客需求的深度挖掘,经营业态的选择和组合较为灵活。可以是纯粹的出版物大卖场,可以由综合卖场+专业书店构成,也可以是多个专业书店的集合,甚至可以含有精品特色书店的形式。

(3)兼顾行业属性和企业性质,要注意把握社会效益和经济效益的关系。单就出版物运营而言,更应该突出其社会效益,在社会效益始终摆在首位的前提下,兼顾经济效益。

出版物的营运组织是在经营定位和经营理念的指导下,通过对运作经营所涉及的主要方面,如商品、服务、人员、营销、店面形象及经营秩序等要素的有效组织管理和整合协同,保证出版物运营目标的实现。在当前的市场环境和顾客消费方式的改变形势下,出版物的运营,尤其对品种规模大的综合性书店而言,必须更加专业化、精细化,真正重视顾客群的研究,并以顾客需求为导向改善提升运营水平,在出版物经营的个性化、指引力、便利性及现场感上寻求突破,才能获得新的竞争优势。

这种竞争优势的锻造,除了前端营运的组织外,还依赖于通过出版物运营项目与书城平台、与集团相关部门等内外体系的衔接和协同,获得商品供应链、信息管理系统、财务管理、人力资源、整合营销活动、营运管理等方面的专业支持。借助集中与分散相结合的管理模式,既能发挥集团规模优势,又能通过专业化的分工和协作,使各运营终端专注于市场和顾客需求,精耕细作,努力提高经营管理水平和市场竞争能力。

(二)项目组合

1.项目组合的角色与价值。

项目组合是围绕书城定位,规划书城经营项目构成、提供多元文化消费选择的系统设计行为,是创建书城平台和塑造有趣空间的基础性和起源性工作。

以中心书城为代表的深圳书城,突破了以买书卖书为主要功能的传统书城运行模式,围绕书城平台作为公共文化服务提供者,致力于打造城市文化生活中心的角色和定位,以阅读生活为核心,通过跨界组合和专业集成,将互为补充且积极协同的书店、文化、展览、创意、教育、生活、餐饮等项目、品牌进行有机复合,营造了求学问道、创意创新的氛围,构建了集阅读学习、展示交流、聚会休闲、创意生活于一体的一站式、综合性城市文化生活中心。这种跨界组合不是随意无序的,所有项目和品牌都围绕着阅读与生活,以文化品位和空间体验为考虑进行了精心选择,是相互补充而协同的,形成一个多层次、高效率的物质、能量共生网络,创造了更多顾客到达书城的机会和可能,产生了客流与资金的聚合放大效应,实现了良好的社会效益和经济效益。

2. 项目组合的核心要素。

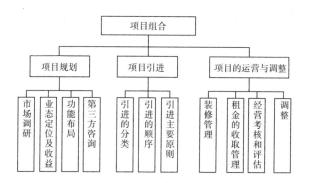

深圳书城的项目组合工作经历了多年的探索实践。早期,项目与主业经营分离,由集团不同的子公司或部门分别负责,南山书城和中心书城筹建运营后转变为由各书城创建和运营团队统筹书城平台上项目与主业的规划和运营。尤其是中心书城立足于"前两代"深圳书城的相关经验,明确将自己定位为平台集成经营者,而不只是书业经营者,使整体平台在运营理念、空间规划、主业与项目的有机组合等方面更加协同一致、快速提升并高效运作,及时因应并激发顾客需求,开创并呈现了不同的极富活力和魅力的项目组合模式,成为中国新一代大书城的样板。

简而言之,书城的项目组合工作是以书业为核心,围绕满足顾客的各种需求而展开的,其中以阅读购买出版物为主的文化消费和享受轻松、惬意时光的文化休闲需求是书城顾客的核心需求。项目组合工作按照工作程序来划分,主要有项目规划、项目引进及项目运营与调整三个部分,它们是螺旋上升的循环前进关系。项目规划主要体现在平台创建期间,包括市场调研(商圈调查)、项目定位、动线规划、功能布局和铺位分割、招商实施和租金定价策略等主要环节和内容。立足于此,项目规划阶段必须着力达成的最重要的工作内容是提出差异性的具备竞争优势和市场适应性的平台项目组合方案。只有在项目引进之前,从目标客群的核心需求出发,对平台上各种项目的类型和业态、比例与组合策略、空间位置与面积、收益回报进行全面分析决策,才能较好地实现项目间的"价值互动",对平台未来的价值和收益产生积极影响。

项目引进包括引进前的准备工作(项目宣传推广、招商手册和合同文本的制定)、引进顺序、主要原则及注意事项、项目装修管理等方面。引进时,必须对每一个计划引进的项目进行综合评价,判断它是否符合空间的功能区划、符合营造书城文化场所气质的需求,并预测它的经营前景,以供参考。书城平台的项目引进需要注意三点：一是寻找获取租金高收益和塑造空间文化品位之间的平衡点；二是重视顾客一次购足的需求，提供同类商品可比较不同商品互补的多元选择，根据零售理论，在同一地点聚集互补或相容性商品——不管是互补或竞争，提升空间对顾客的亲和力；三是引进的项目需进行本地化改良，在场所气质、空间氛围、装修风格、经营方式、营销手法上与平台协同协调，传导一致统一的平台整体形象。

由于项目经营、市场和顾客需求的不断变化，平台上的项目组合和具体项目必须因变而变，项目的调整工作逐渐日常化、常态化。项目调整以完善平台定位、增强市场竞争力、满足顾客需求及提升平台的租金收益，使平台鲜活有序高效地营运为目标。当现有的经营项目出现定位与平台的整体定位出现偏差、在所处的区域与周边其他经营项目不能有效互动、坪效下降、营业额低连续亏损无法继续经营等情况时，需要立即着手进行项目的优化调整。当然，平台经营方亦需根据自发或因同行竞争而引发的错位经营需要，对平台的项目运作现状进行阶段性的检视分析，视情况开展较为系统的阶段性调整。如发现部分经营项目面积偏大、同类品牌过于重叠，则需要新增其他种类的经营项目以完善配套组合，需要引进更有竞争力的品牌进驻并对进驻位置的项目进行换位调整等。无论是何种情况的调整，经营者都要综合考量可能影响调整进程和效果的各种因素，包括：项目组合的完整性、适应性及可持续性；顾客的潜在需求和变化趋势；常客的消费行为、习惯和消费水平；原有租户的经营状况、租约履行时间状况及去留；拟引进项目的市场形势、布点情况及发展方向及调整后的租金收益比较、市场同业的差异化优势等。

（三）营销

1. 营销的角色与价值。

营销在书城平台的运营中担当着领航者和传播者的双重角色,对于书城提升品牌竞争力,取得高质量可持续发展起着关键作用。

营销的价值还在于整合内外资源,综合协调使用各种方式,对平台的核心价值进行持续、广泛而深入的传播,建立书城平台与公众长期密切的关系,促使公众认同、喜欢乃至爱上书城,使书城品牌深入人心,也使书城所倡导、引领的文化、生活方式得到传扬,从而实践书城作为公共文化服务平台的社会担当,实现社会效益最大化、经济效益最优化。

书城"城市文化生活中心"的平台定位,是书城营销的出发点,以此为导向,提要求,树目标,使各部门从观念到行为高度统一,互相协同,在所有的营运活动中向着统一的目标,传递一致的品牌信息,迅速树立书城品牌的明晰形象。

2. 营销的核心要素。

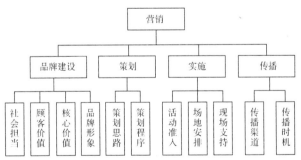

营销的主要工作是围绕书城品牌核心价值进行品牌建设,明确品牌形象,为营销工作的开展提供目标、导向、立足点。而后通

过策划、实施、传播等营销工作,向大众传递书城所倡导的文明健康积极的生活方式,树立、传扬书城的美好形象(如上图)。

　　深圳书城的品牌建设是基于书城的社会担当与顾客价值而进行的。深圳书城是一个有社会担当的国有文化企业,它不仅仅是一个买卖出版物的地方,更是一个积极参与城市文化建设、丰富市民文化生活的公共文化服务平台,通过平台运营为市民提供一个"以书业为核心,集阅读学习、展示交流、聚会休闲、创意生活于一体的一站式、综合性城市文化生活中心"成为书城品牌的核心价值。围绕这一核心价值,深圳书城在平台运营中,综合协调使用各种方式(包括空间规划、CI 系统、主业营运、项目组合、文化活动、全媒体宣传报道等),始终传递这样一种品牌形象:这里提供丰富的、品质有保证的出版物,购物环境优雅舒适,出版物陈列专业贴心,并提供阅读指引等超值服务,使购书变得容易而充满乐趣;这里围绕"阅读与生活"组合的优质品牌项目,为市民的文化休闲生活创造了多种可能性;这里是一个舒适、宽松、自在的场所,强调参与互动,顾客不是被动的旁观者,而是主动的参与者,对于顾客来说,这里是书房、课堂、舞台,是精神栖息地,是社交目的地,是心灵共鸣者的交流场所……这里激发了人文生活的无限可能,充满人文关怀;这里是一个极具创意气息、时尚魅力的平台,引领着文明、健康、有品位的现代文化休闲生活方式,市民在这里可以享受到积极的休闲和能动的生活。

　　深圳书城的营销策划是指以"传播书城品牌核心价值,树立书城品牌美好形象"为目标所开展的关于平台建设、文化活动、宣传推广等的规划组织工作。策划的内容可能是企业文化建设、全年营销计划,可能是一次革新、一个新项目、一次公关活

动,也可能是一场文化活动、一篇新闻报道……在活动的策划方
面,书城有别于其他商业场所,所策划的活动以阅读为核心,以
丰富市民业余文化生活、实现市民文化权利为指向,以提升市民
整体文化水平、涵养城市文明为目的,是充满文化气息与人文关
怀的活动。

为保证策划内容得以顺利、高效、高质地实施,必须进行资源
整合,开展整合营销。内部,整体配置书城所有资源,建立协同机
制,书城中各层次、各部门、各岗位协调行动,通力合作;对外,寻
求合作伙伴,进行资源优化配置。通过整合营销,提高效率、降低
成本,实现营销效果最大化。

传播是利用各种媒介,通过对所策划内容的广泛宣传,传递
书城塑造、倡导的生活方式,传递书城的品牌核心价值,将书城品
牌形象宣传推广开去,进而形成强大的品牌影响力。要实现有效
的传播,必须秉承以下原则:一是整合所有媒体资源,进行立体化
传播,使受众面达到最大化;二是根据传播的内容及对象,选择合
适的传播渠道;三是巧妙利用恰当的时机进行传播;四是坚持统
一的品牌形象,持续不断地进行传播。

(四)营运管理

1. 营运管理的角色与价值。

大型实体书城与其他购物中心一样,在管理上呈现三权分
离,集中管理,分散经营,统一运作的特征。即:在所有者、经营
者、管理者三权分离的基础上,众多经营者在书城这个统一平台
开展经营活动,由专门的管理机构集中管理,协调商业物业经营,
将众多项目规范于统一的书城经营平台之下;同时,平台各项目
在分散经营的前提下,服从于书城平台的整体定位、经营理念和

统一运作。在这一高度集约一体化的管理中,营运管理担当着牵头组织者和经营资源整合者的角色,它为书城平台安全、有序、顺畅、高效运行及平台项目的经营提供基础保障和服务支持,是达成企业价值和顾客价值的融合剂。

营运管理的价值就是围绕平台定位和经营理念,实现场地价值和顾客价值最大化的目标,实施一体化的营运管理,确保平台不偏不倚地向既定的方向、目标运行。通过对平台经营资源的整合和协同专业机构提供服务与支持,使围绕顾客价值组合的多种业态、项目服务和功能形成集聚效应,从而形成统一的、整体的品牌形象。同时,营造一个舒适宜人、具有吸引力和可逛性的魅力空间,并对空间内的一切商业行为和行政事务统一管控,为顾客提供一站式、多功能的综合文化、创意生活体验,提供满足顾客或超出顾客期望的服务,并以顾客为焦点进行微观调控,优化顾客的现场感和体验感,持续提升平台的经营水平、绩效和文化属性,实现项目在书城平台的"在地化",保持平台活力,确保经营目标的达成。

2. 营运管理的核心要素。

书城平台不是单纯的传统书店规模的放大,也不是简单的文化和商业项目的集合体,而是基于顾客对环境、商品与服务的需求,进行专业化、规范化、标准化的管理或资源整合,实现顾客需求或超出顾客期望值的满足。书城营运管理核心的理念是实施高度集约化的统一管理,做到:统一店面形象、统一服务监督、统一物业管理、统一整合经营和统一评价考核,实现平台统一的品牌形象和协调一致的高品质服务,协同促进平台与项目、项目彼此之间的互动、成长与共赢。

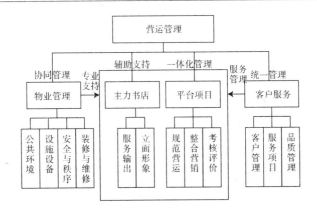

　　营运管理的主要工作就是围绕平台的统一性、规范化和自身的经营目标,通过与主力店、平台项目、物业公司的配合,管控、服务、支持平台及项目的全程运作,充分发挥统筹协同作用,合理匹配平台的多种服务集合、多种功能复合、多种业态组合,整合多种资源,打造整体经营环境,树立整体品牌形象,提升整体经营水平和绩效。但因主力店、平台项目、物业公司在平台担当的角色及价值的不同,营运部门对其管理的深度、幅度和力度是有所区分的(如上图)。

　　物业管理是书城平台营运管理中最基础、最首要的工作。首先,它是保障平台"硬件"顺利运转的"软件系统",承担着平台营运中设施设备正常运行、消防安全与秩序、内外部顾客营商环境的维护保障工作,任何一个方面出现差池,都将导致平台无法正常运行。其次,它是平台物业价值和资产价值的加速器,一个"先天"良好的书城平台,"后天"唯有辅以专业水准的物业管理,才能带给顾客愉快、舒适的体验,实现企业价值与服务价值的融合,推动平台的物业和资产的增值与保值。再次,物业管理涉及水电、设备、工程、耗材等多项费用,是有效控制营运成本的重要一环。物管工作牵涉的事项及专业领域范围广泛,需要委托其他专业公司来协助完成。如能建立科学的供应商、外包单位的准入评价机制、实施环保节能的管理措施,及时得当养护设施设备延长使用寿命,无疑就能极大地节省营运成本。营运管理部门的主要工作是协同物业公司进行专业化的管理,针对平台定位和顾客需求提要求、定标准、要结果,并对顾客满意度影响较大或对营运的安全秩序影响较大的重点事项予以督导、跟进。

实施项目一体化的管理是书城平台营运管理中最重要的工作,因涉及的业态多、店面多、功能多,商品组合的宽度和深度不一,利益诉求复杂,管理也是最有难度的。因为,项目在平台上承担着人流贡献、品牌引领、租金贡献、面积消化等功能,且每个项目所起的功能并非孤立,而是上述不同功能的有机组合,它们是平台定位、理念和功能的呈现者、传播者和支撑者,关乎平台营运的稳定和成功与否。营运管理主要针对项目经营的有关要素统一管理,包括装修与施工、形象、宣传、人员管理、商品的合法性管理及上卸货、退换货服务等。由于各项目在经营中具有一定的运行规律,依据项目的成长周期可把项目分为准入引进期、开业培育期和规范提升期,处在不同时期的项目其营运管理要点是不同的。准入引进期主要关注店面基础设施的配套完善、为项目进场装修创造条件,店面形象管控,环保绿色装修管理,经营证照审核及开业准备等。开业培育期主要关注项目店面形象的持续保持与提升,规范营运对平台人流的聚客贡献,产品对顾客需求的满足率,营销推广活动的实效性,经营状态与经营数据,租金缴纳的及时性等。规范提升期要注重项目的"生态效应",强调资源共享,整合营销,互动与共生,优胜劣汰,要追求项目的文化属性、产品的创意性和服务品质,实现与书城平台的"在地化"。

主力书店对书城平台客流的吸引起着核心作用,对平台整体的定位和营运的安全性起到支撑作用,其内部业务专业化程度较高,经营与管理自成一体,相对独立、成熟。因此,平台营运管理的工作主要体现在对主力书店的服务支持上,其服务输出项有:统一的安全防损、信息系统管理、客户服务与管理、工程招标与建设等。同时,需对书店涉及外立面的店面形象及面向公共空间的宣传品进行统一的管理。

四、书城与城市——让城市因为热爱读书而受人尊重

改革开放以来,由于经济发展所带来的思想观念转型冲击,人们呼唤能够填补心灵空缺的公共空间与文化生活。中国城市化浪潮背后,从移民到市民,是一代中国人数亿人口的身份变化。在这个时候,重建城市的公共生活,重建城市的市民生活是非常迫切的。一个城市一种市民,除了重建城市的公共文化空间外,还要重建社会的公共文化生活。书城恰恰成为重建城市公共文化生活的重要阵地和重要载体。

深圳亦是如此。回顾深圳特区发展历程,依托改革开放和经济特区的政策优势,深圳在全国率先建立了市场经济体系,实现了经济的快速崛起和商业的持续繁荣,成为中国最耀眼的经济先锋城市之一。但是经济高速发展的同时也带来了困惑:一方面,与市场化、商业化相适应,在城市的价值取向上,由于经济理性高度发达,"追求财富"的世俗欲望和实用精神一度占据了城市价值观的核心位置,导致城市价值结构失衡并扭曲,城市人文理性弱

化;另一方面,随着深圳城市化的快速发展,大量的外来人口汇聚于此,从移民变成市民,如何满足广大市民的文化需求,尤其切实保障阅读这一最为普遍、最为持久的市民文化权利,成为影响深圳社会和谐程度并进而影响深圳未来创新发展、持续发展的重要课题。

正是在这样的背景下,深圳提出了文化立市、文化强市的发展战略,而文化深圳,从阅读开始。深圳市委市政府在通过大力兴建书城、图书馆等公共文化设施建设来完善文化硬件系统的同时,也通过读书月、创意十二月、关爱行动等文化活动的举办,建立文化发展的软件系统,以此追寻一条新型的城市文化发展道路。关于深圳的未来发展,深圳市委宣传部前任部长、现任国务院参事王京生明确指出,在当代,城市之间的竞争发展已经从"拼经济"、"拼管理"转向"拼文化"时期,深圳作为一座年轻的移民城市,以其经济上的发展及成就铸造了城市自身的历史与传奇,赢得了世人的广泛瞩目和"另眼相看";但是,单靠经济上的成功是很难获得并维持别人的普遍尊重的,深圳,应当成为因爱读书而被人尊重的城市;深圳人应当成为因爱读书而被世人钦佩的群体。

（一）深圳读书月——中国全民阅读的"深圳样本"

城市推崇阅读,阅读改变城市。对个人而言,阅读可以提高修养,提炼智慧;对一座城市而言,阅读则是提升城市文化品位的台阶,是塑造城市精神的基石。回顾深圳读书月18年,从首届读书月的三大板块50项主题活动到第十八届的九大板块835项活动,市民参与人数从首届的170多万人次上升到第十八届的1500万人次;全国有近百个城市先后到深圳考察读书月,交流全民阅读经验,有30多个城市借鉴深圳做法,创办了各类读书活动……在这块曾被人戏称为"文化沙漠"的地方,文化辐射力因读书而变得日益强劲,有力地促进了全国乃至全球更大范围的读书热潮。

随着读书月的开展,深圳越来越多的阅读品牌活动脱颖而出,影响力不断提升,在国内各相关领域独领风骚,成为风向标。读书月以丰富的活动关注着不同民众的阅读需求和阅读品位,引导阅读方向,实现真正的开卷有益。2009年第十届读书月期间,由中宣部、中央文明办、新闻出版总署主办,深圳市委市政府承办的全国全民阅读活动经验交流会在深圳举行。这是新中国成立60年来召开的第一次倡导全民阅读的全国会议。如此高规格的交流会选择在深圳举行,本身已表达了中央各相关部委对深圳读书月和深圳推广全民阅读的高度肯定。时任新闻出版总署副署长邬书林以深圳为例总结全民阅读活动的基本经验,他说:"深圳这座常住人口只有800多万的年轻城市,已经拥有4座经营面积超过1万平方米并且周末都是人潮涌动的大型书城,还有近400多家图书馆遍布社区、街道……10年前,深圳市委市政府首创深圳读书月,在全国开风气之先……经过10年的发展,读书月活动规模由小到大,创造了读书文化节庆的深圳模式,为全国全民阅读活动的开展起到了很好的示范作用。"邬书林的一句点评更加掷地有声:"深圳读书月是全国性全民阅读活动的起因,也是全民阅读活动的一个品牌。"

对于全民阅读而言,深圳是"起因",也是"品牌"。2013年底,联合国教科文组织总干事博科娃为深圳颁发"全球全民阅读典范城市"的荣誉证书,以表彰深圳十多年来在推广全民阅读方面所取得的卓越成绩及发挥的示范引领作用。深圳用自己的行动对全民阅读这一国家战略进行了形象而生动的表述,为全国树起了标杆,为世界了解中国打开了又一扇窗口。博科娃女士动情地说:"在深圳中心书城,我看到了如此多读者,尤其是年轻人专注在一本本书中,为知识而着迷,这表明这座城市有力量、有希望、有未来。"美中教育机构项目主管柏兰庭说:"我对这座只有30多年历史却用了近一半时间去推广全民阅读的城市表示欣赏和尊敬。"

作为深圳读书月总承办单位的负责人,深圳出版发行集团总经理尹昌龙感慨:"作为一个年轻城市,获得'全球全民阅读典范城市'这样的称号,是对深圳至高无上的评价,深圳热爱读书的形象得到全球的肯定。深圳要把读书这面旗帜永远扛下去,把读书变成千千万万深圳人的生活方式,使读书的种子在这个城市生根开花,也把中国人热爱读书的传统坚持下来。"

(二)深圳书城之于城市文化生活建设的重要意义

如果说文化是一座城市的灵魂,那么书城是呈现一座城市文化生态的窗口。面对中心书城,国际设计大师卡斯特曾这样地感慨:"这座巨大书店对于深圳的意义,好比卢浮宫对于巴黎的意义。"一本书可以改变一个人,一个好的书店也可以改变一个城市。以中心书城为代表的深圳书城模式,规划有书店、艺廊、演出舞台、文化活动、文化培训等模块,已经兼具书店、图书馆、美术馆、青少年活动中心等基本功能,已经成为一个鲜活的、富有情趣的复合式城市文化生活空间,是城市精神文明建设的重要载体,是公共文化服务的重要提供者和推广全民阅读的主阵地,又是呈现市民文化生态,彰显城市文化张力的窗口。

1.深圳书城成为弘扬城市精神文明建设的重要载体。

深圳书城是深圳出版发行集团旗下的大书城连锁品牌,是深圳国有实体书店的突出代表和最重要的组成部分,长期担当着区域图书市场的主力军,在繁荣文化市场、传播先进文明、弘扬民族优秀文化、建设社会主义核心价值观和精神文明方面发挥了重要作用。近年来,我国图书市场在大发展大繁荣的同时,也出现了个别市场乱象,如恶性竞争、低价竞标、盗版盗印、以次充好等,扰乱了正常的市场秩序。而深圳书城作为党的宣传舆论阵地、教育部门的服务基地、市民的文化生活中心,在图书市场中发挥着主导和示范作用,多年来突出服务、强化管理、守法经营,自觉维护图书市场秩序。同时,注重双效不唯利,有利于政府公共文化服务落实到位。

深圳市内已投入运营的罗湖书城、中心书城、南山书城、宝安书城、龙岗书城等项目,合计经营面积近15万平方米。这里浓郁的阅读氛围、精心设计的空间体验和扑面而来的书香气息,吸引了众多读者前来看书、选书、观展、参与公众文化活动,成为一个强大的文化场,具有鲜明的示范引领效应。历经20余年的砥砺前行,深圳书城已经成为深圳这座年轻城市不可或缺的文化地标,她以文化人,潜移默化地影响着这个城市市民的生活方式和精神世界,引领着"以阅读为荣,阅读为乐"的社会风尚,进而影响城市的文化性格、人文环境和发展后劲。

一个好书店温暖一座城市,阵阵书香涵养市民素养。书香四溢的书城俨然就是一座城市文明的示范窗口。

2.深圳书城成为推广全民阅读活动的主要阵地。

深圳书城模式始于书,核心是书。面对年动销品种上百万种,新书近30万种的空前繁荣的出版现状,以及受制于极大供给与终端架位极为有限之间的突出矛盾,深圳书城通过多种方式和途径争做优秀内容的贩卖者和阳光阅读的指引者:一是通过"深圳书城选书"、"深圳书城选碟"呈现为读者推选好书的专业精神;二是采用名社专架陈列为好书找读者;三是各书城重视精选品种,表达"卖好书,卖好好书"的态度;四是通过推行"三金工程"(金牌买手、金牌店长、金牌导购员)持续提升图书采、供、销环节的专业性和服务水平;五是长期坚持开展"深圳晚八点"、"全民品读会"、"讲书会"等读书活动,引导充满智慧和正能量的阅读潮流。深圳书城从"书"出发,满足市民文化需求,活跃市民文化生活,构建了一个以"阅读"为核心的新型都市文化生活空间。

深圳出版发行集团连续18年总承办"深圳读书月",以书城为主阵地大力开展各类阅读和文化交流活动,开创了全民阅读的"深圳模式",被誉为是一种"高贵的坚持"。2011年推出的"深圳书城选书"、"深圳书城选碟"活动,坚持"读者够得着的品位",加强书城的阅读指引力,同时举办作者见面会、诵读会、讲书会等形式多样的配套活动,引导城市阅读风气。如今,"深圳书城选书"、"深圳书城选碟"已经成为深圳乃至全国读书界知名的阅读品牌。

3. 深圳书城成为创建城市公共文化生活的重要平台。

加强公共文化服务体系建设,是大力弘扬社会主义核心价值观、满足人民美好生活向往的必然要求,是实现市民文化权利的重要途径。城市的公共文化服务体系一定要满足市民文化权利中的基本性、普及性和均等性等条件。普及性、均等性是指所有人都能公平享受,基本性是指最基础的文化需求。深圳书城因应城市发展和市民文化需求,建立"以书业为核心、以书城为平台"

的模式是满足基本性、普及性和均等性的一种最接地气、极富社会效益和经济效益的公共文化服务形式。如中心书城从规划伊始，就突破以买书卖书为主要功能的传统书城运行模式，以人为本安排空间，为满足精神体验营造氛围，呈现全新的阅读生活，构建休闲、怡情、雅兴的休闲生活方式，将传统的图书卖场变成城市思想交流、阅读休闲的场所，成为城市公共文化生活的重要载体，最大限度地彰显了书城的功能。在中心书城这个多元的文化空间里，人们能够以亲切、便捷、动人的方式体验生活魅力、感受文化滋养。这里可以看书、听音乐、看展览，可以参加沙龙，进行创作分享或者与朋友聚会……书城也因此成为人们日常生活和假日出游的重要目的地。

书城是经营单位，但它承担着大量公共文化服务的职能。每年读书月，书城都为市民奉献丰富的文化盛宴，而其余的 11 个月，各种公益文化活动也几乎每天都在这里上演。开业以来，仅中心书城每年举行的讲座、展览、诗歌朗诵等文化交流活动就达 600 余场，出席的名家有贾平凹、莫言、李安、易中天、李开复等，推出"深圳晚八点"、"沙沙讲故事"等品牌活动。中心书城每年的平均客流量达到 800 万人次，日均客流量 2 万人次，最高的日客流量近 7 万人次。一年 600 多场活动，一天 2 万人次的客流量，中心书城的文化活动数量之多、人气之旺，可以和世界上任何一流的文化设施媲美。中心书城满足了市民文化需求，活跃了市民文化生活，在高效运行中，实现了公共文化设施效益的最大化，成为城市公共文化服务的重要平台。

原国家新闻出版总署副署长蒋建国对以中心书城为代表的深圳书城模式在城市公共文化生活建设方面的创新给予了充分

肯定,他说:"与一般的书城相比,中心书城的创新之处在于,它不是简单地做图书经营,而是以书为媒在真正地做文化,利用书城开展各种各样的系列文化活动,聚集了更多的人气、人流,让深圳市民把逛书城变成了一种生活方式,从中体验到了一种休闲阅读的快乐。"法国"未来主义"建筑大师班尼·岚明赞扬道:"中心书城以一种功能综合体的方式为市民打造阅读场所,这种做法我十分欣赏,深圳不愧为'全球全民阅读典范城市'。"

(三)党委和政府高度重视和支持书城项目

长期以来,深圳书城的创建和发展无不凝结着中宣部、国家新闻出版署、省新闻出版局等主管部门在产业政策、行业发展等方面的正确领导和支持,无不凝结着深圳市委市政府在书城选址建设、运营发展、全民阅读活动中的坚定支持和强力推动。

深圳是中国改革开放的前沿阵地,市委市政府一直高度重视文化产业发展,2003年即提出"文化立市"、"文化强市"的战略方针,率先推出多项振兴发展文化产业的地方政策和措施。作为全国较早起步发展文化产业和最早践行"文化+科技"发展模式的城市,深圳文化产业的爆发式增长和科技推动业态创新齐头并进,实现了文化产业的跨越式发展。2014年深圳文化创意产业增加值1560亿元,占全市GDP的9.8%,连续五年年均增速达25%,文化产业与高新技术、物流、金融并称为深圳四大支柱产业之一,为深圳建设现代化国际化创新型城市提供强大的产业引领和智力驱动。深圳正成为全国文化产业发展中的先锋城市。拥有深圳书城品牌的深圳出版发行集团作为深圳三大国有文化产业集团之一,既是深圳文化产业发展的重要推动力量,又深受其惠,获得长足发展。

1. 重视书城选址建设,优先书城网点布局。

无论是罗湖书城、南山书城,还是中心书城、龙岗书城等,所在位置都是深圳城市或城市副中心的核心之处和商业旺地,特别是建筑面积达 8.2 万平方米的中心书城,其所在地是土地资源十分珍贵的深圳市中心区。毋庸置疑,深圳书城的选址用地体现了深圳市委市政府在倡导全民阅读方面的"良苦用心"、战略眼光与宏大气魄。

作为经济发达的年轻城市,深圳选择把最好的地方留给书城,选择了与书有关、与文化有关的公共建筑作为中心地标和城市客厅,体现的是市委市政府的一种战略眼光,一种前瞻科学的城市规划,一种公共服务的理念,一种文化民生的价值观。正是认识到书店之于城市发展的长远意义,认识到阅读对市民的深远影响,历届深圳市委市政府都高度重视书城的建设发展,从规划建设用地、项目建设资金等各方面对书城建设和发展给予支持,从而使全国超大书城里深圳就拥有五家,并且还有更多的书城正在规划兴建中。《中国青年报》评论说:"把书城建在城市中心最好的地段,这已成为深圳的文化宣言。"

2. 以购买公共文化服务的形式,鼓励并支持书城开展全民阅读公益活动。

政府通过购买公共文化服务,引导实体书店举办公益文化活动的方式,可有效满足市民文化消费需求,并助力实体书店向城市文化生活空间转型升级。2013 年国务院常务会议提出,研究推进政府向社会力量购买公共服务,将适合市场化方式提供的公共服务事项,交由具备条件、信誉良好的社会组织、机构和企业等承担。2015年初,中共中央办公厅和国务院办公厅联合下发《关于加快构建现代公共文化服务体系的意见》,进一步明确要"建立健全政府向社会力量购买公共文化服务机制……逐步形成政府、市场和社会共同参与的公共文化服务体系建设的格局"。可见公共文化服务社会化已是大势所趋,而深圳早在首届读书月举办之时即开国内先河,探索实施政府出资购买服务、企业承办活动,共同提供公共文化服务的形式,并获得成功。此后,深圳市委市政府进一步加大力度,加大对全民阅读、公益文化活动、文化创意产业的扶持力度,市财政每年集中5亿元设立文化创意产业发展专项资金,用于支持文化创意产业发展。

全民阅读是一项公共文化工程,世界许多国家都通过设立国家阅读基金,由国家公共财政提供资金,以推进国民阅读工作的持续深入开展。深圳市宣传文化基金是深圳支持全民阅读的主要资金来源。深圳书城总承办的"深圳读书月"获得的基金支持从最初的每年80万元到长期保持在400多万元,至2018年接近600万元。书城的"深圳晚八点"、"沙沙讲故事"、"温馨阅读夜"等品牌文化活动也获得了市、区两级较充足的基金支持,开展得有声有色,丰富了市民的文化生活,在社会上引起了良好的反响,充分发挥了"全球全民阅读典范城市"的示范作用。

政府对书城全民阅读活动的支持,一方面满足了广大市民的文化生活需要,另一方面也促进了实体书店从单纯的卖书场所向城市文化生活休闲中心转型升级。政府通过较低的投入实现了公益性文化活动需求,企业从政府的扶持资金中得到了经济保障,提高了举办公益活动的热情,也吸引了人流,聚集了人气,提高了经济效益,从而实现了政府、企业、市民三方共赢。

第二节　互联网时代的大书城
（2009 年至今）

　　2009 年以来,资讯传播与阅读方式、出版物分销渠道与流通方式的革命性变化,给实体书城乃至整个书业带来了巨大的冲击。电商渠道于 2000 年起步,采用低于进货价的"价格战"方式极速扩张,2009 年实现图书销售接近 100 亿,年销售呈倍数增长,占当年全国图书终端销售的 1/3,自此实体书店销售渠道"大规模、低增速"和电商渠道"小规模、高增速"并存。2014 年电商渠道销售达到 279 亿元,占全国图书销售的半壁江山,仅当当、京东、亚马逊销售额就达到了 124 亿元,比全国 127 家大型书城的销售总额还多。实体店图书零售市场增速受此影响逐渐放缓,很多知名专业书店相继倒闭。据开卷监测数据,2009—2013 年,实体店销售增速连年下降,2013 年更是降到 -1.39%。

　　面对互联网的冲击,大书城坚守理想,积极应对,推出加快卖场改造升级、强化管理提升效率、利用互联网新技术提升消费体验等有力举措,在国家免征图书批发、零售环节增值税利好政策支持下,一举扭转了连年负增长的局面,实现了销售回暖。据开卷中国图书零售市场报告显示,2014 年实体书店图书零售市场一改前两年负增长的态势,止跌回稳,实现了 3.26% 的正增长。其中以北上广深为代表的一线城市回暖幅度最大,大书城群体年度增速超过 8%,成为推动全国年度增长的中坚力量。

　　深圳书城所处的深圳是全国互联网产业最发达的城市之

一,网民数量大,渗透率高,网购比例高,2009—2013 年,深圳网民规模从 438 万发展到 819 万,网购比例从 25% 上升到 35%。据当当网统计,深圳读者年购书量占到当当网总购书量的十四分之一。面对激烈变化的外部环境,深圳书城认识到,互联网的普及和大数据技术的广泛应用,给传统的实体书城带来了深刻的变革,同时也蕴含着新的巨大的机遇。消费者对于购物环境及消费体验感的需求,电商的 O2O 靠拢以及传统线下的实体书城优势,越来越成为实体书城存在和发展的新境界。只有用改革创新的思路,用新媒体和新技术去提升经营新时期的大书城,充分发挥实体店现场体验感和人性化服务的优势,实现转型升级,才能找到危机中孕育的新商机,才能赢得未来,找到新的绿洲。

马云在一次演讲中说道:"人类正从 IT 时代走向 DT(Data Technology,数据处理技术)时代。"DT 时代是指以数据服务大众、激发生产力、优化供给创造市场为主的技术。DT 既是技术的革新与进步,更是思想观念层面的根本性变革。深圳书城通过转型、升级与拓展,全面拥抱"互联网+"时代,加速全渠道运营的进程。互联网、移动互联网以及随之而来的"互联网+"、DT 时代等新技术、新模式、新传播方式,给传统商业运营模式带来了全新变革。2015 年全国两会期间,李克强总理在政府工作报告中首次提出将制定"互联网+"行动计划,推动移动互联网快速发展。深圳书城顺势而为,从南山书城、罗湖书城改造升级,推出"书城选书"、"讲书会"、"三金工程"(金牌买手、金牌店长、金牌导购员)等,加强书城阅读指引,到推出线上销售平台深圳书城云书城,再到微商城、天猫店等移动互联网平台的飞速拓展,正在走一条店商、电商、微商三位一体的"互联网+"融合发展之道,用创新驱动、创造发展,形成价值倍增的放大效应。

一、重装升级,推动大书城走进3.0时代

2014年7月12日,南山书城诞生10年后新装开业。重装后的南山书城将书与非书、阅读与生活无缝融合,打造了一个优雅闲适、颇具创意的文化休闲生活中心。业界亲切称之为3.5代"深圳书城",引发了行业权威媒体——《中国出版传媒商报》关于"实体书店隆装进入3.5代"的现象讨论,认为这是数字阅读、电商平台冲击的大变革时期,大型实体书店直面挑战,锐意转型升级的有益探索和成功示范。

2015年7月16日,开业近20年的罗湖书城重装亮相,华丽转身。通透的阅读空间、多元的文化空间、精细的特色书店、全新的互联网应用体验……璀璨蝶变,标志着深圳书城品牌的成功升级,也代表了在互联网时代深圳出版发行集团大书城发展模式扬帆迈向新征程。

(一)书天地·雅生活,构建城市文化生活中心——深圳书城南山城升级改造回顾

南山书城2004年开业,是行业内知名的大型书城。2013年完成一楼升级,2014年又拨资近千万元,以"书天地·雅生活——构建城市文化生活中心"为核心理念,全面启动并成功实施南山书城二至五楼改造升级。环境更舒适、时尚,配套项目更丰富完备,打造了一个优雅闲适、颇具创意的文化休闲生活中心,成为深圳湾畔亮丽的人文新风景。业界亲切称之为"3.5代深圳书城"。

1. 源起。改造提升传统书业,探索创新大书城业态组合,发展完善深圳书城模式。

众所周知,近年来实体书店的生存和发展面临着严峻考验,传统的以销售出版物为主或简单采取书与非书多元业态、混业经营的实体书店举步维艰,而以中心书城为代表的深圳书城及一批始终以消费者为中心,及时因应顾客消费需求和方式变化而转型升级的实体书店却如沐春风,发展良好。2013年11月30日,运营9年的深圳购书中心歇业关门,而同一时段中心书城内灯火辉煌、人潮涌动,全市狂欢共度"温馨阅读夜",这种冰火两重天的局面生动展现了集团致力打造的城市文化生活中心欣欣向荣的繁荣景象,也深刻揭示了深圳书城模式的优越性及现代大书城业态创新的必要性与紧迫性。

简而言之,深圳书城模式,就是建立以书业为核心的新型文化商业业态,它以书城为核心阵地,推动公共文化活动的开展和公共文化产品的提供。以中心书城为代表的深圳书城文化综合体,创造了一种新的生活方式和休闲方式,将传统的图书卖场变成一个城市的公共文化生活中心,集聚了公共性、开放性、体验性、文化性和零门槛,是最受市民欢迎的公共文化场所,也是推崇全民阅读、构建公共文化服务体系的重要阵地,最大限度地彰显了书城的功能,也为新时期改造提升传统书业探索出了一条行之有效的道路。对市民而言,书城不仅是书的大卖场,还有各种各样的文化生活、创意产品、论坛讲座、培训活动等,成为文化的大空间、教育的大舞台,休闲的大载体,满足了多功能一站式的文化需要。

开业于2004年的南山书城,店堂宽阔明亮,文化氛围浓厚,是南山商业文化中心的文化地标,也是行业内知名的大型书城,经济效益和社会效益俱优。近年来,受电商和新阅读方式影响,南山书城发展势头减缓、后劲不足,与此同时顾客对其定位和角色亦产生新要求,尤其是集团在此探索成功"书城+影城"的模式后,顾客要求进一步增加文化休闲和生活交流元素,增强配套,以打造全方位立体书生活空间的呼声日甚。因此,集团继 2013 年完成南山书城一楼升级后,2014 年又拨资近千万元,以"书天地·雅生活——构建城市文化生活中心"为核心理念,力求南山书城"打开了"、"方便了"、"亮起来",于 4—7 月初全面启动并成功实施南山书城二至五楼改造升级。

2. 实践。以书业为核心,注重空间规划和业态组合,构建城市文化生活中心。"书城+创意城"、"书城+影城"——创新深圳书城业态组合模式。

此次南山书城升级改造,通过以书为媒,重组弘文、书城培训及各类文化创意精品、新式文化餐饮,使业态布局更合理,功能组合更完善,探索发展了深圳书城"书城+创意城"、"书城+影城"的业态组合模式。在空间布局上采取娱乐板块(影院+KTV)、创意板块(创意、弘文+餐饮)为两侧驱动,文化板块(书业+培训)为轴心连接的三段式布局,各业态之间联系紧密,优势互补,形成较为有效的循环运营机制。

改造后,南山书城近 1.6 万平方米的可经营面积中,书业作为核心层,面积约为 4654 平方米,占比 29%;以创意生活为中心的紧密层包括影视娱乐(含 KTV)、培训、弘文、生活精品等,面积8722 平方米,占比 54%;餐饮、配套为主的外围层,面积 2684 平方米,占比 17%。其中影院和 KTV 目前是南山书城独有的业态组合形式,与南山书城目标客群为青少年、年轻家庭和中产阶层的定位十分契合。弘文南山店易地装修后,风格时尚简约,全新打造以"美好体验"为核心的创意文化商业平台,集结了文化创意精品、深港创意设计廊、动漫、琴行、数码产品等精彩纷呈的产品,给读者带来更多文化创意前沿风潮、高科技感与温馨欢乐的体验。书城培训南山书城旗舰店则像一个迷宫般的童话王国,色彩斑斓、充满童趣,极具创意,环境和形象大幅提升。

除了自营项目的全面升级,为给读者提供更舒适便利的购物体验,南山书城将丰富配套项目作为改造的一大重点,围绕书与生活进行延展,根据不同区域读者群的需求配套组合相应项目,为读者一站式的休闲购物提供了更多的选择。

增强餐饮及休闲功能,重点注入创意精品元素,使整个书城业态更为时尚,主题更加明确、更有号召力。选择引进知名度较高的品牌项目,如餐饮类的味千、小池塘,休闲类的面包新语、TT咖啡,文创精品类的字在、青兰工舍等,有效提升了书城的消费品位。

立足于书城定位和顾客需求,充分挖掘目标客群关联消费的潜力,选择与书配合度高的项目进行搭配,增强了书店特色,使书业空间显得更加丰富、更有吸引力。如二楼采取生活、音像类出版物+创意精品+餐饮的组合方式;三楼文学、艺术、社科类图书组合收藏精品、休闲餐饮;四楼儿童及教育类图书则与童玩童用、教育培训相组合等。

升级后的南山书城,已经成功转变为以书为媒,集书店、影视、休闲、展览、创意、培训等于一体的城市文化生活中心。通过书与非书的对话互动,借助阅读与生活的有机结合,重组文化业

态,为顾客带来愉悦、自在、触动心灵的文化体验。2014 年 7 月重
装开业两个月来,得到众多媒体的关注,受到广大市民的好评,普
遍认为装修风格典雅有新意,业态组合更丰富、购物更便利。

3. 大书城·小书房——创新南山书城书业运营模式。

大书城因其营业规模大、图书品种齐全、环境优良而受到大
众的欢迎,但在大书城数十万品种的图书中找到自己想要的书,
读者常常有大海捞针之感。而到了周末,大书城里熙熙攘攘的景
象,让一些想在书城里安静看会儿书的人望而生畏,这也成为大
书城服务的瓶颈。由此,南山书城书业运营"大书城·小书房"的
概念顺势而生,通过精耕细作的"专业书店"运营模式,以强化主
题书店形态与内涵。通过空间的巧妙分割,聚合精心挑选的各类
图书,构建了大大小小、各具风格的 23 个主题书店,目前陈列品
种已达 15 万余种。

23 个专业店按书业营销需要及读者购买习惯分布在南山书
城 2—4 层,形散而神聚,分别有着自己名字:优阅书吧、音像音乐
书店、中医书斋、生活旅游书店、科普长廊、文学馆、深圳古籍书
店、艺术长廊、南山书城荐书堂、益文书局、少儿书店、教育书
店……

优阅书吧是改造后南山书城全新的演绎,是一处集图书、咖
啡、轻食为一体的休闲空间,同时兼具沙龙的功能,结合书城消费
人群的特性,已在这里策划并举办了"妈咪课堂"的系列活动,未
来,不同主题的沙龙将陆续登场;热衷收藏古籍书的读者就要到
深圳古籍书店去,这里重现了当年"深圳古籍书店"的招牌,并着
力丰富线装书、国学古籍、名人字画等品种,使具有历史价值的品
牌重焕青春;喜欢小说、散文书籍的读者可以直奔文学馆;爱好历

史的读者可以沉浸在历史长廊；需要购买经济、法律等书籍的专业人士就去经济书店、法律书店。特别值得一提的是，少儿书店特设绘本馆，大力提倡亲子阅读，店内还辟有多功能阅读活动区，供孩子们在这里自由自在的读书或举办各种阅读活动。若不知道买什么书好，就到南山书城荐书堂随意翻翻，这是一个彰显南山书城阅读主张的地方，那里有专家、有名校，还有南山书城专业人员推荐的各种好书。这就是南山书城里的小书房，沉静而优雅，绿植萦绕，营造了"躲进小楼成一统"的意趣。

为弥补过去无公共活动空间的遗憾，南山书城在惜地如金的有限空间内，于3楼辟出200多平方米的多功能活动空间——喜阅荟。投入使用两个月，喜阅荟即接待了辛夷坞、陈丹燕、杨照、马家辉、胡洪侠等众多名家，举办了十多场作家签售会和文化活动，每场活动都人如潮涌，有读者激动地说："南山书城在书店内规划这样的活动场地实在太好了，既安静又特别有书香气息，还可以和作者专心地交流……"

新装开业后，南山书城客流持续回升，最高峰时当日客流接近2万人，销售也同比回升。

(二)凤凰涅槃，浴火重生——罗湖书城升级改造回顾

1996年，罗湖书城乘着第七届全国书市的春风盛大开业，从此开启了行业大书城发展的新时代。20年来，作为深圳书城品牌发源地，罗湖书城累计接待读者逾2亿人次，累计销售册数8000余万册，累计销售码洋逾21亿元，举办各类活动5000余场次，连续居全国大型书城排名前十，谱写了一篇篇书业神话。

为进一步适应市场发展的需求，在集团"改造提升传统书业，探索发展新兴业态"的战略理念指引下，罗湖书城于2015年4月

17日正式启动升级改造,着力于环境空间氛围的提升和营造,促进书城与顾客关联、人与人交流互动,创建以阅读为核心的多种配套功能,完成复合式体验式书城的转型与跨越式发展。

1.亮点频出,特色凸显。

升级后的罗湖书城,不再只是购书大超市,而是都市人阅读、学习、交流和休闲的复合式文化生活空间。整个空间给人以宽敞、明亮、时尚感,徜徉其中,畅想别样书香生活。主要呈现以下特色和亮点:

(1)宽敞了。改造后的罗湖书城将原有天花拆除,提升层高,使得空间更为通透、开敞;打破原有建筑平面杂乱拥挤的格局,拓宽通道,增加公共休闲区域,读者行走其中可看、可逛、可流连、可喘息,徜徉书海成为一种自由闲适的享受。

(2)亮堂了。整体色调由原来的白、绿等冷色变为暖色调,空间色感更加饱满,让人倍感温暖和轻松;灵活运用灯光效果,让自然采光和灯光照明相结合,货架中的嵌入式灯光和天花灯光相映衬,让空间亮起来的同时,照明效果层次多变,更加丰富,读者的视觉感官更加舒适愉悦。

(3)方便了。升级版罗湖书城一改过去狭窄、封闭的动线格局,将水平动线东西向拉长,拓宽主通道,增强各个区域的可见性和可达性。书和非书项目按照"圈层结构"合理布局,相对独立又相互促进,一站式地满足读者的消费需求。依照读者群体进行图书细分,便于读者找书与交流,分类指示牌简洁醒目,巧妙结合书籍陈列,让商品成为不说话的动线引导人,读者选书购书都更为便利。

(4)时尚了。原有的铁质书架整体更换为木制书架,更加贴近阅读,显得温馨而亲切,不同类型的书架错落有致地围合出多层次的阅读空间,营造出浓郁的阅读氛围,让书城变身为一个温馨时尚的大书房。极具艺术气息的吊顶和灯光造型吸人眼球,是人们拍照分享朋友圈的绝佳景观,还有随处可见的绿植、不经意进入视线的海报和老照片无不流露出文艺、时尚的气息。

(5)文化空间多了。罗湖书城通过紧缩式开发,置换出面积,增加了休闲体验空间、文化活动空间、展览展示空间,极大增强了卖场的丰富性和可逛性,提高人气聚合力。如集阅读、学习、交流功能于一体的新新书吧(NEW+书吧)为读者提供了休憩和放松的空间;三楼营销活动区和四楼青少活动区定期开展特色阅读文化活动,为读者呈现鲜活的、高品质的阅读文化生活;卖场随处可见的主题展览展示,让读者徜徉其中,流连忘返,每次到来都有全新的体验和收获。

(6)体验感增强了。升级版罗湖书城不仅空间体验感增强,而且在业态组合、购买支付、阅读交流模式等方面提升体验价值,例如利用"互联网+"技术,创新性地运用微博、微信手段,为读者提供线上线下服务,读者置身新新书吧(NEW+书吧),不用起身前往吧台就可以在手机上通过微信下单买单,同时通过"微平台"构建互动空间,实现读者和读者间、读者和书城间阅读分享的新模式。

2. 追求精细,品质优先。

罗湖书城向来以品种齐全、书香气质浓著称,但在数十万品种的图书中如何满足读者,这是罗湖书城此次升级改造考虑的重点之一。

为了适应不同层次、不同结构读者的需求,新装后的罗湖书

城在对市场深入研究的基础上，细分客群，通过丰富品种、优化陈
列、增加阅读体验空间等措施，提升各主力书店品质。二楼人文
风尚馆以"社科+音乐"为主体元素，三楼文学艺术生活馆以"文
艺+书吧+体验空间"为主体元素，四楼青少阅读馆以"少儿+阅读
体验"为主体元素。同时，打造独一无二的特色书店，如在三楼文
学艺术生活馆，利用古籍善本优势做精做专古籍书店，吸引古籍
善本爱好者，营造独特的书香气质；在二楼人文社科管开设音乐
馆，在商品定位上更加追求高品质，并配置试听、试映区，以适应
商圈内高端读者需求。

　　值得一提的是，罗湖书城不仅设有名家名社专架以提升主力
书店的品质，还专门开设了本土作家作品专架、推动和弘扬深圳
本土文化。

　　(三)传统书城改造升级思考

　　"尚书而不唯书，谋利而不唯利"，书城功能拓展、业态创新和
空间布局需要特别注重文化性和商业性的平衡，正如原中宣部副
部长、国家新闻出版广电总局局长蔡赴朝所言，书城作为产业，必
然存在转型升级的需要。业态的创新提升、功能的丰富拓展是实
体书店永远保持生机和活力的必由之路。多年以来，以中心书城
为代表的深圳书城，始终围绕消费需求变化，从供给侧结构性改
革方面进行功能拓展和业态创新，进而将书城建成为一个传播文
化、服务大众，多功能、综合性的阅读空间、文化创意空间和城市
文化生活中心，这是深圳书城，也是新南山书城、新罗湖书城转型
升级的成功之路，广为业界推崇并争相效仿。

　　然而，就在业界同行纷纷启动重装，大力引进多种业态、多种
商业模式，以期重焕生机，觅得发展新道路的过程中，作为先行

者,我们更需要保持一分清醒的思考,需要清楚地认识到并坚守住书城之于以阅读为核心的都市文化生活和城市公共文化服务的重要意义。因此,书城的功能拓展和业态创新,甚至空间布局都必须遵循并坚持"尚书而不唯书,谋利而不唯利"的原则,把握好文化性和商业性的平衡与相互协同。组合的商业项目要立足于书城的定位和顾客需求,注重文化品位和生活气息,美学风格要协调统一,且应做到相似功能及互补功能关联组合,同时必须讲求书业与关联项目的和谐统一、文化格调与运营效益的和谐统一、当前效益与持续发展力的和谐统一等。

二、专业服务　阅读指引

—— 我们卖书,我们卖好书,我们卖好好书

互联网时代电商价格战对实体店冲击巨大,甚至有人预言:实体书店将会从都市中消失。但是实体书城以其浓厚的文化氛围营造,已经成为城市的重要组成部分,是城市的文化符号和精神特质,有网络书店不可替代的独特功能。网络购书主要依靠搜索,适合有明确购书目标的选书,但是在实体书城现场选购,流连于书架之间,随意免费浏览十几万种图书,随机选购自己喜欢的图书,获得一种精神上的满足感,这是网络购书无法提供给消费者的独特体验。这也是网络购书虽然发展迅猛,但是大书城依然人气旺盛的原因所在。面临电商价格战的巨大挑战,各地大书城在不断思考和强化自己与网络书店相比的优势。我们分析当前市场形势认为:

当前我国图书市场的主要矛盾,在读者层面表现为,品种极其丰富、载体多样、可选择性强而读者个人购买力、个人精力、时

间空间有限；在出版领域表现为，以作者及书稿为核心的要素资源有限且竞争激烈，而个体获取能力制约因素众多；在终端卖场表现为，产品极其丰富、可供图书数以百万计，而受陈列面积制约，陈列量有限，许多新书、好书不能上架或者在架陈列时间太短，产生新的"卖书难"问题。

据初步统计分析：全国出版社、经销商在库可供图书逾120万种，最大网店当当网年动销品种80万种、在库品种60万种，深圳书城中心城、上海书城、西单图书大厦、广州购书中心等大书城最大陈列量约25万—30万种。以2014年出书总量、全年周转1次测算，当年版图书（新书、重版书）50%得不到上架，一年期以上的常销、长销、常备书，更是难于与读者见面。

另一方面，由于租金、水电、人工等要素成本上升的压力，实体店不得不挤压经营面积，以增加盈利。目前所有书城都转变单一出版物经营模式，走向以书为主、多元经营的文化综合体，主、多面积比例6：4、5：5、4：6、3：7不等。实体店不能不计算陈列成本。罗湖书城以每平方米每月100元计算，如果陈列总品种周转一次，每一种书按正常复本陈列，每册场地成本为26元，周转2次则为13元，以下可以类推。加上人工、水电、空调、物管、损耗等，陈列成本则更高。

我们提出"新、优、特"产品策略，加强选品质量、提高卖场陈列有效性，加速周转，加大营销活动力度和创新营销方式，增加坪效。我们的口号是："我们卖书，我们卖好书，我们卖好好书。"为此，我们2011年推出了"深圳书城选书"、"深圳书城选碟"等阅读指引平台，呈现为读者推选好书的专业精神；2014年推出"深圳书城讲书会"，提高采购和营销人员发掘好书、营销好书的能力；

2015年推行"三金工程"（金牌买手、金牌店长、金牌导购员），培养和选拔业务能手，持续提升选品和销售团队的专业性和服务水平。

（一）深圳书城选书——只为读者选好书

为引领阅读，推介好书，提升深圳书城品牌知名度和核心竞争力，2011年7月，深圳出版发行集团创立了"深圳书城选书"项目，开展新书推荐，每月一期，连续不间断推出，至2018年7月已经推出86期，选书860种，涵盖中华书局、中信出版社等100余家优秀出版社。期间还特别推荐深圳读书月"年度十大好书"、"年度十大童书"两期，"2015暑期十大童书"一期，被誉为最有品位的大书城推荐书单。

1. 选书范围。

深圳书城追求"读者够得着的品位"，每月向读者推荐10种思想性、原创性、可读性高的新书，包括：(1)哲学社会科学；(2)文学艺术；(3)文史及文化创意；(4)经济管理；(5)新媒体、新业态；(6)品质生活；(7)科普读物等七大类。所推荐图书以最新出版的人文社科为主，目标读者面向市场、面向大众而非专业人士或小众群体。原则上不选重版、重印书以及工具书、文教书、实用类书籍。其中，哲学社会科学、文学艺术和文史及文化创意类入选比例总量控制在80%左右，经济管理、新媒体新业态、品质生活和科普读物等控制在20%左右。青少年读物则在寒暑假期间以特别推荐的方式评选、推荐。

2. 评选专家。

专家评委主要由深圳社科文化、新闻出版、企业界人士、书评人组成，共计18人。

3. 评选流程。

第一步,邀请全国出版单位,尤其是市场占有率居全国前 20
位的 20 家出版单位,每月 6 日前按上述七大类分别推荐 1—2 种
最新出版的优秀图书作为候选书目,要求附内容简介及推荐
理由。

第二步,每月 10 日前,由各书城及集团图书采购部门根据卖
场上架新书和出版社最新出版情况各推荐 20 种候选新书,汇合
出版社的自荐图书,形成初选书目。为确保所荐图书能够及时供
应市场,初选书目可比出版时间延期一个月。

第三步,每位专家评委每月月底前从初选书目中推选 10 种
图书,根据票数终选出 10 种。专家评委组成员亦可提名初选书
目之外的新书。推选过程中,专家评委认真负责,对所推荐图书
都有较深入的了解,要求阅读逾三分之二的内容,确保有一位专
家通读过。

第四步,入选的每本书指定一位评委撰写评语。

第五步,终审组长审定,交媒体发布。

第六步,发布榜单。发布时间定于每月 10 日。通过新闻通
稿方式,在政府在线、深圳新闻网、深圳文化网和深圳之窗等网站
发布上榜图书宣传页面,在全民阅读网、深圳书城网站、《深圳书
城》内刊、集团微书城·云商城和深圳书城"荐读"微信平台发布
榜单及相关短评。发布主要内容:上榜好书的基本信息,包括作
者简介、内容概要、推荐理由、专家点评、精彩语录和编辑背后的
故事等。

4. 宣传推广。

为扩大影响,用好、用足本书目,我们坚持做好以下工作。

（1）邀请专业设计师为书城选书设计标识鲜明、富有冲击力的 LOGO。强化书城选书的品牌影响力，并在选书的宣传折页上印制书城微信二维码，为读者提供深度阅读。

（2）在《深圳特区报》、《深圳商报》、《晶报》、《深圳晚报》、深圳新闻网、深圳之窗和深圳电台新闻频道发布榜单及上榜图书资料。

（3）深圳书城卖场分别以特制书架、书台进行专架陈列展示。书架书台上同时呈现榜单、品牌推广语、上榜图书推介语、各媒体对上期榜单的评论以及营销合作赞助商等元素。

（4）在深圳书城客服和收银台派发榜单宣传折页。在集团和各大书城的卖场、深圳书城天猫店、文化活动举办场所等人多聚集的显著位置发布榜单。每一期印制一张海报，在集团总部和相关场合张贴。

（5）以电子邮件形式向深圳书城 VIP 客户定期发布榜单及相关信息。各大书城客服和机关团购客户部每月定期向农业银行、招商银行、华为公司等机构客户提供书城选书，开展宣传推广和优惠征订。

书城还通过书城微信公众号和网站等渠道进行投票，组织读者"我最喜爱的一本书"互动品读活动，邀请出版社、作者与读者进行线上线下交流，纳入书城"晚八点"、"品读会"、"书立方"、"我来讲书"等活动体系，对所选图书进行重点推介；通过后院读书会、三叶草故事家族、彩虹花公益小书房、集团读书会等影响力大的民间读书组织，围绕上榜好书开展读书活动。

"深圳书城选书"始终坚持价值导向，坚持人文精神，坚持高尚品味，坚持专业眼光。经过评审专家和工作人员的共同努力，

通过深圳书城、自营书吧、专架专柜陈列、宣传折页、公众微信号
和大众媒体等方式广泛传播,推荐了一批好书,产生了良好的社
会影响,同时获得了良好的经济效益。据统计,入选的 860 种图
书,在深圳书城实现销售共计 73.6 万册,码洋 3265 万元,平均
每个品种实现销售 856 册、码洋 38000 元,是同期书城动销品
种(100 万种,平均单价 35 元计)平均销售册数、金额的 26 倍
(856/33)、33 倍(38000/1155)。

(二)深圳书城讲书会——传递行业资讯,推动好书销售

"深圳书城讲书会"创办于 2014 年 3 月,邀请全国优秀出版
社社长、总编辑来深圳讲授出版理念、编辑故事和重点品牌产品,
听讲者为集团领导、中层业务干部、"金牌买手"、"金牌导购"、
"金牌店长"及深圳读书界、新闻界有关人士等,每期约 90 人。旨
在培养、培训采购和营销人员的基本业务素质,传递出版业与市
场资讯,提高集团出版物供应链上各环节管理与一线人员的整体
采购和管理营销水平。言者精彩,听者入神,有效地沟通出版社
与书城、作者与读者,在出版界、读书界引起强烈反响,至今已办
近 50 讲,邬书林、聂振宁、顾青、贺耀敏、刘国辉等登台演讲。

"深圳书城讲书会"成为了"深圳书城选书"的姐妹品牌。讲
书内容主要包括出版社的重要出版选题项目或重点书籍;社会、
政治、经济等当前热点问题;出版业发展趋势、书业发展动态与分
析;畅销书的选题策划与营销;阅读的新趋势;传统出版与数字出
版新业态等。

(三)"三金工程"(金牌买手、金牌店长、金牌导购员)——
"为读者找好书,为好书找读者"

为培养和选拔"执着爱书、乐于知书、精心选书、热情荐书"的

业务能手,强化集团书业连锁经营专业形象,更进一步提升书城员工整体业务能力和服务水平,实现提升终端"指引性、便利性、现场感和个性化"的要求,切实做到"为读者找好书,为好书找读者",深圳书城 2015 年推行"三金工程",培养和选拔业务能手,持续提升选品和销售团队的专业性和服务水平。

1."三金"的定义。

金牌导购员,全称"深圳出版发行集团金牌导购员",是指集团书业连锁板块内,对能达到较高服务质量、具有较高专业水准、爱书知书且导购能力强的导购员授予的称号。

金牌店长,全称"深圳出版发行集团金牌店长",是指集团书业连锁板块内,对各主力店、专业店、书吧等管理人员中业绩良好,且在经营管理(包括店面管理、商品管理、人员管理、市场开拓)上达到专业水准的店长授予的称号。

金牌买手,全称"深圳出版发行集团金牌买手",指为集团内部掌握基本采购技术,具备一定专业采购水准,好书、畅销书、常销书捕捉与挖掘能力强,达到良好销售业绩的采购人员授予的荣誉称号。

2."三金"的评选。

成立"金牌导购员、金牌店长、金牌买手"工作小组(以下简称"工作小组")。负责评选管理办法的制定和修订,以及金牌导购员、金牌店长、金牌买手的评定、审核、报审等工作。每两年开展一次评选,当选的金牌导购员、金牌店长、金牌买手有效期两年。评选分为个人申报、资格审定、综合考核(日常和集中考核)、评定和授牌五个步骤。

3."三金"的工作职责。

金牌导购员、金牌店长职责:

（1）良好完成岗位本职工作，并充分发挥模范带头作用；

（2）担当集团"培训师"角色，不定期为集团范围内基层员工提供集中培训；

（3）作为本单位的入职指引人，发挥"传、帮、带"作用，每次指引5名以下新到岗导购员、店长，引导其成长、提升；

（4）定期推荐书目，并结合书目举行读者互动交流、堆码展销、荐书会等活动；

（5）重要顾客的购书接待。

金牌买手工作职责：

（1）负责所管类别产品采购工作；

（2）负责所管类别"新、优、特"产品的挖掘、采购及销售推广工作；

（3）主动策划、实施产品主题营销并做相应效果评估；

（4）强化与供应商合同管理，防范经营风险；

（5）做好所管类别每月好书推荐，分享市场信息、采购技术及工作经验；

（6）取得较好的经营业绩。

4."三金"的奖励。

在集团内刊、微信、微博等集团自媒体上公布评选结果，设置荣誉榜，号召全体员工以榜样为参照，争当"金牌导购员"、"金牌店长"、"金牌买手"，提高出版物卖场导购、经营管理能力，提升出版物卖场整体服务质量和专业水平。

从授牌之日起金牌导购员、金牌店长、金牌买手挂牌上岗，并于次月开始享受相应补贴待遇。优先评选"每月之星"和年度集团先进个人。优先参加集团组织的外出学习考察。

三、深圳书城站上云端,读者飞起来

　　随着移动计算、社交网络、大数据、物联网、云计算等新技术应用及普及,"互联网+传统产业"的融合发展模式将最终改变所有的产业发展模式,运用新兴媒体升级深圳书城运营模式,是行业大势所趋。面对互联网挑战,深圳书城自 2008 年就开始了自己的互联网转型发展探索,确立了在新媒体形势下创新发展深圳书城模式,以深圳书城目标客户为中心,通过互联网、大数据、云计算、微信等新技术方式全方位满足顾客在实体店和网络虚拟空间的消费需求,打造交互式、智能化、实体书城和无限虚拟空间相互融合的新一代深圳书城模式,实现传统书业数字化转型的突围。

　　自 2012 年至 2018 年的六年间,集团相继推出业内第一个实体书城手机客户端、业内第一家微信服务号、集团云书城和微商城平台,为建成集团虚拟书城构想奠定了坚实基础;2015 年,集团紧跟"互联网+"思维,以云书城和微商城为平台,利用最新互联网技术,在深圳书城宝安城又开辟了微信支付体验区;在罗湖书城三楼建成自助书吧,得到业内的认可和读者的欢迎;2018 年新开业的龙岗书城首创"书香+智能+商业"模式,打造"无人书店"、机器人导购等特色智能体验。集团也成为业内探索传统书业与新兴媒体融合的重要力量。

　　"互联网+"时代,深圳书城将顺应传统媒体和新兴媒体融合发展的大趋势,着力于深圳书城智能化、深圳书城云书城建设和特色电商模式,大力促进深圳书城线上、线下融合发展,全面推动先进互联网技术在实体书店经营中的应用,强化深圳书城云书城

平台的信息功能、媒体功能、阅读功能和销售功能,探索特色电商的运营模式,创造全新文化体验,实现深圳书城在"互联网+"形势下转型升级发展。

（一）打造智慧书城,着力于深圳书城实体书城的智能化发展

多年来,深圳出版发行集团为顺应互联网的蓬勃发展和移动智能终端的日渐普及,针对民众阅读购买习惯发生巨大转变的这种转变趋势,提出了"改造提升传统书业、探索发展新兴业态"的总体发展战略;建立深圳书城在线平台,并一直努力探索 O2O（Online To Offline）线上线下一体化运行模式,将书城实体店服务信息与网上无缝对接;实现书城卖场的现代化管理,建立"人、商品、服务、店"的紧密自然连接,实现"店—人"的一对一精准服务,打通实体店与电商的连接通道,真正做到线上线下的统一,提高顾客的体验感、忠诚度和黏性。

1.深圳书城手机客户端和微信服务号。

2012 年 7 月,集团发布了自主研发的全国首家实体书城手机客户端——深圳书城手机客户端（APP 和 Android）,使读者享受实体书城服务变得更为方便快捷;2013 年,微信成为社会热点,深圳书城继续依托深圳书城实体书店,建立了全国首个实体书城微信服务平台,是全国第一家实现微信查书的城市书店,而且还与实体店会员实现了无缝对接,实现了线上线下数据无缝连接,读者足不出户就可了解到商品库存信息和各类文化资讯。

集团所开发的深圳书城手机客户端及搭建的微信服务平台的建立推广,是为顺应技术发展趋势,提升服务质量,拓展服务渠道,结合自身资源优势,以顾客需求为导向,通过技术手段使实体

书店在移动互联网领域推出的集检索图书、浏览资讯、会员卡功能于一身的移动应用服务。手机客户端与微信平台同设置在书城卖场的自助查询终端一样,方便读者随时随地查询商品详情、库存和架位信息。同时,能给读者提供多方位阅读指引,实时发步最新一期深圳书城选书、选碟书单、书城畅销榜单以及最新书讯。此外,作为深圳市文化地标之一,书城经常举办各类公益文化活动,用户只要打开客户端,便可实时了解这些活动资讯,如果是深圳书城会员,使用手机不仅能查询会员积分和有效期,结账时还能通过扫描手机二维码会员卡,享受会员优惠,解除会员因为忘带卡不能享受优惠的烦恼。比起传统的实体会员卡,电子会员卡更为便利且节约成本。

2. 深圳书城实体店智能化改造。

实现"互联网+零售"的全新商业模式,实现线上线下融合经营的 O2O 模式。各大书城全面完成闭环的业务 WiFi 和开放的互联网 WiFi 建设,实现室内精准定位导航,实现微信、支付宝等支付的全面接入;完成会员系统和智慧卡系统的升级改造,实现会员卡储零,智慧卡线上消费等功能。

建立大数据平台,为经营决策提供依据。实现集团及下属企业经营商品进销存退信息一体化管理,减少沟通成本;强化销售数据分析,开发中小型团购客户资源;利用大数据技术加强客户信息管理,实现精准化、个性化营销。

建设精准定位导航系统,提升购物体验。以云书城为基础,利用室内导航精准定位技术,提供读者精确找书服务,实现读者自助找书、自助导购;实现读书活动、优惠信息、优选商品的店内引导;实现停车场空位引导和位置记忆。

利用 WiFi 热点技术,提高作业效率。建立书城闭环 WiFi 网络,借助 PDA 设备提高书籍定位、上架、调整、下架的准确率与速度;开放免费的互联网 WiFi 网络,全面采集访问客户基本数据,并结合定位功能、行踪记忆功能对客户行为进行大数据分析,实现精准推送。

利用移动支付技术,优化卖场消费环境。全面更新改造 POS 系统,运用二维码技术与移动设备,引进微信支付、支付宝支付、深圳通支付等"小额免密"支付手段,实现读者自己选书、购书、支付,提高卖场收银效率,优化消费环境,形成"互联网+零售"的全新商业模式。

整合升级会员管理系统,提升会员权益。实现线上线下会员一体化,增加会员卡功能和扩大会员权益,开通电子钱包功能、会员卡找零储值功能,强化购物体验。

增设智慧卡网上支付功能,适时推出深圳书城"一卡通"。将智慧卡升级为深圳书城"一卡通",同时通过网上联营模式拓展深圳书城云书城网站企业用户群,将现有线上销售品类由单一的出版物逐步扩展到书城各类文化商品,增加线上线下现金流量,提升现金流周转速度。

3. 深圳书城微信购物体验店。

2015 年 5 月,深圳书城在新开业的宝安书城开设了微信购书体验店,店里的图书都是经过细心挑选的,生活类、少儿类、人文类等各个领域的都有,并且都会进行定期更换。这些书籍背后都明显贴上了书城特制的二维码,只要关注的书城的微信号,直接扫书籍背面的二维码即可进行微信支付购买。整个操作方便易懂,从打开微信扫码到支付,前后只用不到 1 分钟的时间,即可自助完成购书。

2015 年 7 月,深圳书城在重装开业的罗湖书城新新书吧 (NEW+书吧)推出微点单服务。读者进入书吧不用排队,只需扫描点心饮品的二维码或扫描书吧二维码,可直接进入书吧的微商城选购商品并付款,只要在座位上专心阅读等候服务员配送。同时通过"微平台"构建互动空间,实现读者和读者间、读者和书城间阅读分享的新模式。

(二)创新发展深圳书城模式,打造拥有无限虚拟空间的深圳书城云书城平台

2014 年深圳出版发行集团提出"云书城"计划,按照"一个品牌(深圳书城)、两个领域(online 与 offline)、三个渠道(实体书城、虚拟书城和移动书城)、四大功能(信息功能、媒体功能、阅读功能和销售功能)"的总体思路进行规划和建设,目标是在新媒体形势下创新发展深圳书城模式,打造拥有无限虚拟空间的新一代"云书城",实现传统书业数字化转型的突围。

2014 年 11 月,集团推出深圳书城云书城 & 微商城平台(云书城项目是针对互联网时代 PC 终端所做的探索,微商城项目是针对云书城的移动端所做的探索)。深圳书城云书城依托于深圳书城实体书城,逐步整合线上线下平台资源,涵盖在线服务、出版物零售、在线团购、文化创意、教育培训、票务、文化资讯、精品租户等八大板块内容,通过线上线下一体化模式,进一步拓展和延伸深圳书城实体店的服务空间。

深圳书城云书城重点解决室内网络空间服务需求,让读者在办公室、家里就可以享受深圳书城提供的各种服务,目标是将其打造为"以精品出版物营销为核心的文化创意产品销售平台"、

"提供文化活动信息指引的公共文化服务信息平台"和"强化深圳内容出版和阅读指引能力的全民阅读服务平台"。

1. 云书城是以精品出版物营销为核心的文化创意产品销售平台。

云书城具备出版物、文化创意用品、教育培训产品、书城商户产品在线销售功能,可以提供平台租借服务。其中精品出版物是云书城的核心产品,定位于"为读者找好书,为好书找读者",重点解决陈列面积有限与图书出版品种泛滥之间的矛盾;读者可选择的购买方式多样与读者购买力、精力、阅读时间空间不足以及甄别好书的能力有限之间的矛盾;经营要素成本急剧上升与书业利润空间有限之间的矛盾。目前,云书城具有超100万图书品种信息并提供30万种图书在线销售、预定、速递、功能,不定期开设虚拟馆配会。

2. 云书城是提供文化活动信息指引的公共文化服务信息平台。

深圳书城目前已经成为深圳的主要城市公共文化服务提供商之一,而深圳书城云书城作为深圳书城品牌旗下一员,同样承担了较多的公共文化服务功能。云书城将充分发挥其信息功能和媒体功能,一是为深圳读书月、文博会、深圳晚八点、创意十二月、我们的节日等深圳知名文化活动品牌提供信息指引,让市民第一时间了解相关的文化活动信息;二是提供深圳书城实体店公共文化服务资讯,包括图书库存信息、架号定位信息、图书销售排行、好书单(读书月年度十大好书、书城选书选碟选片等)、文化活动资讯、教育培训信息、华夏星光影院影讯等最新资讯内容;三是为市民、公共事业单位和商户提供与公共文化服务相关的新闻发布、商品推荐(荐书)、活动资讯、广告宣传等服务定制。

3.云书城是强化深圳内容出版和阅读指引能力的全民阅读服务平台。

云书城是深圳书城线下服务在线上虚拟空间的拓展,除了为深圳市民提供线上线下一体化购物体验,还是推动全民阅读、实现市民文化权利的重要力量。主要表现在:(1)云书城是深圳唯一的城市出版社——海天出版社的宣传推广平台,可以为深圳作家出好书、深圳市民读好书提供专属服务;(2)云书城是深圳关于阅读研究成果的展示和宣传平台,包括深圳读书月年度十大好书评选、深圳书城选书、深圳书城选碟、南书房家庭经典阅读书目、喜阅365亲子阅读书目等知名荐书品牌栏目;(3)打造配书师队伍,做强"好书单"品牌,为老人和儿童,企业高管和外来务工人员,学生和家长提供个性化书单推荐和定制服务;(4)云书城是深圳学生指定教材和配套教辅的重要销售渠道;(5)云书城未来还将提供书评、个性化出版、在线试读等一系列阅读功能。

4.深圳书城微商城主要功能及亮点。

深圳书城微商城作为全国首家实体书城开办的微商城,除了具备深圳书城云书城的主要功能外,重点解决移动网络空间服务需求,让读者"在路上"(碎片化时间)就能获得最新最快的阅读服务。主要包括:(1)"微会员",关注深圳书城微信服务号就可以成为深圳书城微会员,凭借二维码会员号即可享受实体书城会员卡权益;(2)"微查书",利用微商城可以随时随地查询商品的实体店库存和位置;(3)"微支付",读者在微商城下单,可即刻使用微信进行支付;(4)"微活动",读者可以参与微商城的摇一摇、刮刮乐、大转盘等微信互动游戏,享受购书优惠;(5)利用微商城"微影像"功能,记录读者参与文化活动的音影资料并提供分享;(6)"微公益"频道将为读者提供零星善款捐助渠道,为需要帮助的灾区、贫困地区的青少年提供定向捐赠服务;(7)打造"微社区",建立阅读爱好者社区,共同阅读,分享快乐。

上线不到一年的时间内,深圳书城微信会员突破6万,微信推送各类信息销售及文化活动信息近300条,每月阅读点击人数均在1.5万人次以上,受到了广大读者的高度赞誉。深圳书城云书城基于移动互联网的微信营销,品种精选、强调体验与分享、提供在线售书服务等,增强了读者黏度与忠诚度,成为实体书城融合转型升级的主要动力之一。通过这些"微杠杆",深圳书城可以撬动线上线下互动的大转型、大升级,为未来服务升级与创新铺下更宽广的道路,为未来的发展保留更多的可能。

(三)运营好深圳书城品牌,通过"自有平台+第三方平台"模式,做优做强特色电商

深圳书城作为深圳出版发行集团旗下品牌,其美誉度和知名度更是享誉国内外,深圳书城拥有会员50多万,具有强大的市场号召力,这为集团探索网络营销模式的发展奠定了前提和基础。借助于品牌和客户资源优势,深圳书城通过自有深圳书城云书城平台和第三方中盘商的合作,通过天猫、京东等第三方平台大力拓展特色电商业务。

1.自有深圳书城云书城平台"新、优、特"三大特色。

"新"是指新书,利用网站、微信、客户端及其他媒体等平台为读者提供最新最快的图书资讯,尽快收货、尽快上架、尽快营销。"优"是指内容质量好、装帧设计美和文化价值高的优秀图书,让读者享受阅读的快乐,包括中西古今经典、名家佳作,足以藏之名山、传之后世。"特"是指独家的、专业的和不可模仿、不可复制的书,例如具有专有发行权的教材教辅,还有在市面上找不到的特装书、毛边本、台版书、签名本等。

2. 第三方中盘+第三方平台,站上大数据的云端,开设深圳书城天猫店。

深圳书城拥有品牌和客户优势,通过与全国多家供货商结成战略合作伙伴关系,共享物流基地,在北京、无锡、成都分别设立三个网上发货仓,完善图书品种数量及物流配送设施,借助云技术和大数据,通过 PC 互联网和移动互联网,于 2015 年顺利建立以"深圳书城"品牌命名的——深圳书城天猫图书专营店,正式进入全国网上图书市场(含进口图书),把深圳书城的服务辐射到全国的每一个角落,满足全国范围内广大读者的阅读需求。

深圳书城依托集团益文公司专业的采购优势,还开设了天猫益文图书音像专营店。产品主要分为五大模块:原版外文馆、港台中文馆、儿童外文馆、音乐影视馆、益文淘书吧。店铺品种丰富,质量可靠,相对平价。同时推出精品预售服务和个性化商品订制服务。对家庭、图书馆、学校、社区以及政府机构的个性化批量书籍、音像制品需求可以做到从咨询、建议、定制、采配、送货等一条龙服务。

深圳书城天猫店和益文天猫店始终依托于各大实体书城,统一使用集团下属的深圳书城品牌,是正版商品和品质服务的保障。天猫店将对实体店在商品满足率、到货时间等方面进行补充和提升,是对实体书城服务的又一次升级。集团通过构建自营平台及进驻第三方天猫平台的方式构建符合书城自身特色的电商体系,最终目的就是把"深圳书城模式"优势放大,把实体书城优势推广到虚拟空间去。天猫店的开业,真正把深圳书城推上了云端,深圳的读者,全国的读者,乃至全世界的读者,都可以上这个云端。

实体店和虚拟电商这两个业态,它们应该是竞争的,是有矛盾的,是有张力的,但是它们是共生。为什么共生?因为读者有多种需求,有的需要体验,有的需要现场感,有的需要身临其境的一种氛围,有些读者确实没有时间、没有便利到地面店来体验,通过应用移动互联网,就可以真正地做到坐拥书城。深圳书城天猫店的开业,解决了读者的四个难题。

第一是实体和虚拟的结合问题。通过大数据,虚拟书城解决了实体店一些受制约的问题,比如说品种的限制。全中国最大的书城,陈列量也就是 30 万种,但是我国每年出版的新书,2014 年是 46 万种,有一半新书不能上架。通过线上,把尾巴做长。解决了线下跟线上、实体和虚拟的优势互补的问题。发展实体书店的同时,深圳书城也要发展虚拟书店。

第二是线上线下融合发展,就是 O2O,有新闻评论指出,"站在互联网的十字街头,阿里往地上走,苏宁往天上走,它们在空中交汇了"。新媒体和传统媒体,实体经济和虚拟经济,它们共生发展的新的常态,不是取代,这不是我吃掉你,或者我把你干掉,而是实体书店,实体经济,用虚拟的技术来提升它的效率和品质。

第三就是要解决读者需求无限,而实体店的供应能力有限的问题。每一位读者的阅读需求是不一样的,但是深圳书城任何一个地面店,都不能满足所有的需求,特别是一些短版书。通过虚拟书店线上,就解决了有限的供给跟读者无限的需求之间的矛盾。通过网上,只要在全世界这个书还存在,只要能把它放到网上去,我都帮你把它找出来。真正地为读者找书,找好书,为好书找读者。

第四就是点对多和多对点的问题。每一个读者的需求是多样的,但是这个点,这个书它在什么地方,它又是限定的,出版社的品种是很多的,那么我们读者的需求又是分散在各地的,就是点对多,多对点,供应跟需求怎么样见面,通过线上线下融通,通过互联网,把它们耦合起来,它就成交了,就交易了。从货币发展的历史来看,一开始我们的祖先通过物物交换,我生产粮食,我要去换布匹,但是做布匹的有可能要拿这个去买油买燃料,这三者他们的需求是不一样的,物物交换就制约了交换的范围。交易的有限性,交易制约的存在,通过货币,通过 money 都解决了。虚拟书城,就解决了点对多、多对点、供应和需求的耦合问题,促成交易,满足了商家的需求。

结语、新时代　新书城　新阅读[*]

(一)新时代

1. 我国社会主要矛盾转变。

党的十九大指出,我国社会主要矛盾已经由人民日益增长的物质文化需要同落后的社会生产之间的矛盾,转化为人民日益增长的美好生活需要和不平衡不充分的发展之间的矛盾。明确提出了推进供给侧结构性改革的要求。

---

[*]本部分系 2018 年 7 月 19 日中国新华书店协会"走进广东"创新实践研讨班讲座提纲。

2. 我国社会主要矛盾在出版发行界和阅读界的体现。

人民日益增长的美好生活需要的精神文化需求和出版发行业不平衡不充分的发展之间的矛盾：

（1）出版物已由总量不足转变为品种数量丰富而读者需求高质量、个性化、便捷性之间的结构性矛盾；

（2）发行网点相对集中，而读者相对分散，可获得性、便利性不够。地区差别、城乡差别、群体差别突出；

（3）"互联网+"时代，阅读载体、阅读方式不断变化，读者购买行为、场所、心理等随之改变。传统媒体与新媒体既冲突、又融合，但不变的是内容原创优质。此为传统书业生存依据和发展空间所在。

（二）新书城

1. 第一代书城（1994 年—2005 年前后）。

书城面积大，品类多，开放式、自选式，配套设施全。改变小书店形象：店面狭小、环境差、设备陈旧简陋、布点分散、品种匮乏、闭架售书、单一服务。完成了图书零售由"小书店"向"大卖场"的转变。

2. 第二代书城（2006 年—2018 年）。

顺应城市化进程及消费形态、消费升级之变化。

集阅读学习、展示交流、聚会休闲、创意生活、商务活动等于一体的复合式、体验式、一站式的城市文化生活中心。

实现了从"大卖场"向"书城 mall"、文化综合体的跨越式发展。典型的文化万象城。

3. 第三代书城（2018 年—）。

（1）"互联网+"和智能化，综合利用互联网、移动互联网、大数据、云计算、现代物流和 AI 等技术,积极探索打造线上线下一体化的智能书城。

(2)深圳书城龙岗城。

七大智能形态:智能楼宇、智能书业、智能书店("无人书店")、智能书吧、智能生活、智能教育以及智能办公。

四个核心系统:智能导购系统、智能营销系统、智能展示系统、智能收银结算系统。

两个辅助系统:办公应用系统、综合应用系统。

4.未来大书城。

我们可以想象:

(1)贩卖商品向贩卖服务、知识付费转型;

(2)"互联网+"、"智能化+",体验性、互动性强,线上线下融合,大数据、云计算广泛应用,精准服务、定向服务、个性服务成为可能;

(3)功能更齐全,业态更丰富,环境更温馨,服务更人性,活动更精彩,体验更宜人;

(4)城市文化中心。代表一种生活方式,能满足顾客多元消费体验的文化聚集之地、精神栖息之所。博尔赫斯曾说:"我心里一直都在暗暗设想,天堂应该是图书馆的模样。对于我来说,被图书重重包围是一种非常美好的感觉。"

(三)新阅读

1.新华书店的宗旨。

(1)1937 年 4 月 24 日,新华书店诞生。最初,诞生在抗日战争烽火里的新华书店,红色基因赋予其艰巨使命。作为抗日救国的产物,新华书店在抗日战争时期发挥着发行书刊、宣传革命理念和进步思想、促进抗战胜利的重要作用。新华书店在抗日战争期间承担着重要的历史任务,首先是出版党报、党刊以及进步文化读物,宣传马克思列宁主义、毛泽东思想,宣传党的方针、路线。

(2)四个哪里:哪里有革命军队,哪里就有新华书店;哪里有革命根据地,哪里就有新华书店;哪里有苏维埃政权,哪里就有新华书店;哪里有人民群众,哪里就有新华书店。

2.大书城不断升级换代,新华书店的使命始终不变。

(1)新时代新华书店不可移易的使命:新华书店肩负传播马列主义、毛泽东思想、邓小平理论、"三个代表"重要思想、科学发展观、习近平新时代中国特色社会主义思想,传播科学文化知识,丰富人民群众精神文化生活的神圣使命和基本任务。三个主阵地:传播党的理论主张的主阵地,传播科学文化知识的主阵地,推广全民阅读的主阵地。

(2)新时代新华书店(大书城)新使命新作为:要成为全国全民阅读的主阵地,做全民阅读的组织者、策划者、推广者、行动者。

3.深圳推进全民阅读的经验与启示。

(1)全民阅读活动:深圳读书月。

(2)深圳十大观念居其二:"让城市因热爱读书而受人尊重"、"实现市民文化权利"。

(3)全民阅读立法。

2006年,新闻出版总署会同中宣部等十一部门共同发出《关于开展全民阅读活动的倡议书》,掀起全民阅读热潮。

2014年至2016年,"倡导全民阅读"连续3年写入李克强总理的政府工作报告。2017年,政府工作报告又提出"大力推动全民阅读"。2018年,政府工作报告提出"倡导全民阅读,建设学习型社会"。

2009 年 5 月 13 日,习近平在中央党校 2009 年春季学期第二批进修班暨专题研讨班开学典礼上系统阐释了对读书的观点:一是领导干部要爱读书,二是领导干部要读好书,三是领导干部要善读书。

2015 到 2016 年,江苏、深圳又率先为全民阅读权利提供法制保障。深圳出台《深圳经济特区全民阅读促进条例》。

(4)深圳市委市政府按 1+1 投资比例建设"一区一书城"。文化惠民。

(5)全球全民阅读典范城市。

链接:

1. 中国新华书店协会书城专业委员会成立大会暨第一次全体成员大会名录(截至 2018 年 7 月 10 日,全国新华书店系统 5000 平方米以上书城共计 103 家)

2.《迎来我国出版发行业发展的新常态》

3. 深圳市"一区一书城"布局

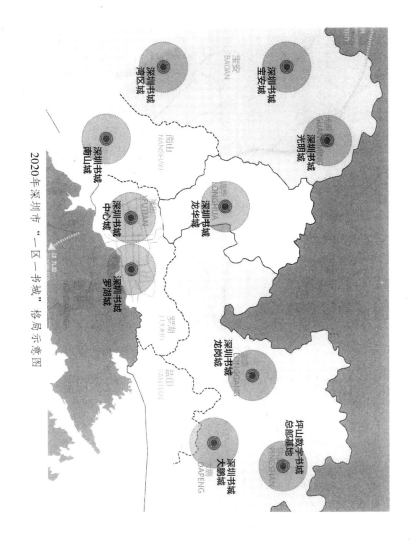

2020年深圳市"一区一书城"格局示意图

深圳书城诞生记 *

　　改革开放史上，深圳是必然要提到的一个名字，是必然要引起人们关注并倾注浓厚研究兴趣的一座城市。这里已经涌现很多奇迹，正在产生并将继续产生更多的奇迹。

　　如果给定一个视角：从这里的一座建筑与深圳成长的历程进行关联性研究，去寻求一些规律性、象征性、启示性的东西的话，深圳书城应该是一个不错的选择。因为，它的建成及后来的发展，几乎与深圳城市成长有着完全一致的轨迹。如果我们把深圳比作一位雍容华贵、时尚优雅的大美人，那么深圳书城则是装饰她的不可或缺的一串项链。今年恰逢深圳书城建成 20 年，此时此刻，我作为深圳书城的工作人员，"第一现场"人，索隐钩沉，把它的一些故事讲出来，既是内心感恩、致敬的情感需要，也是向他者介绍，留下史料、真实记忆的责任所系。本"诞生记"并没有什么逻辑可言，无非以深圳书城为中心展开一些亲历、亲闻、亲见且可考的叙述。

一、计划经济体制的"难产儿"

　　国家经济体制决定行业和企业经营管理模式。新中国成立

---

* 本文原连载于《晶报》2015 年 7 月 14—15 日，后缩写登载于《人民日报·海外版》2015 年 8 月 26 日。

以来直至 20 世纪 80 年代中期,全国新华书店总店与全国各省、自治区、直辖市新华书店之间的关系,以及各省、自治区、直辖市新华书店与所辖各地市、县新华书店之间的关系,无不深深地打上计划经济模式的烙印——管理上统一集中领导、业务上统购包销、财务上统收统支。具体言之,全国新华书店总店对各省、区、市新华书店的业务工作、事业发展负指导、统筹、协调之责。各省级店对地市、县新华书店享有全面管理权,包括党务、行政、人事、财务管理和事业发展等各方面。通俗讲:"赚一分钱要上交,花一分钱要报批。"广东省新华书店与深圳市新华书店的这种关系一直维持到 1985 年 5 月——业内称为省新华书店将深圳市店"下放地方管理"。

此举意义重大。今年 74 岁、从 1985—2001 年一直执掌新华书店长达 16 年的汪顺安总经理,形象地表述:"1985 年以前,深圳市店是省里的儿子,与深圳市政府是寄养的关系。深圳需要新华书店的售书服务,希望发展它,但有力用不上,干着急。"因此,新华书店与深圳特区发展之间形成巨大的反差,而且差距越来越大——一方面,深圳作为中国改革开放的试验田,发展异常迅猛,各路英才汇聚这里,读书需求特别旺盛,成包成捆从外地捎带、邮寄图书始终不是办法,"买书难"成为全城的呼声,以致日理万机的李灏书记(兼市长)百忙中还要处理人民来信"希望多建新华书店,让我们在深圳能买到专业书"、"希望在深圳能买到《红楼梦》《水浒传》《三国演义》等书";另一方面,由于前述体制的制约,全省一盘棋,一直到 1985 年,深圳市新华书店仅仅三个小门市:1965 年建设的解放路书店,抗日战争遗产——人民路炮楼底层少儿书店,以及位于沙头角中英街榕树头的铁皮屋门市,总面积 300

多平方米。《深圳特区报》资深记者、文艺部主任卢绍武先生幽默地写道:"那些西装革履,踩着红色地毯进出高楼大厦,享受中央空调的人们,却要在低矮、阴暗、闷热、充满汗臭味的书店里选购图书,知识何等重要,而现实又何其落后……"卢先生描述的书店就是解放路书店,当时是深圳最大的书店,号称"中心门市",而营业面积只有170平方米。北京有一位出版发行界的老领导,看了深圳的书店,又看了香港的书肆,在《文汇报》撰文《深圳特区的白璧微瑕》,老先生很克制、也很客气,对深圳书店的落后、"买书难"以瑕不掩瑜概括,其殷切希望却激励我们奋起。

深圳的创业者最不缺少的是血性,最鲜明的个性是敢想、敢干、敢闯——没有条件创造条件也要上。深圳书城的前身——深圳市新华书店综合楼,1980年8月,经深圳市新华书店请示,省出版事业管理局批准同意,征地2500平方米,建筑面积5000平方米,投资80万元。9月,广东省财政厅、计委批准该项目纳入深圳市市政建设总体规划,新建深圳市新华书店、深圳市外文书店。所需资金由省新华书店、省外文书店分期拨付。10月,深圳市计委决定:根据省财政厅及省计委批文,兴建深圳市新华书店和外文书店综合楼,总面积5000平方米,其中,门市部800平方米,展销厅800平方米,仓库600平方米,办公用房2800平方米;总投资80万元,其中,省新华书店在利润留成基金中拨付60万元,省外文书店在专用基金中拨给20万元。要求工程于1982年底建成开业。11月30日,深圳市规划局批准征用位于红岭南路与深南路交叉处南地段即现晶都酒店所在地,4800平方米的地皮建书店。广东省店拨付10万元作购地和填土费用。当时主管城建的副市长罗昌仁将书店经理肖峰女士叫到办公室,开门见山告诉她:"那幅地还是要建金融中心,至少建30层以上的高楼,你新华书店有多少钱?"肖峰小声说:"我顶多筹到300万元。"罗副市长说:"300万元只够建一条30层高的电线杆。书店的地得另外找。你回去吧。"省管体制下的第二次立项又成了泡影。该计划由于各种原因未获执行。

经深圳市新华书店再次请示,1982年4月,省计委095号文批准:建设深圳市新华书店,总面积7257平方米,总投资160万元,其中省财政拨60万元,省新华书店和出版局自筹100万元。

时间进入1985年,随着国家经济改革推向深入、全面展开,出版发行体制改革也提上了日程,全国新华书店大一统体制开始松动。5月,经有关部门批准,深圳市新华书店下放深圳地方管理。9月2日,汪顺安由深圳市文化局艺术处艺术科长转任新华书店副经理,其时肖峰经理病休,由他主持工作。汪顺安曾在部队服役,历任战士、文化教员、宣传干事,由电影放映队长转业后任惠阳地区文化干事。1983年他42岁,来到深圳闯世界。他以客家人和粤商的精明,看到了新华书店的潜质——当时文化局老局长找了几位正科级干部,都对新华书店经理职位(副处级)不感兴趣,而他选择了新华书店,从此与深圳书城结下了不解之缘。

二、"十里深南大道不能没有新华书店"

汪顺安对新华书店门市大楼发起第三次"进攻"。他广泛收集报刊关于深圳市民"买书难"和书店落后面貌的批评报道,形成自己关于"买书难"、"卖书难"的思想认识和解决思路。他研究深圳市的总体规划,不知从哪里弄来一本精装、8开本、棕色硬封皮的《深圳经济特区总体规划图》,一页一页地翻看,像看会计报

表一样仔细。他亲自动笔写请示报告。他熟悉机关的办事流程。凭着"脸皮厚、嘴巴甜、跑断腿、讲干嘴"的精神,感动了市委市政府有关部门,感动了市委书记兼市长李灏同志。1985 年 12 月底,李灏书记亲自批准拨款 40 万元,购置爱华路门市部,同时解决了困扰多年的库房问题。从 1985 年开始,在市有关领导亲自过问下,市财政部门从并不宽裕的预算中挤出资金,补贴新华书店建设网点,国土规划部门要求开发商以成本价让新华书店购买列入规划的门店。至 1992 年,先后 10 次,扶持资金 400 万元,支持建设红岭北路新华书店仓库、南山红花路综合楼、西丽九祥岭新华书店综合楼、华强南新华书店综合楼;购买红岭路、爱国路、人民南路海丰苑、沙头角海涛花园、蛇口水湾路等 10 多处门市。那年新华书店经营面积达 8000 平方米。但新华书店中心门市大楼此时八字没一撇,市民关注,同时也是汪顺安的一块"心病"。

"会叫的鸟儿有食吃",这是汪顺安朴素的认识,这种认识促使他"既找市场,又找市长"。1987 年某天,经与刘润华秘书联系,汪顺安亲自抱着那本重重的、宝贝似的《深圳经济特区总体规划图》,胆怯地敲开了李灏书记的办公室。或许是李书记的平易近人鼓励了他。他大讲"买书难"、"卖书难",书店困难,没有发展能力。他说:有一位老年读者拄着拐杖直接闯进他那破烂狭窄的办公室,破口大骂:"谁是经理,干什么吃的? 为什么不多开店? 为什么买本书那么难?"李书记耐心地听着,时而点头,时而问话——作为一市之长,作为老中大高材生,作为国务院"大笔杆子",他怎能不知道书店、书籍的重要性? 百业待兴,到处都要花钱,得腾出手来啊! 特区初创,一口气搞了八大文化设施,足以说明市委市政府重文兴市的魄力。最后,李灏书记说:"汪经理,我们一起努力。我来深圳进的第一间商店就是新华书店。要像过去规划粮店和邮局一样规划新华书店网店。""十里深南大道不能没有新华书店。"书记的最后一句话成了老汪的"尚方宝剑"。事隔多年他还说:"激动得几个晚上睡不着觉。"

1990 年 11 月,李灏书记考察在深圳图书馆举办的"庆祝深圳特区创办十周年暨深圳市新华书店建店 10 周年"书市,对陪同的有关人员做了一席讲话,《深圳特区报》做了详细报道,题目为"新华书店是文化建设的一支重要力量"。此文收入 1999 年中央文献出版社出版的《李灏深圳工作文集》,成为全国各省市新华书店老总向当地党委政府争取支持的"敲门砖"。

三、从名称长达 26 个字的中心门市大楼到深圳书城

1988 年 1 月 11 日,深圳市政府计划办以深府计(1988)21 号文批复:兴建新华书店中心门市大楼,建筑面积 8000 平方米,总投资 500 万元,其中市财政补贴 150 万元。接下来的关键是找地、划地。按李灏书记指示,"十里深南大道"即西起上海宾馆,东至黄贝岭地段是书店选址的首选,作为当时深圳唯一的景观大道,沿途地块绝大多数早已名花有主。规划国土部门会同新华书店先后报告了统建楼东侧绿地、宝安南路煤球厂及黄贝岭村三幅地。李灏同志说:"偏了。继续找。"2 月某日,李灏书记亲率计划、国土、文化等有关部门负责人上路找地,边看边问边议。最后选定深南东路蔡屋围路段南侧地块,紧靠深南东路。靠路是小黄土坡,往东南是武警六支队 12 栋营房,约 2300 平方米,往西、西南是蔡屋围村 40 户村民老宅,往西是规划中的深业中心、发展银行用地。该地块地理位置十分优越,为原宝安县委大楼前院,是规

划中的特区金融中心,与市委大院空间距离不到 1000 米。

2 月 13 日,市规划局给出用地红线,占地 6043 平方米,其中绿化带 2203 平方米。3 月 30 日,经申请,市国土局批准绿化带占地不算地价,按实际用地 3840 平方米,每平方米 50 元,计交地价 19.2 万元,跟市场价相比,已经是非常低廉了,相当于赠送。就是如此便宜的价格,汪顺安还要"计较",找李灏书记"说情",要求减免。李书记平和地笑着说:"汪经理你就傻了,一块钱是买,一文不交是送,将来扯不清楚。我知道新华书店穷。你权衡一下吧。"精明如老汪,不是不知道这个道理。那年头新华书店销售规模小,盈利能力差。以 1987 年为例,全店销售总额只有 584 万元,税利 55 万元。19.2 万元相当于全店 100 多号人辛辛苦苦工作小半年。他算计着用这个钱多买一个门市部。老汪回忆:1985 年底,当他从市财政领回李灏书记特别批准的 40 万元财政拨款支票时,他激动、感恩,差不多当场掉下老泪。"书店太需要钱了",这是他经常挂在嘴上的一句话。

1991 年 6 月中旬,市人大三届二次会议审议通过"八五"计划,市新华书店图书中心大楼列入重大基建投资项目。深圳市店正式启动该项目的筹建工作。6 月 29 日,李灏书记来到深圳图书馆参观第四届荔枝节书市,对新华书店的网点建设、经营发展、服务方向及增强自我发展能力等方面作出重要指示。9 月 4 日,"广东省深圳市深南东路蔡屋围路段新华书店中心门市部大楼"(26 个字)正式更名为"深圳书城",列入当年市政府为市民兴办的 10 件实事之一和重点工程项目。10 月 6 日,市新华书店决定成立基建办公室,汪顺安兼任主任,我任副主任——1991 年 5 月 30 日市文化委员会任命为市店办公室副主任,8 月按照上级要求被派往园岭办事处从事"社教"工作半年。主要职责是负责征地、拆迁和规划设计等前期工作。我大学学的是出版发行,于基建根本是外行。但我乐此工作,因此与深圳书城的前世今生结缘,至今难以割舍,一往情深。关于深圳书城更名有一段故事。老汪认为,作为商号,应该朗朗上口,简单易记,便于传颂。原来名字太长,26个字,可能是全中国、全世界最长的店名。这个楼规划建筑面积4.3万平方米,商场面积1.8万平方米,计划开设多个专业书店、主题店,城中设店,干脆叫"深圳书城"。更名的报告送到时任文化局局长苏伟光案头。他把汪顺安叫到办公室,说:"老汪,广东话'书'与'输','城'与'穷'谐音,不太吉利吧?"老汪回答:"苏局长,'输'是'输','穷'也是'输',都输掉了,负负得正不就赢了嘛。叫'深圳书城'好,响亮,全国第一。"苏局长拗不过老汪,勉强同意。老汪非常得意,既亲养了这个"孩子",又赐子令名,喜何胜哉。据我考证:书店第一家叫书城的,从深圳书城开始,全国如此,世界如是。广州购书中心于1994年11月23日开业,西单图书大厦1998年5月18日开业,上海书城1998年12月28日开业,深圳最早叫书城。2006年我出差到宁波,参观神交久仰的天一阁藏书楼,见大门门楹有"南国书城"木匾,乃1965年潘天寿先生手书。藏书楼属图书馆系列,与书店异业。新华书店大门市称书城是老汪的发明,立得住。

四、"我是来打拦路虎的"

20世纪90年代初期,深圳尽管成为了全国追梦者、创业者的热土和乐园,但土地和房产的价值跟今日相比是天壤之别。这里,土地房屋的权属概念是非常清晰的,征地拆迁有明文规定,任何单位和个人都不得乱来,没有强征强拆、侵占群众利益的现象。深圳书城从1980年第一次立项,到1991年人大批准投资计划,再到1992年列入政府为市民兴办10件实事之一,迟迟不能动工,主要问题是拆迁面积大,涉及武警六支队营房和蔡屋围村原住村民40户老宅。经接洽,六支队领导全力支持地方文化建设,涉及2300平方米营房,3700平方米土地及其果树等附着物,于1992年9月顺利签订营房拆迁协议,补偿金额只有68233.60元。记忆深刻、令人感动的是,"边防六支队旧团部征地赔偿项目表"记载:"项目:果树5棵,单价:20元,金额:100元。"搁现在换个主,不知会提到什么价格,产生多少奇思妙想,5棵果树成为"钉子户"五棵松也难说。

40户村民老宅情况比较复杂。业主80%为华侨,多数出租。据调查,新华书店、深业中心、发展银行3家用地拆迁户中有56栋民房由于种种原因,用地没有画红线,村民多次反应没有解决。此为拆迁困难"3个历史问题"(我们称之为"3只拦路虎")之一;其二,创立特区,政府征地对蔡屋围村进行适当补偿。该村有3000平方米土地位于北环路下梅林村,属蓝线临时用地,村委要求转红线,成为永久用地;其三,深南路、解放路和宝安南路的金三角地带政府征用,建设68层的地王大厦(当时深圳第一高楼)。其上有一所小学及一个菜市场,村委要求在蔡屋围村旧村改造用地范围内解决。新华书店、深业公司、发展银行通过各自的渠道,多次协调未果。工程进展陷于停滞状态。深业、发展银行是纯企业,市新华书店属国有文化事业单位,三家合计:由新华书店出面找市领导和有关部门。老汪带着一帮人跑村委、区政府、旧城改造办和市国土规划部门汇报情况,给出的结论是:历时太长,关联部门多,利益牵涉面广,只有市主要领导出面,才能最终解决。老汪一纸请示报告,又找到李灏书记。李书记听了汇报,立即指示市委副书记林祖基、纪委书记李海东出面协调落实,林副书记主要协调计划和财政投资,海东同志出面解决阻碍拆迁工作的"3只拦路虎"。

两位老帅衔命而出,立马行动。林副书记找来老汪,坦率地对老汪说:"汪经理,启动资金有吧?尽快动工,尽快开挖。谁都不愿意看到深南路旁有一个大鱼塘。钓鱼,你会么?"经林副书记一点拨,老汪频频点头,说:"回去就张罗开工。"这一头,海东同志一边找计划局长张溯、国土局局长刘佳胜问明情况,商讨解决办法,一边约主管城建的李传芳副市长,定好时间,会同有关部门到蔡屋围村委会开现场会,下决心一揽子解决,清除"拦路虎"。海东同志深圳任职前曾任省经贸委主任,与蔡屋围村村支书蔡洪亮、村主任蔡桂桃认识。他对问题解决非常有信心。在他的力推下,有关部门依照程序抓紧办理相关手续,村委领导、村民非常满意。海东同志还亲自做村领导的工作,要求带头支持深圳书城建设。他问村支书:"拆迁涉及到你或者亲属的房屋吗?"支书答:"岳母有一套,在新华书店红线内。"海东说:"那就好,你跟老人家讲,建书城对村民好,功德无量。赔偿办法合理合情,带头签,起示范作用。"老人家真的成为第一位拆迁签约户,以后的订约工作非常顺利。至1993年4月,所有40户村民全部签订《拆迁补偿协议》。经批准:深圳书城6月8日正式开始拆迁民房,平整土地。7月8日开始基础挖桩。

1993年4月,李灏同志卸任书记,厉有为同志继任,接过支持深圳书城建设的接力棒。厉书记多次批示解决书城建设资金困难,并出席深圳书城封顶仪式。1993年1月至1996年11月期间,市领导林祖基、李海东、李德成、王众孚、李容根、李传芳等先后视察工地,排忧解难。基建文档中有一份基建办负责人手写的便条:"罗湖书城,总投资1.85亿元,政府从88年开始投资,分12次拨入7750万元。全部到位。没有什么问题。"

五、"以书城争书市,以书市促书城"

20世纪80年代初,图书出版、发行工作迅速恢复。人们饱受动乱、精神和物质匮乏的折磨之后,如同久旱的大地,享受着春雨的滋润。国家新闻出版署洞察先机,领导策划举办全国书市,而申请举办的程序很明确:申请城市必须是省会城市,一年一届,当地党委和政府有决心、有条件支持办好全国书市。1980年第一届全国书市在北京开锣,在社会上、行业内引起极大反响。出版社有了集中交流的场所,读者有了集中选购图书的机会,其意义自不待言。此后,北京(1989年)、上海(1990年)、广州(1991年)、成都(1992年)先后举办全国书市,每年一届。从第六届开始,书市组委会决定两年一届。至1994年武汉市举办第六届,书市的组织运作机制日趋成熟,行业影响和社会效益日益扩大。但是,令书市组织领导者和举办城市迷惑的是,书市叫好不叫座,没有带来与良好社会效益相称的经济效益,当地政府和书店、出版社都是赔本做书市。由此,有关人士提出疑问:全国书市将往哪里去?

1994年11月,设计33层,建设面积4.1万平方米,总投资1.8亿元人民币,号称当时全国最高的书店——深圳书城,正日夜奋战,按计划赶进度。此时,新闻出版署于友先署长来到深圳考察工作,其中有深圳市新华书店的调研安排。一班人在原深圳市新华书店总经理汪顺安等陪同下,先后考察了解放路中心店、科技书店、古籍书店,这些书店都装上了空调,门面修葺一新。于署长称赞:"好!跟国外的书店差距不大。"最后一站是深圳书城工地,于署长戴着安全帽,边走边听老汪等人汇报,书城的宏伟计划令这位行业最高领导兴奋无比。在工地简易办公室里,汪总滔滔不绝:深圳书城商场面积近 2 万平方米,卖场面积 1.5 万平方米,可满足展销需要。负一楼和 M 层面积 6000 多平方米,可满足订货需要。我们计划 1996 年 11 月开业,与第七届书市举办时间吻合。在深圳办书市有几个有利条件:一是自有场地,免摊位费;二是 1997 年香港回归,办书市迎回归;三是深圳是第一个经济特区,全国书市第一次在非省会城市举办;四是深圳新华书店在全国同业中率先探索连锁经营、计算机网络管理等。因此,请求第七届全国书市放在深圳书城办。第二天,于署长在新园宾馆听取新闻出版系统负责人汇报,老汪等再次提出举办全国书市的请求,市有关部门表示全力支持。于署长表示:"回北京研究。"之后,于署长专门委派主管发行工作的谢宏副署长到深圳,看书城工地,要书店保证工期,耽误了书市可不是小事。随后,署党组会研究决定:第七届全国书市定于 1996 年 11 月在深圳举办。场地:深圳书城。手捧红头文件,老汪高兴地说:"这叫作以书城争书市,以书市促书城。"原因是:书城建设资金缺口大,深圳书店赢利能力小,融资能力弱。当年银行正常贷款利率高达16%,且无担保银行不放贷,急等政府伸手解困。全国书市深圳办,深圳在书城办,深圳书城建设一晃变成政府的头等大事。于是,深圳市的书记、市长和有关部门领导频频视察工地,督促进度。政府雪中送炭,财政及时拨款7750万元,作为基建进度款,以确保全国书市如期举办。

六、"读书人的良辰吉日"

第七届全国书市的开幕时间定于1996年11月8日。6—7日,全国各地12000多名代表陆续到深。展销馆、订货馆的布置工作如期进行。可书城北广场临深南大道一处还在铺着地砖,两处花圃黄土"裸露"。不少代表心里嘀咕:"深圳人敢闯胆子大,不至于如此忽悠我们吧?""这场面哪里是办书市?! 我看是施工现场会……"总署发行管理司司长王俊国到了现场,听了有关人士报告,坚定地告诉大家:"没有问题。咱们等着看奇迹吧。"7日那一晚,工人师傅干到凌晨4点,铺好最后一块地砖,种好最后一棵树苗,挂好最后一条横幅。深圳书城盛装一新,等待各方贵客的光临。

11月8日上午10:00,第七届全国书市开幕暨深圳书城开业典礼准时进行。我们无须全面描述当时的热闹场面,截取以下片段足以说明当时的火爆气氛:广场及深南大道人如潮涌。为确保安全,深圳公安指挥中心出动70人的防暴队,以备不测。媒体称:"这种场面只有1992年股票'风波'时出现过。"为了控制进出书城的人流量,每天限制10万,凭参展证和门票出入,定价5元的门票,黑市炒到80元、120元。目睹市民倾城而出的购书场面,中央电视台著名主持人赵忠祥惊呼:"这深圳哪里是文化沙漠,简直就是文化绿洲。"至18日书市闭幕,书市组委会清点书市战果:计算机管理系统统计,POS机销售2170万元,平均每天217万元。创造了七个全国第一,即:第一次在省会以外的城市举办全国书市;第一次在新华书店自有物业中举办;第一次免收出版社摊位费;第一次免费邀请西藏代表参展;第一次利用计算机网络进行展场销售;第一次由《中国图书商报》与组委会办公室编印书市特刊每天一期;第一次展会图书销售量突破2000万元。

　　媒体记者兴奋地描述:"走在深南路上,心里满是欣悦。回眸身后的书城,只见玻璃墙在南国的艳阳下流光溢彩。'8—18',哦,这是一串吉利的数字,更是读书人的良辰吉日。"

大书城的变革*

——深圳书城的探索与实践

当前,全国书业在互联网和电商的双重挑战下正进入剧烈转型期,许多传统书店模式面临着"不改革,就倒闭"的困境。在大书城诞生发展20年后的今天,在"互联网+"环境下,实体书店如何在继承有益经验,固化原有优势的同时创新发展,形成新的增长点,获得新的发展空间,这是我们共同面临的迫切需要解决的课题。下面以深圳书城为例,与各位分享我们的实践与思考。

一、深圳书城模式概况

"深圳书城"起源于1996年。20年来,深圳出版发行集团积极适应市场环境、新媒体和人们消费方式的变化,不断进行业态创新和经营模式探索,对"深圳书城"这一全国最早的大书城品牌进行持续改造提升,先后在深圳建造运营了罗湖书城(1996年)、南山书城(2004年)、中心书城(2006年)、宝安书城(2015年)等四座超大型书城。集团将这四座书城命名为1.0、2.0、3.0、4.0版深圳书城,分别对应图书超市大卖场、BOOK MALL、体验式书城和文化创意书城四个发展阶段。

---

*本文系2016年7月"中国书刊发行业协会城市发行专业委员会第七次会员代表大会暨第31届年会"大会发言稿。

从深圳书城罗湖城到深圳书城宝安城,历经近 20 年的探索实践。深圳书城大力践行"书城+"战略,集聚了书店、影城、艺廊、创意空间、文化活动、学习培训等模块,已成功转型为城市公共文化服务的提供者,建立了以书业为核心、以书城为阵地的新型文化商业业态,致力于为市民提供一个集阅读学习、展示交流、聚会休闲、创意生活于一体,关于文化消费和精神体验的复合式城市文化生活中心和文化综合体,成为推进全民阅读、涵养城市文明、引领社会风尚的主阵地和重要平台。

为深入贯彻特区一体化战略、打造国际一流书城群、落实"全球全民阅读典范城市"建设要求,深圳出版发行集团通过对全国同行的广泛深入调研、全面总结 20 年的书城运营经验,完成了"深圳书城"建设运营模式的提炼和完善,创新性地提出了"一区一书城,一街道一书吧"的书城网络全市全覆盖,使市民真正享受到阅读文化权利的均等化。2016 年,集团"一区一书城、一街道一书吧"战略正式写入深圳市委书记工作报告和《深圳文化创新发展 2020(实施方案)》,原特区外龙岗书城、龙华书城、光明书城、湾区书城和大鹏书城等五大书城项目均被纳入深圳市十三五规划重点项目加以推动建设。目前,在建的龙岗书城已完成桩基础施工,计划于 2018 年 7 月正式开业运营。其他四大书城项目将在十三五期间全面启动建设。

二、实践与思考

(一)更加重视体验:书城点亮城市生活

我们已进入体验经济时代,在体验经济时代,人们比任何时候都感到生命的有限性,任何人都追求生命的长度和丰富度。越来越多的人选择去旅游,去看更多的地方,大家都在追求生命的丰富性,人们希望内心的体验可以多种多样。同时,人们也希望自己生命敏感丰富,一个人展现出的朝气活力就是生命丰富程度和敏感度的体现,大家都在追求更多的体验,希望活得"更多"。

实体书店的体验性主要在两大方面,一是实现人与人之间更大的交流,二是实现人与环境之间更多的认同。老舍笔下的民国时期茶馆里人来人往,熙熙攘攘,在茶馆之中浮动着的是蓬勃的人气,这种气息将公共生活的热度带动了起来,具有很强的感染力。当时的茶馆也充当了信息发布中心的作用,它提供的不仅是茶水,更是一种体验。人都有克服孤独的本能,人与人之间需要有交流,人需要一种气息,我们做体验其实就是做人气。

还有就是人与环境之间的认同。为什么现在书店特别强调环境的雅致?现场感和公共性是构成书城体验的两大要素,在书店,人能克服孤独感,最大限度将个体性放大为一种公共性,人到了书店能与环境发生一种共鸣。因此,为了增加体验性,深圳书城一直在最大限度地拓展公共空间,如大通道、大平台、多功能厅、茶馆、咖啡馆等等,我们努力将书业的实用空间改造为公共空间,在书架之外增设大量的公共空间,更注重交流性,让读者与环境之间能够达成一种默契。在书城的改造和建设过程中,更注重公共空间和交流功能,重视体验。在书城,读者可以与很多名家见面,这种体验是具体可感、充满生命感的,这就是实体书店实实在在的吸引力。

(二)更加重视公共责任:谋利而不唯利

当前,全民阅读已上升为国家战略,国家更加重视阅读,而老百姓的物质生活达到一定程度后会转向精神文化生活,于是阅读又回来了。传统书店本来只是卖书的空间,甚至不让人看书,只能买,现在书店则发挥着全民阅读主阵地的作用。多年来,我们始终坚守主业,积极提供公共文化服务,深圳书城一直都是深圳读书月的主阵地,具有广泛影响的深圳读书月,其17年的开幕式几乎都在深圳书城举办。深圳书城作为深圳最具社会效益的公共文化服务设施,自投入运营以来,累计接待读者近3亿人次,举办各类文化活动12000多场次,是城市公共文化服务的重要平台,有效保障了市民文化权利的实现。单是深圳中心书城一年就举办约800场活动,创造了深圳所有公共文化设施活动场次之最,还被评为"全国文明单位"。我们还是深圳市阅读联合会的会长单位。深圳书城自觉地承担了阅读转向时代的承接者,自觉担当了实现全民阅读国家战略的一个主阵地,自觉承担文化责任,深圳书城的文化担当反过来造就了书城在深圳的影响力和特殊地位。

书城作为企业实体是经营单位,但作为文化场馆,它又是公益设施。多年来,深圳书城已发展为文化事业和文化产业的典型结合体,在政府公共文化政策中占据重要地位,形成了经营单位与公益文化场馆相结合的独特存在方式。

(三)更加注重供给侧改革:从卖书人到懂书人

我国每年出书40余万种,图书慢慢进入一个商品过剩的时代,书业也进入新一轮的变革,大家都期望从供给侧改革上寻求突破,现在很多出版单位都在减少图书品种,增加单品发行量。对于书店而言,如何发挥阅读指引力成为供给侧改革的一个关键,这带来一个非常大的转变,就是大家意识到要把书店打造成专业的贩卖者,将书店从业者从卖书的人变成懂书的人。一直以来,深圳书城都致力于做优秀内容的提供者和阳光阅读的指引者。一方面我们坚持做选书、"三金工程"(金牌店长、金牌导购、金牌买手评选)等服务提升工程,另一方面长期坚持开展"深圳晚八点"、"全民品读会"、"讲书会"等读书活动,目的就是要将最好的图书呈现给读者,同时在书业这一劳动密集型行业里培养一个懂书的群体。

(四)更加注重书城的文化休闲功能:贴着地面飞行

当今社会已渐渐步入文化休闲时代,读书看书逛书店逐渐成为一种新的休闲方式。如何使书店变成人们休闲生活的一部分,很大程度上取决于书店的定位。深圳书城一直遵循"围绕生活提升,贴着地面飞翔"的理念,崇尚的是一种够得着的品位,打造以"积极休闲"和"能动生活"为特征的生活空间,让书城充满着人间烟火。我们认为,书店不仅是一个抽象的知识空间,同时是一个具体的生活空间,把书店还原为生活空间,这就是我们应该做的事情。在深圳书城,你可以喝一杯咖啡、可以参加亲子活动、听一场讲座、看一场电影,相比传统书店,书城的生活配套功能得到了极大丰富。书店不仅是看书买书的空间,更是休闲生活的空间。一站式消费,综合性满足,这就是书城休闲功能的涵义。

(五)更加强调创意集聚功能:以创意影响未来

书店的消费群体以青少年为主,青少年追求创意、时尚,我们在打造深圳书城模式时将各种创意时尚的元素带入书城,将科技创意、文化创意、工业创意都带入书城之中,使书店不再是枯燥的、陈旧的场所,而是充分时尚感、设计感的创意空间。深圳书城不遗余力举办大量的创意活动,设立创客空间、创意大讲堂、创意SHOW等等,将书城变为文化创意产业集聚的园区、文化创意产品展示的平台,书城变成了创意激发空间,人们喜欢到书店激荡想象、激发创意。

　　(六)更加注重与互联网结合:线上线下相得益彰

　　实体书店空间的有限性,决定了其盛放的元素、容纳的内容的有限。一方面实体书店往线上延伸,将很多实体书店的服务往线上延伸,让很多不在书店的人也同样能得到书城的服务,让书城变成家门口的书城,甚至是手掌上的书城。2016 年 7 月,我们推出了深圳书城 APP——掌上书城,掌上书城是以深圳书城四大书城为依托,融图书查询、智能导购、书单定制、文化活动、会员服务、掌上销售等多功能于一体的移动应用。借助掌上书城,让已运营的四座深圳书城都变成读者身边的书城,将有限空间转变为无限空间,使书城服务变得更加便捷,让书城成为另外一个意义上的 24 小时书店。与此同时,书店也往线下走,我们依托互联网技术,积极推动实现实体书城的智能化,为读者提供更多的自助消费的体验。如利用深圳书城云书城、微商城和掌上书城实现自助查书和自助购书;利用二维码、微信平台、微信支付实现读者自助付款;利用室内导航技术实现读者自助导购;利用 VR 技术举行互动体验式阅读活动。在书吧,还可以通过二维码、微信平台、微信支付实现自助书吧、自助点餐。同时,各种线上活动通过实体书城进行在线下进行推广,使虚拟空间的人物(如网红、网络作家)走入实体书店,拉近了虚拟空间与现实生活的距离。与互联网的结合,让书城无时不有,让阅读无处不在。

在深圳亲历的"全国第一"*

　　1978年,共和国历史轨迹的转折点。人们把目光投向南中国海岸:在那里,一位老人"画了一个圈"。那个圈就是中国第一个经济特区深圳,它改变了多少人的命运,创造了多少奇迹,成就了多少真实的神话……靠着记录和记忆,我把一些本来没有关系的事件进行串联:1979年,循着中国一贯的中央、省、市(县)体制,新华书店全国体制的版图上增加了一个"点"——深圳市新华书店。这是特区内的称呼,特区外叫宝安县店。何以不直接烙上闪着光芒的"深圳经济特区"字样,无从考证。不少人的命运和这个"点"串在一起了。我就是其中一员。那一年我13岁,还在千里之外的江西革命老区读初二。事隔十年,1988年,我和四位大学同班学友,从武汉大学毕业分配来到了这方热土,落到了这个"点"上。宿命使然?抑或时势使然?一干21年。21年前,深圳书店只能算是一个小棚屋,仅可容身,囊中羞涩,容貌因破旧而腼腆。21年后,小棚屋不见了,深圳书城旗下的罗湖书城、南山书城、中心书城先后开业,招牌闪亮,宾客如云,书香馥郁。这个城市养育了它,城市也因它而骄傲。人们热爱读书,城市因为热爱读书而受人尊重。

---

*原文发表于《出版六十年:书店的故事》,郝振省主编,中国书籍出版社2009年11月版。

21 年,这是人生的黄金,短暂的长久。我与书店不离不弃,挥汗洒泪,悲喜与共,但无怨无悔。这当然不是因为我有金钱粪土的清雅与富贵浮云的高洁,而是,我觉得:参与书店建设,亲历这些故事,有价值。这些故事吸引着我和很多人。我想起了《诗经》:"何其处也? 必有与也。何其久也? 必有以也。"

一、全国书市的完美转身

20 世纪 80 年代初,图书出版、发行工作迅速恢复。人们饱受动乱、精神和物质匮乏折磨之后,如同久旱的大地,享受着春雨的滋润。国家新闻出版署洞悉先机,领导策划举办全国书市。由于全国书市的全国性、规格高、规模大,全国有那么多省、市、区,申请举办的程序很明确:申请城市必须是省会城市,一年一届,当地党委和政府有决心、有条件支持办好全国书市。1980 年第一届全国书市在北京开锣,在社会上、行业内引起极大反响,因为它集中展示了我国当年和近几年的出版成果,同时也是拨乱反正,加强文化建设的成果。出版社有了集中交流的场所,读者有了集中选购图书的机会,其意义自不待言。此后,北京(1989 年)、上海(1990 年)、广州(1991 年)、成都(1992 年)先后举办全国书市,每年一届。从第六届开始,书市组委会决定两年一届。至 1994 年武汉举办第六届,书市的组织运作机制日益成熟,行业影响和社会效益日益扩大。但是,令书市组织领导者和举办城市迷惑的是:书市叫好不叫座。没有带来与良好社会效益相称的经济效益,当地政府和书店、出版社都是赔本做书市。或者,全国书市从开始就应该定位为政府掏钱的公益文化活动。其间,个别届别是作为政治任务下达的。由此,有关人士提出疑问:全国书市往哪里去?

1994 年 11 月,设计 33 层,建设面积 4.2 万平方米,总投资 1.8 亿元人民币,号称当时全国最高的书店——深圳书城,正日夜奋战,按计划赶进度。此时,新闻出版总署于友先署长来到深圳考察工作,其中有深圳市新华书店的调研安排。一行人在原深圳市新华书店总经理汪顺安等陪同下,先后考察了解放路中心店、科技书店、古籍书店,这些书店都装上了空调、门面修葺一新。于署长称赞:"好。跟国外的书店差距不大。"最后一站是深圳书城工地,于署长戴着安全帽,边走边听老汪等汇报,书城的宏伟计划令这位行业最高领导兴奋无比。在工地简易办公室里,汪总滔滔不绝:深圳书城商场面积近 2 万平方米,卖场面积 1.5 万,可满足展销需要。负一楼和 M 层面积 6 千多,可满足订货需要。我们计划 1996 年 11 月开业,与第七届书市举办时间吻合。在深圳办书市有几个有利条件:一是自有场地,免摊位费;二是 1997 年香港回归,办书市迎回归;三是深圳是第一个经济特区,全国书市第一次在非省会城市举办;四是深圳新华书店在全国同业中率先探索连锁经营、计算机网络管理,等等。因此,请求第七届全国书市放在深圳书城办。第二天,于署长在新园宾馆听取新闻出版系统负责人工作汇报,老汪等再次提出举办全国书市的请求。市有关部门表示全力支持。于署长表示:"回北京研究"。之后,于署长专门委派主管发行工作的谢宏副署长到深圳,看书城工地,要书店保证工期,耽误了书市可不是小事。随后,署党组会研究决定:第七届全国书市定于 1996 年 11 月在深圳举办。场地:深圳书城。手捧红头文件,老汪高兴而诡谲地说:"这是以书城争书市,以书市促书城。"原因是书城建设资金缺口大,深圳书店盈利能力小,融资能力弱。当年银行正常贷款利率高达 16%,且无担保银行不放贷,急等政府伸手解困。全国书市深圳办,深圳在书城办,深圳书城建设一晃变成政府的头等大事。于是,深圳市的书记、市长和有关部门领导频频视察工地,督促进度。政府雪中送炭,财政及时拨款7000万元,作为基建进度款,以确保全国书市如期举办。

全国书市的开幕时间定于1996年11月8日。6日、7日,全国各地12000多名代表陆续到深。展销馆、订货馆的布置工作如期进行。可书城北广场临深南大道一处还在铺着地砖,两处花圃黄土"裸露"。不少代表心里嘀咕:"深圳人敢闯胆子大,不至于如此糊弄我们吧?""这场面哪里是办书市?! 我看是施工现场会。……"总署发行管理司司长王俊国到了现场,听了有关人士报告,坚定地告诉大家:"没有问题。咱们等着看奇迹吧。"7日那一晚,工人师傅干到凌晨四点,铺好最后一块地砖,种好最后一棵树苗,挂好最后一条横幅。深圳书城盛装一新,等待各方贵客的光临。

11月8日上午10:00,第七届全国书市开幕暨深圳书城开业典礼准时进行。我们无须正面描述当时的热闹场面,掠取以下片段足以说明当时的火爆氛围:广场及深南大道人如涌潮。为确保安全,深圳公安指挥中心出动70人的防暴队,以备不测。媒体称:"这种场面只有1992年股票'风波'出现过"。为了控制进出书城的人流量,每天限制10万,凭参展证和门票出入,定价5元的门票,黑市炒到80元、120元。目睹市民倾城而出的购书场面,中央电视台著名主持人赵忠祥惊呼:"这深圳哪里是文化沙漠,简直就是文化绿洲。"至18日书市闭幕,书市组委会清点书市战果:计算机管理系统统计,POS机销售2170万元,平均每天217万元。创造了七个全国第一,即:第一次在省会以外的城市举办全国书市。第一次在新华书店自有物业中举办。第一次免收出版社摊位费。第一次免费邀请西藏代表参展。第一次利用计算机网络进行展场销售。第一次由中国图书商报与组委会办公室编印书市特刊,每天一期。媒体记者兴奋地描述:"走在深南路上,心里满是欣悦。回眸身后的书城,只见玻璃幕墙在南国的艳阳下流光溢彩。'8—18',哦,这是一串吉利的数字,更是爱书人的良辰吉日。"

这个阶段,我历任门市营业员(实习)、总经理室秘书、办公室副主任、基建办公室副主任、业务科科长、总经理助理兼办公室主任。

二、第一次撑起全国书业连锁经营的大旗

1937年中国新华书店创立于革命圣地延安。书店的经营模式和管理体制始终与计划经济体制形影相随,类似于百货公司和供销合作社,全国省市县共用商号,但互相之间并没有资产关系,各自运作,独立核算。与此同时,欧美、日本等先进国家,商业组织形式不断创新。20世纪初期诞生的连锁经营模式,随着计算机技术、网络通讯技术的成熟而不断完善,风行全球。连锁经营作为一种商业组织形式,其特征也是成功的主要原因在于"八统一"。即统一商号、统一形象、统一采购、统一配送、统一核算、统一服务、统一信息、统一管理,使总部具备低成本、高效率、跨地区、跨文化的快速复制和有效扩张的能力。1987年,肯德基在北京开设第一间连锁店王府井店。1990年,麦当劳在深圳开设第一间分店。1995年家乐福在北京、武汉登陆。连锁经营模式被引入中国,引起国内业界人士高度关注。研究者众,试行者众,一场商业"连锁经营"运动在中国蓬勃展开。

现代意义的连锁经营,灵魂是计算机信息管理技术。我国商业领域 20 世纪 80 年代初开始此项工作,叫作"会计电算化"。1983 年,国内第一个出版发行本科专业在武汉大学图书馆学系开课,设有"图书发行自动化课程"。此时,新华书店总店和一些省级店开始计算机管理的探索,但还停留在辅助业务管理、财务管理上。

深圳特区精神的内核是"敢闯"。生长在这片热土上的深圳新华书店一班人也秉承了这一精神。1990—1992 年,利用难得的两次赴美国、日本考察学习的机会,时任书店总经理汪顺安、常务副总经理陈锦涛等"偷拍"了美国巴诺书店、日本纪伊国屋连锁书店的店容店貌、书架设施,回国后组织业务骨干观看、研究,算是有了连锁书店的第一感性认识。同时,组织集体理论学习。当时最热门的一本连锁经营读物叫《从一到无限》,华中理工大学出版社出版,书店专门快递采购 30 本,发给所有经理们,要求精读,写读后感。围绕"什么是连锁? 怎样搞连锁?"谈认识体会,统一思想。1993 年上半年,明确了书店开展连锁经营的目标任务,提出"八个统一"的连锁经营标准,用 2—3 年时间在深圳书城开业时实现全店连锁。首先着手的工作是研制计算机信息管理系统。国内当时还没有这方面的现成系统,欧、美、日技术先进,但书业环境不一样,且价格昂贵。书店派人考察了台湾地区最大的零售连锁店金石堂、批发店农学社,价格要 400 万—500 万元,对于深圳书店是天文数字,不敢往下谈。某日,香港三联书店总经理赵斌先生到店,双方谈起书店连锁经营。赵介绍:三联已开始计算机管理,并且组建了三联德泰信息公司,陈雪川主其事。陈早年留学美国,熟悉中国书业运作,既有技术优势,又有专业优势。最终,深圳选择与三联德泰合作,项目定名为"图书营销信息管理系统(BIMS)"。1995年初系统研制成功,深圳市店启动下属全部门市的试行连锁工作,先物流后门市,先小店后大店。与此同时,市店打破延续近60年的部门设置,按照连锁经营体制的要求,图书经营环节设立信息中心、采购中心、物流中心、销售中心等专业部门,制订相应业务标准,全面启动连锁经营工作。到1996年11月8日第七届全国书市开幕暨深圳书城开业,深圳市新华书店宣告在国内同业中第一家建立连锁经营体制。BIMS系统经受了全国书市的"超常规破坏性"检验,证明是成功的。武汉大学出版发行系黄凯卿教授专攻出版发行计算机管理,那时刚从美国学术访问归来,看到媒体关于深圳连锁经营和计算机在全国书市大显身手的报道,激动地说:"终于看到了中国书业运用计算机技术的成功范例。此举缩短了我国书业与国际书业的差距最少20年!"

深圳市店连锁经营的成功,直接导致了全国书业界的两次全国性会议在深圳召开,重点推广深圳的经验和做法。

1997年5月28—29日,新闻出版总署在深圳召开全国新华书店系统计算机管理现场会,对深圳市店在应用计算机方面所取得的成果给予充分肯定,要求新华书店加快计算机技术的开发、推广和应用。会议提出了九五期间新华书店计算机系统开放应用工作应实现的主要目标:第一、用2—3年时间完成各省、市、区局域网的建设。第二、九五期末建成全国出版界公认的权威的信息发布和基础数据交流中心。第三、九五期末,省会城市所属门市计算机管理系统普及率达100%,地市一级达60%,县一级达30%。第四、初步建立一支自己的计算机管理队伍。以今天的书业发展水平看,怎么样高调评价这次会议的深远影响都不过分。

正是此次会议之后,全国掀起了省级店、城市店连锁经营的高潮,并得到有关中央领导的高度重视。

2000年6月19—21日,总署再次在深圳召开全国连锁经营研讨会。媒体报道:这是一次重要的会议,目的是贯彻中央领导同志的指示精神,总结近年我国出版发行界开展连锁经营的经验,研究推进连锁经营的步骤和措施,以加大发行资源整合的力度,推动出版业发展,迎接新世纪的挑战。石宗源署长到会讲话,强调:加快连锁经营的步伐,是深化发行体制改革、推进出版业更大发展的必然选择;新华书店按连锁经营的要求加以改造,就可以成为更有生命力的发行渠道;发展连锁经营必须实施大公司、大集团战略。会上,深圳作重点发言,"5年再造3个深圳市店",成为会议关键词之一。

这个阶段,我历任总经理助理兼销售中心经理、副总经理兼销售中心经理、常务副总经理。

三、全国首创读书月

近年来,从中央到地方,从政府到民间,全民阅读活动深入人心。早在2000年,深圳首创"读书月"活动,由深圳出版发行集团总承办,就已经开始全民阅读活动的推广工作。如今深圳读书月被业界誉为"全民阅读的典范"。有领导曾表示,是深圳读书月有力地促进了全国性读书热潮的形成。作为总承办单位深圳出版发行集团副总经理,我当了10年的读书月组委会办公室常务副主任,具体负责读书月日常管理工作,我有幸亲身参与读书月的策划和具体承办工作,感慨良多。

1996年11月,第七届全国书市在深圳造成万人空巷的盛况。

我情不自禁写下《深圳人呼唤"读书节"》一文发表在《深圳商报》，呼吁深圳设立读书文化节庆。1998 年 3 月，政协委员、深圳图书馆老馆长刘楚材等有识之士的一份关于设立"深圳读书节"的提案督办意见，摆在了现任市委常委、宣传部部长王京生，时任深圳市文化局（新闻出版局）局长的桌面上，他当即批示："要求新闻出版处开展调研，提出策划草案。"由于设立节庆要人大会议表决，且当时节庆活动大滥，新闻出版处与新华书店共同完成的草案提出了"深圳读书周"的意见，报请王京生批示。他找来相关人员座谈，议论纷纷。他最终决策："读书月是长期的事情，要造成影响，办出声势。'读书周'太短，刚开始就面临结束，展不开，干脆搞'读书月'。""深圳读书月"的名字就这么定下。2000 年 9 月深圳设立读书月。从此，有着几千年耕读文化传统的中国读书人，有了第一个以"读书"为称号的节庆。同年 11 月首届深圳读书月成功举办，被中国新闻出版报誉为"深圳的又一创举"。从 2000 年至今，深圳读书月已经成功举办了九届，举办活动 2000 多项，参与市民达 4000 多万人次，被评为深圳市十大文化品牌之首，被市民誉为"城市文化的狂欢节"。

　　2000 年，深圳要办读书月时，有个别人嘲讽。他们认为：在哪座城市办读书月似乎都可以，只有深圳不行。这样年轻而忙碌的城市想办好读书月是不可能的事。但我们凭着对深圳人读书状况的了解和对深圳文化的信心，终于凭着一股闯劲儿打造出了一系列新意迭出的读书活动，把读书月办成一块在全国都叫得响的文化品牌！记得当初筹划读书月活动时，整个日常工作只有两个人。每天强调最多的词就是"干、干、干"，"快、快、快"。那时对办第一届读书月，我心里着实没底。"一个月跨度那么大，拿什么

充实它？""读书是个人的、宁静的，如何上升为节庆和庆典？""深
圳作家少，出版品种少，如何令人信服在深圳办好读书月？"甚至
前三届的读书月启动仪式为了引起市民关注，请来边防支队的威
风锣鼓队来"敲锣打鼓"，大造声势，当时大家还在笑，说读书怎么
和敲锣打鼓弄在一起了？这样"摸着石头过河"，到了第四届，确
定了"阅读·进步·和谐"的主题后，深圳读书月才找到了自己的
定位、价值和与这个城市的结合点。

　　读书月活动本身的首创性、持续举办时间最长、参与人数多
和独有的运作体制是我们的四大原创优势。如今，读书月已经成
功举办了9届。这么多年来，通过深圳读书月，我亲耳聆听饶宗
颐、金庸、陈佳洱、谢冕这些大师学者的教诲，亲身走进社区、学
校、军营参与读书活动，开展"书香万里行"。看到读书月从小圈
子的文人读书、听论坛到书香企业、书香家庭和书香校园遍及全
市；从深入老百姓的日常生活到渗入城市的发展未来；从走出深
圳传播书香到全国50多个城市争相来深圳"取经"。看到深圳读
书月逐渐超越了读书活动，与深圳整个城市的文明进程结合起
来。"以读书为乐，以读书为荣"成为城市的价值理念和精神追
求。我深刻的感到："如果说过去的我是一名职业经理人，那么经
历读书月的承办以后，我越来越认识到文化企业的职责不仅要让
企业盈利，首先要为社会、为市民做些有价值、有意义的事情。推
广全民阅读，涵养人文精神，这是我们的文化责任。"

　　这个阶段，我历任深圳新华书店常务副总经理、深圳发行集
团副总经理、深圳出版发行集团副总经理。

　　深圳读书月的影响日益扩大，在全国掀起新一轮读书热潮。
目前为止，全国有90%以上的省、市、区的400多个城市开展读书

文化活动,引起中宣部、新闻出版总署等有关部门的高度重视。2009年4月23日"世界读书日"前夕,全国全民阅读领导协调小组办公室通过新华社向全国发布:今年11月第十届深圳读书月期间,召开"全国全民阅读经验交流会。"这是全国读书文化界的第一次盛会。深圳再次受到全国瞩目,我将见证又一个"全国第一"。

深圳人呼唤读书节*

　　深圳昔日边陲小镇,在改革开放的春潮中崛起,现已成为一座高楼林立,流金溢彩,人口稠密,设施完备的现代都会。何止如此! 深圳人适时擂动了第二次创业的战鼓,确立了创建国际性城市的宏伟目标,要做的事情实在太多了,但根本之根本在于尽快培养合乎国际都会标准的市民。理想信念的灌输不可缺少,舆论导向非常重要,环境塑造力亦不可低估,但紧要的是良好的读书习惯不可无! 深圳人需要更多地读书。

　　读书是一件大事,读书事关个人,事关家庭,事关社会,事关民族的强盛,世界崇尚光明,进步的民族,都是爱书爱读书的民族,我国目前年出书 10 万种,居世界第一,欧美工业国家图书出版业被列为国家支柱产业,综合指数排第九位。与其说德意志民族是“用头脑站立”的民族,不如说是“躺在书籍上”的民族来得确切——气势宏大的法兰克福图书博览会,倾倒了所有国际书商和读者。

　　深圳人迫切需要读书,深圳人这个来自全国各地的移民群体,有了自己的市节——荔枝节,文化搭台,经贸唱戏,深圳人似乎也需要,应该说更需要读书节,榜样是很多的,素有东方明珠之

＊本文原载《深圳商报》1996 年 10 月 31 日。

称的上海市饱尝历史荣辱,肩负再创辉煌的现实使命,有识之士"洞识先机",早在五年前就成立了上海市读书指导委员会,堂堂正正由市委常委、宣传部部长担任主任,指导市民的读书活动,一时读书之风蔚然,国际都会风范卓然可见。

今天,我们呼唤深圳人的读书节,正当其时,由深圳市人民政府举办的第七届全国书市即将开幕。再过几天,500 余家国内出版社,1500 余家书店,以及部分东南亚地区的嘉宾和正式代表12000 余人,以书会友,云集鹏城,向海内外读者展示 10 万种图书精品。深圳书城将成为读者心目中的圣地。第七届全国书市办到深圳人的家门口,是深圳人的光荣和福祉,按规定,全国书市由各省、直辖市、自治区首府轮流举办,两年一届,在不考虑其他城市的情况下,60 年一个轮回,我们恰逢其盛,是我们这代人的幸运。

我们呼唤读书节,这首先适应广大读书人的现实需要,深圳是移民城市,市民平均年龄低,知识层次较高,求知欲望强,深圳市场发育早,人才成长和使用中竞争机制起作用的比例大,客观要求人多读书,读好书。其次,物质生活的丰富和提高,带来市民精神需求的旺盛,读书已成为市民日常生活中必不可少的一部分。我们呼唤"读书节",旨在通过"读书节"这个特殊的日子,开展系列读书活动,团结并引导读者提升读书品位,在深圳营造浓郁的读书氛围,塑造深圳人发奋好学、蓬勃向上的精神风貌和人格力量。

因此我们呼唤并倡议,今后每年的 11 月 8 日,为深圳人的"读书节"。

社会主义市场经济是一个大舞台[*]

　　我国正大力发展社会主义市场经济,建立与之相适应的经济运行体制。我国的出版发行业,作为一项文化产业,理所当然要自觉地贯彻执行党和国家的文化政策,履行宣传文化的使命;同时,作为国民经济的一个组成部分,它是一种经济产业,理所当然要受国家宏观经济政策的制约,必须自觉遵守市场经济规律,经受市场经济的考验。在本文中,我们试图通过探讨城市新华书店在计划经济和市场经济条件下的不同运行特征,指出我们所面临的种种挑战;同时透过对深圳市新华书店的实证研究,表明我们的应对策略,以期抛砖引玉,供同行参考。

一、市场经济使新华书店面临脱胎换骨的严峻考验

(一)计划经济条件下新华书店的运行特征

　　新华书店创办于1937年,一直到建国前夕,由于革命战争的需要,她是作为党的一个宣传部门而存在的。1950年12月1日成立的全国新华书店总店,是一个拥有书报刊出版、印刷、发行等经营权的大型全国性综合事业实体。此后,编印发分家,经营权限下放到省级店,但是“大一统”的体制并没有改变,这种体制带

＊本文系2000年7月“全国新华书店改革研讨会”会议交流论文。

有典型的计划经济烙印。作为销货店的城市新华书店,一般具有以下运行特征:

1.管理是集中的。不仅省级店本身的人、才、物、决策、经营、管理是集中统一的,而且省级店对下属地市店、县店也是实行统一的集权管理。地市、县店既无经营权,也无管理权,更无发展权。

2.财务是统收统支的。省级店有权支配下属店的经营利益分配,甚至搞无偿划拨;否认下属店作为一级核算单位的局部利益。各店内部也实行统收统支,缺乏严格的经济核算。

3.业务是单一的。即经营项目限于图书和课本,其他的经营业务很少或没有。这种情况造成绝大多数地市店、县店过多地依赖教材教辅的发行,生存的本源系于一线。

4.产品是短缺的。计划经济的市场特征是产品的普遍短缺,顾客无法选择,厂商占有主动权,以生产为中心。表现在出版发行领域,就是图书品种少,数量也不多,读者无法选择,呈卖方市场态势。

5.生产要素的配置效率是低下的。由于集中管理、统收统支和经济核算不严格,不仅挫伤了基层店的积极性,妨碍其经营主动性、创造性的发挥,而且导致不讲科学管理、不计经营成本、人浮于事等弊端,造成生产要素配置效率低下,使得整个行业落后于国民经济的发展水平。

6.经营主体单一,新华书店基本上垄断了经营权。因此不存在严格意义上的市场竞争,尽管是微利保本,却可以实现"旱涝保收",各店习惯于按行政区域划分"市场",地方保护和行政保护盛行。

（二）市场经济条件下新华书店的运行特征

发展社会主义市场经济，是当前我国正在经历着的最伟大的社会变革，其影响面之广、影响力之大，可谓无所不及。尽管有人说出版发行业是我国发展市场经济的"最后一个匈奴"，但它所受到的冲击和发生的转变也是非常明显的。1986年7月，《关于推行多种购销形式的试行方案》《全国新华书店改革试行方案》两个文件的颁布实施，标志着新华书店改革的开始。这种改革的基本目标是，落实党中央关于建立社会主义市场经济体制的指导方针，既尊重经济规律，又尊重图书发行业作为党的宣传文化事业的特殊规律，逐步改革新华书店的经营管理模式，实现从计划经济向市场经济的转变，最终建立符合社会主义市场经济体制要求的图书发行经营管理体制。与计划经济比较，市场经济条件下新华书店的运行模式具有以下基本特征：

1. 经营管理权限下放到基层店，基层店在本店范围内按照经营管理的客观要求进行集权与分权的统一。此举解决了基层店作为一级核算单位的市场主体地位问题，即决策权、经营权、管理权和分配权全部到位，从而激发了活力，焕发了生机。

2. 各店作为独立的经营实体，必须自主经营、自负盈亏、自我约束、自我发展。这从内部打破了各地区之间的"共产风"和"平均主义"，从此书店必须自己找饭吃。

3. 突破单一的图书买卖，走向经营多元化。由于行业界线不再成为禁区，各地先后都采取"书业为主，多种经营，以副促主"的经营战略，增强了造血功能，自我发展能力增强了，为实现资产经营和规模经营创造了条件。

4. 图书行业告别卖方市场，走上买方市场，书店必须全面调整营销策略。买方市场的显著标志是：图书品种丰富,而且质量好,经营单位增多,读者享有充分的选择权。因此,书店必须改变经营作风,确立以品种质量为中心,以读者需求为导向,以优质服务求效益的营销组合策略,去争取较大的市场份额,以保持竞争优势。

5.受社会资金平均利润率规律的作用,场外资金寻求进入我国图书零售市场,行业垄断局面永远成为过去,市场竞争加剧。

从系统内部而言,出版社自办发行的创立和推广改变了以省级店和发行所为核心主力的购销体系,兼以二级批发市场的有序开放,使一级批发市场经营主体多样化,竞争加剧。出版社、省级店凭借其资源、人才和管理等优势从本产业的上游、中游向下游——零售市场渗透扩展,成为我国图书零售市场特别是大城市图书市场的一支有力新军。最典型的是辽宁省新华书店开设的北方图书城,开业五年来已发展了5间连锁店,占据了沈阳市一半多的零售市场份额,对沈阳市店的生存和发展形成严峻的挑战。目前为止,紧随其后的有湖南省店开设的湖南书城,四川省店开设的西南书城,安徽省店在合肥市中心门市四牌楼书店所在的长江大道上隔一十字路口开设了一个规模庞大的书店,浙江省店投资兴建的现代化、大规模的音像发行大厦也即将开业。

从系统外而言,社会力量开办的中小型书店早已星罗棋布,对新华书店形成包围之势,与新华书店网点逐年递减形成鲜明对照。庞大资本集团更是跃跃欲试,以广州日报集团为例,斥巨资建立了现代化的图书连锁配送中心,号称要开设100间图书超市。位于广州市人民西路的环球书城面积达4000平方米,品种之齐全,布局之高雅,经营手法之灵活,令业内人士咋舌。今年5月,该集团更在广州市店老根据地——北京路书店对面的银座大厦,开设了一间面积达 1800 平方米的综合性书店。还计划投资 10 亿元人民币在广州购书中心附近建设新闻大厦,在里面开设大型书店。可以预见未来广州图书市场竞争将是何其惨烈。以系统递送著称的国内邮政系统,其网点可以延伸到辖区内的每一个乡镇,他们正谋划,有的已开始实施向图书零售领域的扩张。深圳市邮政局计划在全市推出 600 个书报亭,首批 100 个已开始营业,对深圳市店的零售业务构成极大威胁。

从国际资本而言,世界著名的德国贝塔斯曼读者俱乐部于 1995 年成功抢滩上海,凭借其强大的资金后盾,做好长期亏损的准备,蓄势待发。去年底中美就加入 WTO 协议签订后,随即在北京市王府井书店正对面购置 6000 平方米商场,等待着我国图书零售市场放开。这是我国加入 WTO 之后,城市店所面临的又一个新的严峻的挑战。从国际零售巨头美国沃尔玛、山姆会员店,法国家乐福、巴黎春天,荷兰阿霍德、德国麦德龙等成功介入我国零售商业的经验看,他们所凭借的是:规模、品牌、价格、信誉和现代化营销手段等,而这些因素都不是每个城市店所全部具有的。一旦国际书商采取这种市场开拓战略,我们将不堪一击。因此,我们要猛呼一声:"狼真的来了!"

二、"自古华山一条道"新华书店只有一条路可走

形势是严峻的,竞争是残酷的。新华书店是不是到了山穷水尽的地步呢? 答案当然是否定的。生死相依,挑战与机遇并存。我们认为,在市场经济的洪流面前,书店只有一条路可以走,那就是:解放思想、更新观念、顺市而为、知难而进。

1.解放思想。当前,阻碍书店发展的因素可能有很多,但最

根本的因素在于我们的队伍，特别是书店领导班子，思想僵化，瞻前顾后，沉醉于传统体制的行政保护、地区封锁和行业垄断，自觉不自觉地抵制市场经济，抵制新生事物。因此，必须从当前的形势和实际出发，解放思想，把思想统一到大力发展社会主义市场经济的根本方针上来。

2. 更新观念。观念是客观事物在人们头脑中的反应，它影响着、左右着人们的行为。一个书店，如果主要领导观念陈旧、封闭保守，那么它的工作很难有突破，很难有创新。更新观念的首要任务是：第一，确立市场经济观念；第二，确立成本核算观念；第三，确立文化产业观念（即不能单纯把书店看成文化事业）；第四，确立科学技术是第一生产力的观念；第五，确立科学管理观念；第六，确立人才为本观念；第七，规模经营和资产经营观念，等等。

3. 顺市而为。发展社会主义市场经济，建立社会主义市场经济体制，是我国经济改革的总目标。我国图书发行业必须服从和服务于这一目标。市场经济作为一种基本经济制度，存在着客观规律体系，书店的经营管理工作必须自觉遵守经济规律，否则将受到经济规律的惩罚。

4. 知难而进。当前新华书店面临着各种各样的困难和挑战，有的还十分严重。怨天尤人，毫无用处；走回头路，死路一条；退缩不前，是无能的表现。机遇和挑战是并存的，我们只要能够审时度势，抓住机遇，顺市而为，一定能突破重围，有所作为。

三、深圳市店的发展历程表明：市场经济不是洪水猛兽，而是一个大舞台

深圳市店于 1979 年由原宝安县新华书店改制设立。建店 20

年特别是 1986 年实行图书发行体制改革以来,书店一班人坚持党的"双为"方针,在深圳市委、市政府以及各有关部门的重视和支持下,发扬人才为本、团结开拓、锐意进取的企业精神,使书店获得了高速和稳定的发展,彻底改变了只有三间小门市、24 名员工、年图书销售总额 36 万元(含宝安县)的落后面貌。目前,全店拥有图书、音像、文化用品门市店近 40 间,营业面积达 25200 平方米,固定资产面积 87000 平方米,固定资产原值逾 3 亿元人民币,在册员工 600 多人。1999 年实现图书销售额 1.4 亿元,多种经营销售 1 亿多元,利润约 1500 万元。

　　1996 年,我店成功研制开发了图书营销信息管理系统(BIMS),实行了连锁经营体制,在运用科技手段、实现电脑化管理和集约化经营方面处于同行业领先地位,并圆满承办了第七届全国书店。党和国家领导人乔石、刘华清、丁关根、钱其琛、王汉斌、钱伟长、李铁映等先后视察书市和书城,给予了高度评价。开业仅 4 年的深圳书城,以其优雅的购书环境、丰富的品种优势以及先进的服务理念,得到了越来越多读者的认同和喜爱,被中宣部、新闻出版署评定为"全国新华书店精神文明示范单位"和"国家常备书目定点销售单位"。深圳书城被广东省评为建国50 周年十大标志性建筑。目前,深圳市店的图书销售能力已跻身全国城市店十强,连续三届被评为广东省"文明单位",连续四届被评为深圳市"文明单位"。这 10 多来,我们积极参与市场竞争,坚持书业为主,多种经营,以副促主的发展思路,贯彻"以阵地为依托、以科技为导向、以书业为核心、以服务求效益"的经营策略,成功地走出了一条网点立店、人才旺店、科技兴店的发展道路。

（一）网点立店，走资产经营之路

尽管新华书店是特区成立最早的国营文化企业之一，但由于多种因素的制约，发行事业在很长一段时期内处于停滞不前状态，远远落后于特区的经济发展水平。直到1985年，我店才拥有4间小门市，营业面积不足800平方米。面对这种严峻的市场形势和外部环境，我们清醒地认识到：图书发行网点建设是我们参与市场竞争的重要手段，没有自己的发行网点，主渠道与民营和外资书商竞争就是一句空话。我们在激烈的市场竞争面前没有气馁，而是冷静地反思过去，客观地面对现实，自信地迎接未来，提出了新的经营发展战略——抓住网点建设龙头，坚持图书主业不动摇，开展多种经营积累建设资金，增设网点提高市场份额，解决读者买书难，努力把书店建设为特区的精神文明窗口。在网点建设方面，我店采取了如下几项措施：

1. 争取市委市政府的重视和支持，这是网点建设的基本前提。我们凭着"跑断腿磨破嘴"的精神感动了有关部门，先后争取到了黄金地带华强南路书店用地1200平方米、中兴路书店用地700平方米、南山区红花路书店用地1500平方米、八卦岭书仓用地6000平方米、深圳书城用地6043平方米、南山区西丽书店用地1500平方米和清水河宿舍用地2000平方米，总用地面积2.1万平方米，总建筑面积达8万平方米。投资1.2亿元、建筑面积达3万平方米的科技书城和用地1万平方米、建筑面积2万平方米的南山书城，将分别于年内和明年初动工兴建。目前，我店每年的房产租赁收入近2000万元，成为我们店抵御市场风险的强有力支柱。

2. 多方筹集资金，把网点建设落到实处。图书是微利商品，书店盈利能力差,资金短缺是制约网点发展的"瓶颈"。我店靠"三个一点"的办法来筹集建设资金。第一,自筹一点。把主业和副业的经营利润转化为投资,这是筹资的主要来源。我店的多种经营项目从无到有、从小到大、从单一走向多元,1999年多种经营收入达1.1亿多元,盈利1500万元。1986—1999年13年间,我们勒紧裤腰带,过紧日子,自筹投入网点建设资金约1.5亿元,平均每年投入1153万余元。第二,借一点。一是向职工借,1990、1994、1996年先后三次向职工借款600万元;二是向银行贷款。从1994年开始,向银行借贷书城建设款7600万元。第三,争取政府补贴一点。争取政府财税部门支持网点建设,给予网点建设补助款和减免税收。1986—1998年间我店争取到政府网点补贴9次共计8120万元,争取减免税750万元,两项共计8870万元。

3. 聚精会神抓好深圳书城建设。深圳书城是网点建设的重台戏。书城于1993年破土动工,总建筑面积42000平方米,楼高33层,总投资1.8亿元人民币,市政府投资7750万元,由书店自筹10450万元。书城图书陈列面积达15000平方米,容纳16多万种中外图书,配备中央空调、自动扶梯,运用电脑POS销售系统,是目前我国楼层最高、规模最大、设备最先进的现代化购书中心之一。

(二)人才旺店,保持市场竞争优势

深圳是我国最早实行市场经济的地区之一,市场发育比较充分,竞争比较激烈。我们较早地意识到:市场竞争的实质就是人才竞争,人才是竞争制胜的法宝。书店网点增加了,规模扩大了,如果没有会经营、懂管理的人才,反而会背上包袱,应有的效益也展现发挥不出来。"千难万难,没有人才最困难。"对这一问题,开始一些人有模糊认识,认为图书发行是简单劳动,没有什么学问,只要身体好肯出力就行。实践证明,我店这几年如果不是引进和培养了大批人才,发展步子不会那么快,那么大的摊子也不能有效地运转起来。引进人才的渠道主要有四条:一是鼓励员工参加业余学习,自学成才,拿到毕业证的全部报销学费,这样的员工有60多名。二是请武汉大学图书情报学院来深圳开办图书发行大专班,学制一年半,培训骨干23名。三是从国家重点大专院校挑选毕业生,1988年开始先后从武大、中南财大、华南理工、华中理工、北大等院校要回了40多名本科生、硕士研究生,专业涉及发行管理、市场营销、科技情报、财会审计、计算机、建筑工程、法律等。四是从特区内外调进专业人才10余名,包括经济师、摄影师、会计师、工程师和其他经营人才。我店对学有所长的知识分子实行大胆起用、善加培养、人尽其才的原则,充分让其参与经营管理实践。目前已有30人走上了中层领导岗位,从而优化了干部队伍结构,带来了生机和活力。老中青三结合、经验管理与科学理性相融汇、原则策略的坚定性与战术措施的灵活性相补充,使我店在特区图书市场的竞争中得心应手,占据了优势地位。这样一支思想过硬、技术熟练、结构合理、力量雄厚的骨干队伍,成为我店在社会主义市场经济中兴旺发达的一个最重要的保证。

(三)科技兴店,实现规模经营和集约管理

早在1992年,我店就提出了开发图书发行计算机管理系统的设想,并组织人员进行市场和技术等方面的可行性研究,坚持科学务实的态度,于1995年12月开发成功BIMS系统,实行全店连锁经营,使我店从采购、配送、销售、结算等全面实现自动化。目前这一系统已推广到全国20多个省、市新华书店,覆盖近100

亿元的图书销售量。

BIMS管理系统作为图书发行新的生产力,连锁经营体制作为与这一新生产力相适应的生产关系,配以全面量化的内部管理体系,它对书店发展有着巨大的促进作用,最关键的有三条:

1.成倍地提高了劳动生产率,降低各种费用,增加企业盈利能力。

2.实现了企业增长方式从粗放经营型向集约经营型的转变。表现在:(1)劳动密集度减少,技术密集度增加。(2)经营组织从分散走向集中、从全面出击走向专业分工。(3)管理体制从多环节走向少环节、从分散决策分散实施走向集中决策分块实施。(4)生产要素从低效益的重复配置走向高效益的合理配置。(5)图书营销从码洋管理过渡到品种管理。

3.拓展了企业的生存和发展空间。借助于BIMS系统的技术优势和连锁经营体制的机制优势,我店有选择地在深圳地区发展了一批特许加盟连锁店,吸收具有一定规模和信誉的集(个)体书店、大商场、超市加盟,实行店号统一、配送统一、结算统一、服务标准统一的连锁经营模式。目前已发展了14间加盟连锁店。此外,还将利用系统数据库资源,透过互联网建立网络书店,积极而稳妥地介入和发展电子商务,扩大服务范围,革新服务手段,提升经营业态。

一次经营模式的成功飞跃[*]

——深圳市新华书店连锁经营调查

　　连锁经营作为一种商业组织形式,在国际上已有 100 多年的历史,欧美等地发达国家早于 20 世纪 50 年代便已进入连锁经营的快速发展时期。1984 年,我国以日用品超市、便利店为依托,开始引进连锁经营。1997 年,内贸部颁发《连锁店经营管理规范意见》,国家经贸委、新闻出版署等 7 部委也发布了《关于连锁店经营专营商品有关问题的通知》,为推进我国连锁业的健康快速发展制订了规范,创造了重要条件。目前,在发达国家,连锁经营取得了普遍成功,其销售额一般占市场销售总额的 1/3 以上。但是,对于我国图书发行业来说,连锁经营还是新生事物,无现成经验可循。深圳市新华书店于 1996 年在计算机管理技术的支持下,对连锁经营进行了大胆探索并初步取得成功,在传统图书零售业的业态创新和经营体制创新方面迈出了可喜的一步,引起了出版发行界的广泛关注。

一、背景

　　深圳市新华书店于 1979 年建店。建店初期,只有 3 处小网

＊本文原载《中国出版》2000 年第 10 期。

点,营业面积仅 300 平方米,资产净值 19 万元,年图书销售不足20 万元。此后,深圳市店抓住改革开放的历史机遇,顺应社会主义市场经济发展的潮流,充分利用特区的优惠政策,一方面坚持自力更生,一方面主动争取市委市政府以及各有关方面的重视和支持,成功摸索并坚持走"书业为主,多种经营,以副促主"的发展道路,书店的各项事业获得迅速发展。截至 1995 年底,图书网点发展到 31 个,经营面积 5000 多平方米,资产总值 1.9 亿元,总销售额达到 1.1 亿元(其中图书 8900 万元),当年实现利润 445万元。

但是,高速发展、规模扩张的同时,"不适应症"出现了。如,积极开拓发行网点本是书店解决读者"买书难",参与市场竞争的重要手段,但是深圳市店从 1980 年开始多方筹资发展的 28 个中、小型门市,交由区店经营,每年少则亏损几万元,多则亏损数十万元,导致网点发展一个亏损一个,发展越快,包袱越重。尽管深圳市店先后采取了目标管理、联销计奖、集体承包、租赁经营、百元销售工资含量等改革措施,但效果都不明显。为此,深圳市店党委和领导班子反复思考:发展速度上来了,书店规模壮大了,为什么经济效益不能同步增长? 经过认真分析研究,他们认识到,社会已进入信息和知识经济时代,但书店仍然采用传统的经营管理体制,阻碍和制约了书店的事业发展。传统经营体制的弊端主要表现为:首先,分散经营,重复劳动和浪费现象非常严重。如 1996年以前,深圳市店有 12 个二级核算单位,它们均享有同等的采购订货权。结果是同一份订单,12 个单位同时填,分别报出;同一次订货会,12 个单位都要派人参加;查询、添订也是 12 个单位同时进行。而且,以上工作是在完全缺乏信息沟通的情况下进行的,重复报订、扩大订数经常发生,是造成图书积压、库存的一个重要诱因。1987年和1993年深圳市店曾发生两次"库存膨胀",就是这种管理体制的直接后果。从出版社和发货店角度看,同一单书对深圳市店要派发12份征订单,进行12次发运和12次结算,也是很不经济的。同时,分散经营、订货,也使书店在争取订货折扣时丧失主动权,失去批量折扣的规模优势。其次,机构重叠,机构臃肿,资源配置效率低下,经营成本居高不下,图书经营陷于亏损状态。比如,12个二级核算单位虽小但都设有经理、会计、出纳、司机、业务员等职位,有的还办职工食堂;非生产性的管理人员多达100余人(不含市店机关),占单位职员总数的1/3;每个单位都有一部车(中心门市两部),运量不足,运输成本、车辆养护费用高昂。更有甚者,一座5层的仓库楼,根据每个单位的销量大小,硬是被隔成12个小库房,图书经市店中转分发组分发后各自进仓,而且,每个单位都有自己的仓管员,人员近40人。尽管1995年深圳市店的劳动生产率达到27.6万元,但由于经营费用太高,当年一般图书经营每100元竟然要亏损3.8元。

以上情况表明,传统的经营体制制约了书店的发展,必须进行改革。经过慎重研究和反复论证,深圳市店决定以计算机管理为依托,实行连锁经营。

二、做法

要推行连锁经营体制,必须借助计算机技术,没有计算机技术支持的连锁经营是难以取得成功的。为此,深圳市店从1992年开始进行图书发行计算机管理系统的可行性研究,借鉴国内外的先进经验,高起点开发计算机管理系统,并于1995年下半年开发成功图书营销信息管理系统(BIMS)。

与此同时,深圳市店的领导一方面充分利用考察机会,学习、借鉴美国的巴诺书店、日本的纪伊国屋、中国台湾的金石堂等国际知名连锁书店的先进经验;另一方面,先后两次从出版社邮购《连锁经营:从一到无限》,保证中层以上干部人手一册,以便寻找答案,统一思想。从而最终决定:以计算机管理为基石,以 BIMS 系统为技术平台,按照国际通行的连锁经营规范,以国内贸易部《连锁店经营管理规范意见》为指导,在全店建立连锁经营体制,实现业态创新和体制创新。

1.撤销重叠设置的二级经营机构,打破原有经营格局,真正走出传统经营体制。

深圳市店意识到要实行连锁经营体制,必须撤销重叠设置的二级经营机构,重新组建一个精干、务实的经营管理架构。为此,他们对市店机关的部门设置进行大刀阔斧的撤并。深圳市店的区级店和专业书店,是参考其他城市店的机构设置而建立起来的,而且已经运作了十几年。要撤掉这个中间经营机构,阻力很大,主要来自书店的中层干部。因为实行连锁经营后,在撤掉一半科级单位的基础上,要全面推行岗位工资制,这直接关系到中层干部的利益问题。为了改变这种被动局面,深圳市店领导开展了深入细致的思想政治工作,教育大家树立全局观念,从企业的长期发展着眼,以积极的态度投身于这场改革。同时,向他们公开承诺:由于岗位的减少,一些正科级干部只能当副科级使用,但原来享受的工资、福利待遇不变。经过一系列的工作,大多数中层干部转变了态度,积极投身连锁经营,企业的向心力和凝聚力明显增强,为顺利开展连锁经营打下了坚实的基础。

深圳市店实行连锁经营后,23个科级单位通过裁、撤、并、转,仅保留图书发行公司、益文图书进出口公司、益商文化发展公司和图像艺术开发中心等4个专业公司;同时成立了采购、物流、销售、财务、计算机、加盟连锁、物业管理等7大业务管理中心;原职能科室仅保留了办公室和基建办,科级单位比原来少了10个。

2.制订数据录入标准,提出图书分类编码法则,解决图书条码制作不规范和无条码的难题,为连锁经营和计算机管理扫除技术障碍。

深圳市店根据计算机自动化处理技术的要求和书店管理的需要,制定并实施了自己的数据录入规范。深圳市店召集业务骨干,根据《中国图书馆分类法》的基本原则,结合新华书店会计统计报表、图书陈列和物流管理等方面的要求,将所有图书重新分类,从而满足了订货管理、物流管理、门市陈列、读者查询、数据交换和会计统计诸方面的需要。此外,根据1996年我国图书条码普及率低、条码制作不规范,以及一码多书、一码多价的实际情况采取了实事求是的做法,对没有条码和条码不规范的图书全部自制条形码,从根本上解决了图书发行计算机管理中的关键技术问题。

3.周密部署,精心组织,实施"八个统一",运作规范化。

深圳市店在铺开连锁经营时采取了以下做法:按照BIMS系统的技术规范和系统功能,优先建立后台支持系统,包括采购、物流配送、数据库的建立与维护、通讯与数据传输等;然后,再建立前台POS销售系统,逐个联结,形成网络。在具体操作上,则是先连中、小型门市,再连深圳书城,以便富余人员由新开业的书城接收消化。

同时,他们提出并实施了"八个统一",即统一店面形象、统一经营管理、统一行政管理、统一业务进货、统一仓储配送、统一销售管理、统一财务核算、统一加盟店管理,促进连锁经营的规范化运作。

4.加强管理,不断理顺和完善连锁经管体制。

连锁经营相对单店管理,是书店经营业态的彻底变革。为此,深圳市店首先全面推行量化管理体系,解决进、销、存三张皮的问题。他们在物流中心进行量化管理试点,核定岗位、人员编制、工作任务,下达配送质量标准,按收发货总量的1%实行工资费用包干(车辆维修、各种保险及节假日补贴除外),其中,对分发、调退总量挂钩占0.5%,对销售挂钩占0.5%,让物流也来关心销售。这样做效果非常明显,实现了到货不压站,到库不压仓;新书当天到货当天拆包当天做数据处理,第二天门市上架,效率提高2—3倍。在总结物流中心量化考核的基础上,采购中心、销售中心也分别下达了量化考核指标体系,均达到预期效果。现在全店各部门和下属公司均全面实行了量化管理。

其次,建立规范管理制度。实行连锁经营后,书店许多原来的规章制度已经不适应,必须按照连锁经营的规律和要求,重新制定一整套规章制度。规范管理分为三个层次:第一层次涉及计算机管理的技术规范,主要是数据录入、数据交换和单据传递的规范;第二层次涉及作业流程,包括采购、销售、物流等连锁机构的业务流程,以及门市优质服务规范和营业员行为规范等;第三层次涉及管理规章制度,包括市店的各项规章制度,各业务中心的规章制度,以及各种岗位的工作责任制度等。

三、效果

1. 书店从侧重单纯数量的码洋管理过渡到侧重全面质量的品种管理,实现了从粗放式经营到集约式经营的过渡。

深圳市店连锁的技术基础 BIMS 系统综合运用了计算机网络、数据通讯和条码扫描等先进技术,并将条形码这种高速、精确的电脑数据输入方式,借助光电识读设备,应用在 POS 系统上,从而实现了书店从进货、储运、配送、销售到管理等全流程的自动化,突破了从码洋管理过渡到品种管理的瓶颈,提高了生产要素的综合配置和使用效益。现在,凡连锁的下属网点,不论大小,均拥有同样的品种优势。由于信息反馈及时、配送迅速,各门市全部实现零库存(指门市陈列外不再设小仓库),陈列复本减少,陈列品种比连锁前增长 1 倍以上,形成了小书店多品种的经营格局。

2. 书店从片面追求数量规模过渡到讲求质量效益走上内涵式发展之路,实现了经济增长方式的转变。

比之于单店经营方式,连锁经营最突出的优势是达到规模经营,建立了资金、信息、资产和数据等资源的共享机制,从而大大节省人工、降低成本。从节约人工来看,深圳书城开业前,深圳市店员工总数为 430 人,书城开业时原计划新招员工 250 名,实际只增招 40 人。仅此一项,一年就可节省人工成本 800 余万元。此外,物流中心统一调度车辆收发配送,每年可节省运输、收发费用 40 万元;由于实行统一订货,每年可节约差旅费 30 万元;由于形成了批量订货规模获得了优惠折扣,进货成本降低约 2%,按年销售 1 亿元计算,可增加利润 200 万元。1996 年由于全面实行连锁、调整网点以及合并仓库,销售额增长率仅为 11%,是 10 年来最低增长速度,但是利润却比增长了 40%。1999 年深圳市店总销售额为 2.4 亿元,2000 年可望突破 3 亿元。这种规模,按传统经营管理模式,最少需用员工 1000 名,而深圳市店现有员工为 600 名,节约直接成本 1500 万元,从效益方面讲等于再造了一个深圳市店。

3. 连锁经营具有强大的网络营销能力和低成本规模扩张优势,大大拓展了书店的生存和发展空间。

强大的网络营销能力和低成本规模扩张优势,是连锁经营业态本身固有的潜质,其他商业业态无可比拟。1997 年 5 月,深圳市店开设了第一间特许加盟连锁店——华侨城书店。此后几年间,又发展了 16 个特许加盟连锁店,新增年图书销售能力 1500 多万元,而深圳市店只是提供店号、营销指导、服务规范等无形资产,比各书店自己独立发展节约投资近 2000 万元,而且赢得了时间,提高了深圳市店的市场占有率。

利用 BIMS 系统的数据资源和强大的网络功能,深圳市店现又开设了 BAYAKALA(巴颜喀拉)出版在线,为新华书店 BIMS 系统的用户建立网上业务信息平台,接通出版与发行业间的信息流,为新华书店解决资金占用,出版社解决市场信息反馈创造了良好的环境。

四、思考

1. 连锁经营是流通领域深化改革和结构调整的方向。

1996 年召开的中央经济工作会议上,提出了"加大结构调整力度,培育新的经济增长点"的要求。江泽民总书记指出:"调整经济结构,培育新的经济增长点,必须确立市场经济思想,以市场为导向,走集约经营的路子,发展规模经济。"而连锁经营的本质正是集约经营,其目的是实现流通的规模化。当前,我国各种所有制形式的图书发行网点不仅规模小,而且分散经营,成本高、效益差,甚至发生内耗,造成严重的资源浪费,制约了发行生产力的发展。面对我国流通领域对外开放的程度日益加深,特别是面对中国加入 WTO 所带来的严峻挑战,如果我们仍停留在"小而全"或"散兵游勇"的状态,将处于十分被动的地位。因此图书发行业一定要有长远发展的战略,加快连锁经营的步伐,逐步建立起跨行业、跨区域和多种经济成分的连锁经营网络,提高我国图书发行业的整体竞争力。

2.强化管理,提高规范化水平,是搞好连锁经营的重要保障。

连锁经营是以专业分工协作和标准化作业为基础的,规范管理是连锁经营的生命线。连锁经营企业要实现规模效益,既要以一定的规模为基础,又要靠规范的管理来保障。随着连锁网络的不断发展与扩大,必须建立相应科学化、规范化的运营和管理体系,只有这样才能实现连锁网络的高效运转,获得理想效益。统一采购、统一管理、统一核算和统一配送,是连锁经营最本质的特征。在这些方面,既要坚持标准,坚持原则,又要兼顾各连锁店的自主权,充分体现责、权、利的关系,调动各方面的积极性,开拓市场,扩大销售,促进连锁经营规模与效益的持续发展。

3.加强计算机信息管理系统建设和人才培养,是开展连锁经营的基础。

采用计算机进行管理,是实现连锁经营管理科学化、规范化、现代化的必要条件。连锁企业在实现计算机管理的过程中,应根据企业管理水平和实际需要,统筹规划,统一标准,逐步推行;在软件开发上,要集中力量,集思广益,充分体现系统的先进性和可操作性,避免低质量的重复开发,为连锁经营规模的不断扩大创造有利条件。人才资源和人才培养是保证连锁经营顺利、健康发展的重要的基础性工作,也是十分重要的生产力。在推行连锁经营的过程中,一定要把这项工作放到应有的位置,予以高度重视。

4. 实施连锁经营要因地制宜。

连锁经营是当前迎接"入世"挑战,整合城市图书市场,加强新华书店竞争力的有效手段,但不是唯一手段。在推行连锁经营时,一定要充分考虑参与连锁书店的不同情况,采用直营连锁、自愿连锁和特许加盟等形式,按照连锁经营的基本要求及图书发行的行业特点来设计。在组织实施过程中,要加强政治思想工作,处理好各种关系,特别要注意利用先进的生产力加以推动,尽可能减少因新经营业态实施初期的不适应而造成的震荡,保证连锁经营和各项业务活动的顺利开展。

忠实履行文化国企社会责任
积极打造城市公共阅读空间[*]

　　近年来,深圳出版发行集团始终坚持社会效益优先,兼顾经济效益,力争做到双效统一。集团在未来规划中,将发展战略主动融入、主动对接深圳城市发展规划,立足深圳特区一体化和公共文化服务均等化的总体发展要求,确立"大书城小书吧"策略,全面推进"一区一书城,一街道一书吧"建设,构建结构合理、层次清晰、大书城和小书吧互为呼应的公共文化服务平台和全民阅读设施体系。集团不忘初心,牢记文化国企的责任担当和历史使命,将自身发展与深圳推动现代化国际化创新型城市建设、实现建成更高质量的民生幸福城市总体目标相结合,高扬"读书以及一切为读书所做的服务都是高贵的"企业核心价值,建设政府放心的书城、书吧,提供市民满意的阅读服务,得到深圳市委、市政府的高度肯定和大力支持,也得到深圳市民的广泛赞誉和业内人士的高度肯定。

一、深圳书城、书吧规划建设情况

　　深圳书城历经 20 年、4 代书城发展,过程分别对应图书超市

---

* 本文系 2017 年 8 月"中国书刊发行行业协会城市发行专业委员会第 32 届年会"大会发言稿。

大卖场、BOOK MALL、体验式书城和文化创意书城四个发展阶段。第一代书城——罗湖书城 1996 年 11 月建成运营,这是深圳新华书店首次进行转型发展。第二代书城——南山书城 2004 年 7 月建成运营,为南山区营造健康繁荣的文化氛围起到了积极作用。第三代书城——中心书城 2006 年 11 月建成运营,该书城是当今世界单层经营面积最大的书城,开业以来客流年增长率一直位居全国大型书城之首。第四代书城(创意书城)——宝安书城 2015 年 5 月建成营业,这是第一个设立在原特区外由市、区两级政府共同投资建设的市级公共文化设施。2018 年 7 月 18 日,龙岗书城将建成开业。"十三五"及"十四五"前期,我们还将建设湾区书城、龙华书城、光明书城、大鹏书城及数字书城总部基地五个市级公共文化设施,进一步促进特区一体化及公共文化服务均等化,实现"一区一书城"建设目标。深圳书城作为深圳市重要的文化基础设施,在满足市民群众精神文化生活需求、提供优质公共文化服务、提升城市文化品位和国际影响力、推动现代化国际化创新型城市的建设中发挥了重要作用。

深圳特色书吧项目作为市文化惠民工程,是深圳市 12 项跨年度、跨"十二五"规划的重大民生工程之一,是集团与政府合作共建的文化品牌,于"十三五"期间实施"百家书吧",计划于 2020 年前在全市完成 100 家书吧布点。截至目前,集团已有"24 小时书吧"、"学苑书吧"、"麒麟书吧"、"新新书吧"、"优悦书吧"以及24 家简阅书吧建成运营,遍布深圳福田、南山、宝安、龙岗、光明、龙华等区域,并成功输出到了河源、东莞等其他城市。书吧除了为市民提供最专业的阅读服务外,还定期举办"政协社区讲堂"、"阅读推广人下基层"系列品牌活动,将市里一些优质的文化资源带到基层,特别是原特区外地区。书吧已成为便民、利民的重要基层文化阵地和载体,丰富了居民文化生活,提升了社区、校园文化品位,先后获得多位中央、省、市领导的高度评价。

二、深圳书城、书吧获政府扶持情况

目前,深圳市委、市政府已将"一区一书城"发展战略列入市"十三五"规划和全市文体惠民工程。除在建设用地方面给予"定向招拍挂"的优先保障外,还承诺对设在原特区外的书城在培育期内每年给予500万元专项补贴,对规划建设中的龙岗书城、龙华书城、湾区书城、光明书城、大鹏书城及数字书城总部基地等6个项目,以及中心书城维修改造、南山书城维修改造、清水河基地更新、深汕合作区储备项目等,未来市委、市政府将按照1∶1比例给予逾20亿元的资金支持,新增经营面积约25万平方米。

书吧作为重要的基层公共文化设施,主要选址于社区、高校、医院和产业园区等公共场所,对深入推进全民阅读,增加基层文化设施供给,提升基层文化产品和服务质量方面有着重要的意义。目前,当地政府在场租、水电、管理费等方面对书吧给予十年期三免政策支持或同等资金资助。

三、积极争取党委、政府相关扶持

推动将书城、书吧建设纳入深圳整体发展规划。促进公共文化服务均等化、便利化,是公共文化服务体系建设的基本要求。图书发行阵地的建设和布局考虑对落后地区和弱势群体的关注,是国有图书发行企业把社会效益放在首位的重要体现。

深圳经过30多年的改革发展,已具备较好的经济基础,但总体来看特区一体化进程还在推进过程中,地区之间,特别是原特区内外发展还很不平衡,原特区外地区书城书吧等配套设施相对滞后,公共文化设施严重不足现象亟待改善。为此,我集团在对发达地区和深圳各区(新区)情况进行了深入调研和分析的基础上形成了"大书城小书吧"发展战略,提出全市"一区一书城、一街道一书吧"的发展目标。这一战略能够切实解决深圳原特区内外文体设施分布不均衡问题,补齐原特区外区域公共文化设施建设的短板,实现特区内外公共文化服务均等化,进一步提高深圳城市文化品位,满足市民日益增长的精神文化需求,加快建设与现代化国际化创新型城市相匹配的文化强市,与深圳的整体发展战略相契合。因此,这一战略一经报市委、市政府,就得到了充分的肯定,先后写入了《深圳市文化发展十三五规划》《深圳文化创新发展2020(实施方案)》,并最终纳入了《深圳市国民经济和社会发展第十三个五年规划纲要》这一全市发展最高级别的纲领性规划。深圳市委市政府领导为此多次召开专题会议,研究深圳书城及配套服务基地建设投资方式等有关事宜,积极推进"一区一书城、一街道一书吧"建设。

坚持先进文化方向
积极发展文化产业*
——深圳书城实施文化产业发展战略之路

党的十六大报告指出："当今世界，文化与经济和政治相互交融，在综合国力竞争中的地位和作用越来越突出。""发展文化产业是市场经济条件下繁荣社会主义文化、满足人民群众精神文化需求的重要途径。"

当前，我国社会主义市场经济日益发展和完善，全球经济一体化进程加速，以信息科技为代表的新经济迅猛发展，文化产业成为业界新军，在国民经济中的重要性日益突显。20 年前美国文化产业在 GDP 中排列第 12 位，现已跃升至第 4 位，而我国文化产业在 GDP 中产值比例排列在第 10 位以后，发展的空间很大，拉动发展的社会需求旺盛。随着我国社会成员人均占有财富以及闲暇时间逐步增多，社会需求结构和消费结构发生了深刻的变化，发展文化产业，满足人们的精神文化需要成为我国经济发展的强大的内在要求。深圳书城作为文化产业项目的成功，正是在深圳社会经济发展推动下，以社会需求为导向，尊重市场经济法则，实施文化产业发展战略，实现市场化运作、规模化经营、科学化管理的具体成果。

---

* 本文系 2003 年 8 月作者牵头完成的"深圳市文化产业发展战略调研课题"之子项目成果。

一、项目概况

深圳书城由深圳市新华书店于 1993 年 7 月动工兴建,占地 6043 平方米,楼高 33 层,总建筑面积 42000 平方米,建设总投资 1.8 亿元,经营面积 15000 平方米,配有中央空调、自动扶梯,是当时我国楼层最高、规模最大、设备最先进的现代化购书中心之一。深圳市店开源节流,采取企业积累一点、银行借贷一点、资产运作筹集一点的"三个一点"办法,自筹资金 1 亿元,加上深圳市政府分四次拨付的 7750 万元财政投资,保证了深圳书城于 1996 年 11 月顺利建成开业。

深圳书城坚持"以书业为核心,以阵地为依托,以科技为导向,以服务求效益"的经营方针,从完备经营功能、提高服务质量、强化科学管理入手,以深圳书城为平台,实施文化产业发展战略,培育深圳书城"品类齐全、功能完备、管理先进,集文化消费、文化交流与娱乐休闲为一体的现代文化产业发展大平台"的品牌形象。

1996 年,深圳书城利用自行开发的适合大型书城连锁经营需要的图书营销信息管理系统(BIMS),在国内同业中率先成功实施计算机管理,建立连锁经营体制,工作效率大大提高,比传统同等规模购书中心节约人力 50% 以上。1997 年深圳书城在国际同业中第一家提出建设"五星级书店"的服务理念,争创一流的人才、一流的环境、一流的服务、一流的管理、一流的效益。1998 年,深圳书城进行了工商登记和商号注册,品牌名誉权得到法律保障。同年,书城成立了股份制企业——弘文艺术有限公司,开拓文化用品经营业务。1999 年书城培训中心成立,2000 年书城数码中心开业,2001年初书城开始涉足电子出版,成功开发多媒体科普读物《十万个为什么》,2001年书城启动ISO9001质量管理体系,2003年通过认证。利用品牌优势,至今深圳书城成功发展了深圳书城罗湖城、南油城、西丽城、宝安城、万商城、东门城等连锁经营门店。

7年来,深圳书城紧紧围绕文化市场需求,依靠准确的市场定位和现代化的经营理念,精心培育文化品牌,迅速成为深圳文化产业发展的一支重要力量。目前,深圳书城每年接待国内外读者1600万人次,年销售量达2.8亿元,名列全国大型书店第二位,被市民誉为深圳的"文化公园"、"第二图书馆"、"读书人的幸福城堡";迅速发展成为以图书营销为核心,以音像、软件、文化用品、数码产品、物业租赁等为主体,以教育培训、电子出版物开发、广告制作、文化旅游等为创新项目的大型文化产业集团;连续三届被评为广东省和深圳市"文明单位",被中宣部、新闻出版总署评为"全国新华书店精神文明示范单位",被中央文明办、国务院纠风办评为"全国创建文明行业示范单位"。开业7年来,深圳书城年均创利税3000多万元,利税总额是投资总额的1.2倍,是深圳市投资效益最优的文化产业项目之一,成为国内外闻名的知名文化品牌、优秀文化旅游景点和重要文化产业平台。

二、产业背景:深圳书城文化产业发展战略的提出及理念内涵

二战以后,特别是20世纪末期至今,全球经济文化的一体化发展成为经济和文化的双向需要,即:经济需要文化为自己注入新的活力并创造新的境界,文化需要在经济中实现其持续发展与

提供新的发展契机。经济文化一体化协调发展已成为当今世界持续发展的主要趋势。文化、科技、教育在产业发展中的贡献比率越来越大,以内容生产为特征的文化产业,如出版、电视电影、竞技体育、文化旅游、电脑软件等已成为21世纪经济持续增长的核心产业。深圳书城文化产业发展战略的实施,正是适应了这一趋势。

1991年,深圳特区成立10余年,经济上取得了令世人瞩目的成绩,经济的高速发展使深圳市民对知识的更新和渴求非常强烈和迫切,深圳人均购书量连续3年居全国之首,书店人满为患,"买书难"频频见诸报端。当时我国年图书出版已超过5万种,而深圳市店最大的中心门市面积只有400多平方米,仅能陈列1.5万种。深圳市店的图书经营规模和方式已经不能满足市民需求,建设一座超大规模的综合图书大卖场成为广大读者的强烈要求。

在深圳,历届市委市政府领导在大力发展经济的同时,始终把文化建设摆在实现社会协调发展的战略高度来认识。1991年,市委市政府将深圳书城项目列入《深圳市社会主义精神文明建设八五计划》和《深圳市国民经济和社会发展十年规划和第八个五年计划纲要》,成为法定建设项目。市领导指示:尽快落实基建用地、建设资金,可以优惠地价在深圳交通主干道深南路金融商业区划地建设。1992年,作为市大型文化设施,书城被列为市重点建设项目和市政府为市民办十件实事之一,得到了各级领导和有关部门的高度重视,深圳书城项目得以顺利进行。

1996年11月8日深圳书城正式开业,并成功举办第七届全国书市,这是一个转折点。面对簇新的书城卖场、蜂拥而至的人流、昂贵的运作成本,以及有限的市场容量和越来越多的"分食者",深圳书城的经营决策者们认识到,不能困守"书本",必须另辟道路。20世纪80年代末开始的"书业为主,多种经营,以副促主"的有益尝试,当前迎面而来的经济文化一体化浪潮和休闲娱乐经济的曙光,以及政府主管部门的扶持、引导,共同促成了深圳书城文化产业发展战略的成形及实践。该战略的核心内涵可简要概括为:第一,经济文化一体化是大背景,以优良的产品和服务满足市民日益增长、日益广泛的精神文化需求,既是动力,又是导向;第二,坚持书(出版物)为媒,保持以图书、音像制品、电子出版物为主体的核心业务的稳定增长,巩固其在本地市场的主导地位,同时积极发展关联产业,拓展创新业务;第三,坚持"网点立店、人才旺店、科技强店"的经营方针,谋求可持续发展;第四,以改革、创新为动力,以建立现代企业制度为标准,夯实基础,务实求精,发展文化产业群,建设现代文化产业集团。

三、深圳书城实施文化产业发展战略之路

(一)市场定位——经营篇

1.深圳书城的经营目标是坚持社会主义先进文化方向,构建现代文化产业平台。

深圳书城是深圳市委市政府加强城市文化建设,满足市民文化需求,实现市民文化权利,建设国际化城市的重要举措。深圳书城是深圳市面积最大的综合书城,它应该成为深圳市的出版物发行中心、文化艺术体育用品中心、文化旅游中心、培训教育中心,向社会提供高质量的文化产品和高水平的文化消费服务。为此,深圳书城致力于品种齐全、功能完备、管理先进,内设有商务中心、总服务台、邮电代办所、银行等服务设施,采用BIMS系统计

算机管理连锁经营,提供商品查询、导购、预订、邮寄等服务,除经营图书、音像制品、文化用品等,书城按照自身的市场定位和功能要求,充分发挥文化中心的媒介效应和产业效应,坚持书业为主、多种经营、多元化发展。先后发展了音像制品、电子出版物、文化艺术用品、数码产品、培训教育、广告制作等,致力于为社会和读者提供多功能、全方位、高质量的一站式文化消费服务。

2.学习现代先进营销理念,确定深圳书城的业态为大型综合超市(GMS)。

深圳书城经营面积达 15000 平方米,引进了大型综合超市(GMS)的经营业态,采用城中设店布局、出版物全品种营销,设有18 个专业店,经销全国 800 多家出版机构的各类书刊、音像制品、电子出版物、文化艺术品、PDA 产品等约 23 万种,全部采取开架自选、统一收银的销售方式。书城内的陈列货架同时供员工陈列补货和顾客选货,人对人售货方式中的封闭式柜台和货架全被淘汰。此种经营方式使得员工岗位工作单一化和专业化,提高了劳动效率,稳定了服务质量,降低了卖场的人工成本,增加消费者对商品的选择权,满足消费者购物便利性的需要,因而受到读者欢迎。

3.采用先进营销技术,选择连锁经营体制作为经营管理模式。

1996 年 11 月,凭借自主开发的 BIMS 系统技术优势,深圳书城自开业起,即实行计算机管理连锁经营。连锁经营具有其他传统经营模式所不具有的比较优势。与分散经营的单店模式不同,支撑众多连锁店经营的后台是专业化组织的采购、物流、管理总部,由此带来规模化的商流、物流、信息流和资金流,连锁店和总部可实现资源共享,降低成本。这种规模优势使连锁店比分散经营的单店——独立店,更容易形成企业的核心竞争力。1996 年 7月,深圳市店成功实现了以深圳书城为核心的全店计算机连锁经营管理,使得经营机制和管理体制发生了深刻的变革:机构实现精简,23 个职能科室、区级店、专业店被改造为 7 大业务中心和 5个专业公司;效率得到提高,成本得以降低,统一进货、统一配送、统一销售、统一结算,为书城节约员工 170 多人,每年节约人工成本 500 万,《中国图书商报》盛赞:"未来从这里开始。"

(二)培育实力——管理篇

1. 在国际同业中率先提出并实践"五星级书店"的服务理念。

深圳书城自开业伊始,在满足读者购书需要的同时,就以其功能多、品位高,集文化传播、艺术鉴赏、休闲为一体的崭新经营方式,成为深圳建设现代文化名城进程中的一道亮丽风景,受到政府的肯定和读者好评,成为深圳市精神文明建设和文化建设的重要窗口和阵地。面对荣誉,深圳书城对自己提出更高的要求。1997 年,书城提出创建"五星级书店"的目标,承诺向社会提供高质量的文化商品和高水平的文化服务。

深圳书城学习借鉴国际五星级宾馆的硬件设施标准和管理服务模式,制订了《深圳书城创建五星级书店实施方案》等规章制度,参照五星级酒店的标准制定了五星级书店的标准,赋予它新的内涵,以"为读者找书,为书找读者"为核心内容,向读者提供一流的购书环境,高水准的文化服务。书城通过加强职业道德建设和规范管理、量化考核,把五星级书店的标准落实到优质服务的各个环节。先后两次延长营业时间,在全国新华书店第一家实行夏季延长营业时间 1 小时,设立全国新华书店第一个总服务台,为读者提供图书查询、预订、调配等十多个服务项目;在书城大堂开设了邮电代办所为读者邮寄图书;建立订书绿色通道,保证读者预订的图书以最快速度送达读者手中;将每年 11 月定为优质服务月;开发手机短信查询图书信息服务系统;始终把社会效益放在第一位,坚持"全品种陈列"和"正版经营"。

2. 至尊企业、至尊制度:实施 ISO9001 质量管理体系。

ISO9000 族标准是国际标准化组织在总结现代质量管理和企业管理先进思想和管理模式的基础上提炼出的,适合于所有提供产品和服务的组织依据其建立质量管理体系的标准。2001 年初深圳书城正式启动 ISO9001 质量体系认证工作,并于 2003 年 3 月通过英国 BSI 公司的认证审核。书城首先确立了"诚信互利,持续改进,为顾客提供最满意的服务"的营销管理体系质量方针。编写了质量管理体系文件,对书店的组织机构、部门、岗位职责权限、业务流程、规范要求进行设计优化,通过建立文件化的体系,实现法制化和系统化管理,使得各级人员围绕质量方针目标责任落实、分工明确、职位统一、协调一致,从而提高顾客满意度。ISO9001 质量体系覆盖了全店的管理、服务、人员、技术等部门,通过规范的质量手册、程序文件和作业文件等使各种因素处于受控状态,使全店的规范化管理在科学、高效方面再上一个台阶。

(三)技术制胜——技术篇

深圳书城能够取得良好的经济效益,对连锁经营核心技术的研究与应用起了重要作用。深圳书城连锁经营是零售商业运作技术的系统集成,它包括以下五项核心技术:

1. 人力资源管理技术。

市场竞争,归根到底是人才的竞争。连锁企业需要强调把人才当资源加以开发、利用,讲求成本、效益,培育团队精神,建立考核体系和激励机制,增进人才对事业的忠诚度,变被动的人事管理为主动的人力资源管理。

2. 信息技术。

信息技术是连锁经营的灵魂与先导,BIMS(图书营销信息管理系统)构成了信息技术的核心。深圳市店开发的 BIMS 系统包括以下几个方面:系统技术规范和数据标准;强大的网络链接功能;可靠的后台和前台处理系统;便捷的操作控制系统和操作界面;不断扩容的系统智能化平台。

3. 中央采购技术。

中央采购技术是书业连锁经营的基石,中央采购技术应围绕进货而展开。一般商业的商品种类不多,但功能、外观性能上同类商品只有趋同性,而出版物却浩如烟海,内容千差万别,同类单品众多,更新快,品种滚动循环迅速。在书业经营规模限制的条件下,采购作业要大力确保新品引进和在销品补货。正是在总量目标控制下,以新品引进为龙头,以在销品添退货控制为后继的动态循环,从而达到品种的更新和规模的控制。

4. 物流配送技术。

物流配送技术是连锁经营高效运作的关键环节,没有成熟的物流配送技术,就不可能有成功的连锁经营。书业具有品种多、品种更新快、品种之间替换性不大以及绝大多数为非连续性产品(常备工具书可视为连续性产品)等特点,配货数量、品种、时效的实现与控制等都是书业物流技术中的关键因素。

5. 营销创新技术。

营销是连锁经营的终端环节,书业营销创新技术是以市场为导向,以读者满意为中心,顺应知识经济的潮流,充分运用连锁经营的业态优势,实现分销渠道、卖场环境、商品管理、促销手段、服务工作的规范化、精细化,让读者充分体验新技术、新理念带来的购书乐趣,从而产生对连锁店品牌的认同感。

(四)创新发展——创新篇

1. 观念创新。

传统新华书店完全按照行政区域和行政级别来划分经营范围,全国各地新华书店虽然同一招牌,但相互间没有任何产权联系;它同时靠中小学教材发行的计划经济模式实行管理,自然也建立起与此相关的经营理念。随着市场经济体制的逐步确立,一般图书零售市场的放开,民营书店的崛起,外国资本的介入,连锁经营和书城超级书店恰好成为图书行业经营管理理念创新的催化剂。它改变了传统新华书店店堂灰头土脸、"官商经营"的面孔以及以产品为中心的陈旧观念,在适应现代社会消费者追求购物便利性和个性化的趋势中,创造出深具活力的新观念,即从产品制造为主导向市场销售为主导转化的市场营销理念。从实践的效果来看,深圳书城基本达到了预期目标。

2. 制度创新。

连锁经营和大型书城在市场竞争中逐渐成为我国90年代以来图书零售业的主流模式和业态,为绝大多数大中城市新华书店选择改革突破点提供了范例。连锁经营具有其他传统经营模式所不具有的比较优势。连锁经营在数量上有较高的市场占有率,在成本上有竞争优势,在质量上能满足消费者购物便利性的需要;而大型书城产生的规模经济效益则远远超过了传统新华书店门店的经济效益,它将分散消费集中起来的集聚规模效应,更是众多新华书店传统门市所无法比拟的。鉴于城市化向市郊周边发展和中心地带的地价日益昂贵，书店连锁经营在网点规模上，比起单店卖场更具有低成本扩张的经济性和贴近消费者的亲和力。连锁经营的制度创新是对传统新华书店分散经营的单店模式的重大挑战。

3. 技术创新。

先进科学技术是成功实施连锁经营的有力措施。计算机管理系统的网络功能使物流、商流、信息流、资金流有效地结合起来，它是引进先进科学技术措施中的重中之重。早于 1992 年，深圳市店就开始着手于图书营销信息管理系统（BIMS 系统）的市场调查、技术论证和系统设计，从高等院校引进计算机专业人才，至 1995 年底成功开发出 BIMS 系统，并于 1996 年实现了图书、音像、电子出版物、文体用品的采购、物流配送、销售、财务结算全流程的连锁经营管理，顺利举办第七届全国书市为标志着连锁经营取得了成功。BIMS 系统不仅为深圳书城创造了巨大经济效益，而且为连锁经营的技术创新积累了不可多得的宝贵财富。

4. 理念创新。

多年来，深圳书城通过实践探索，结合我国书业改革的进程，在管理理论上澄清了认识，如对业态、组织形式、管理模式等之间的区别有了更深层次的认识。例如，业内往往有人将连锁经营的运作技术、业态、管理模式混为一谈，其实不然。连锁经营应该是一种企业经营组织形态，而超级书店、综合书店、便利书店才是按同一标准分类的业态，管理模式则是指企业的内部运作机制。一般而言，"业态"是指零售业店铺经营形态的形式，"模式"一般包含了管理经济学的理念、结构、方法、实施、操作等理论和实践内容,它是一个比"业态"的包容性广得多,内涵深刻得多的概念。以深圳市店为例,它涵盖了至少3种以上的业态,每种业态应该有不同的经营组织形态和管理模式加以分类指导。不然,就会导致相应的管理盲区,造成书店业绩差,效益低,经营困难。如何在超级书店的连锁经营、跨地区经营和规模扩张方面,在业态细分和提升品质方面,尤其是在业态、连锁经营、管理模式方面实现制度创新,抢占未来图书市场发展的制高点,直面国外书业巨头进入中国图书市场所带来的挑战,是新华书店面临的紧迫问题。

四、深圳书城实施文化产业发展战略的思考

在实施文化产业发展战略的过程中,深圳书城深知,精准定位才是该战略的核心本质内容,也是企业战略选择的关键。大型书城的业态定位对于经营的成败非常重要,每种零售业态都有其不同的特点和优缺点,都有自身的生命周期和发展态势。大型书城在进行业态定位时不仅要考虑自己的发展战略,更要考虑目标市场、消费者收入水平和消费结构、当地的配套社会经济环境,在合适时间、合适地点选择适合大型书城发展的优势业态。我们通过对深圳书城七年来的经验教训进行总结,认为大型书城具备以下优势:

1. 业态优势。

大型书城可以利用大卖场形成的规模和服务优势,突出"一次性购齐"的业态优势,其经营范围不仅涵盖了出版产业的所有主力商品,而且提供了全方位服务功能,突破了传统书店的经营模式。大型书城能集中当地图书发行零售龙头企业的主要资源,在品牌效应的基础上形成媒介效应:当大型书城提供图书销售的

有形服务的同时,它还可提供人文、艺术、创意和品位等无形服务,以图书文化为主体结构形成的这种媒介效应,能带来巨大的人流商流,创造传统书店难以企及的社会效益和经济效益,从而形成巨大的业态优势。

2. 产业优势。

大型书城的业态优势依赖于其强大的后台基础,即专业化组织的采购、物流和管理总部,由此实现资源共享,形成规模商流和物流,降低成本,增强了企业核心竞争力。由于规模化需要,大型书城往往采用大工业的分工机制,实行采购、分发、配送、销售、信息、资金等经营过程中的专业化协作。它的经营管理中心和物流中心的专业化组建和转制,以分类型指导、分业态经营、分层次管理为原则,加大了与出版商、生产商、批发商的合作力度,能在更大程度上减少商品库存压力,提高资金运作效率,和出版、生产、批发企业形成风险共担,利益共享,做优做强的新型产业供应链管理模式。这种产业优势不仅大大丰富了大型书城自身的文化产业内涵,而且拓宽了图书零售业的外延,共同扩充了企业的经营规模和提升了品牌的可见度、影响力。

3. 技术优势。

对每年出版数量巨大,且不断增加的图书品种,大型书城依赖原有小生产的手工操作已无法实现,只有通过现代信息技术的使用才能达致这一目标。如在零售环节普遍推广 POS 系统(自动定点销售系统),在采购环节采用 EOS 系统(自动订货系统)和 CRP 系统(持续补货系统),在物流环节采用自动分发配送系统,从而实现企业从门店到仓储各个环节上的利润最优化、库存合理化。大型书城依赖中央采购功能、配送中心功能和管理总部的协调运作,在三大组织的联动效应中提高了商品销售率、库存周转率和现金利用率,依靠现代科学技术的优势形成管理优势,在规模经济基础上获得规模效益,这是传统书店难以达到的。

4. 管理优势。

大型书城带给零售业变革的意义还在于建立起了管理体制的优势。由于它的销售方式、经营方式和管理形式与传统书店比较已有了革命性的改变,必然促进现代企业制度的逐步完善,如股份制改造、经营者持股、职工参股等。大型书城的外在表现形式促进了销售方式和经营方式的变革,其内在内容要素促进了企业管理制度和组织制度的变革,这种深层次的变革对城市新华书店这类国有企业深化改革具有重要意义,它为最终建立起现代企业制度奠定了坚实的物质基础。

五、深圳书城文化产业发展展望

2003 年深圳市委市政府确立了"文化立市"发展战略,适应深圳社会、经济、文化事业发展需要,深圳市店充分发挥深圳书城的品牌优势,加大网点建设投入,将在 2006 年建成深圳书城中心城和南山城两大书城项目。

深圳书城中心城位于深圳市中心区,占地面积 43000 平方米,营业面积近 40100 平方米,单层平面布局,于 2003 年动工兴建,预计 2006 年 10 月交付使用,建成后将成为世界上单店经营面积最大的书城。中心书城是深圳市 21 世纪文化建设的标志性重点工程,它的功能规划和经营模式正按照"全国领先、世界一流"的水平来运作。规划中的中心书城贯穿"绿色文化公园"的理念,是一座设计超前、功能完备、环境优美、文化气息浓厚、服务一流、管理科学的现代综合性书城，具有国内外出版物分销、展示、交易、信息处理、文化科技会展、教育培训、娱乐、影视、餐饮、休闲等基本功能，致力于成为大陆、海外图书的流通枢纽，全球华文图书的重要集散地。不但服务于深圳本地市场，而且向全国及海外市场辐射。不仅是深圳市图书、音像、电子出版物的销售、展示、交流等活动的中心场所，而且是市民文化休闲的娱乐中心，将成为21世纪深圳的标志性文化景观和代表现代城市文明的文化旅游景点。

深圳书城南山城位于南山区商业文化中心，占地面积8500平方米，经营面积25000平方米，于2002年6月动工兴建，预计2004年5月开业。规划中的南山书城将成为南山区文化中心和标志性文化景观，将是南山区国内外图书、音像、电子出版物等的销售、展示、交流等活动的中心场所，也是集艺术展览、教育培训、娱乐、餐饮、休闲为一体的大型文化休闲中心。两大新书城建成后，深圳特区内图书网点将形成"三联星"布局——沿深南路从东至西依次排列深圳书城罗湖城、中心城、南山城，深圳书城群体经营面积逾10万平方米，共同构筑深圳市出版物发行的主网络、文化旅游景点和文化产业平台，为市民提供全方位、多层次、高质量的文化产品与服务，成为管理集团化、发展多极化、经营规模化、利润多元化的现代文化产业强军。

务实创新做强主业
实现书业转型发展*

　　近年来,随着互联网技术的迅猛发展,读者阅读和消费习惯发生改变,网络书店发展迅速,实体书店发展遭遇挑战。自2009年始,当当网、卓越网电商市场基本覆盖全国主要省市地区,其中深圳销售额占其全国总量的1/14,形势最为严峻。深圳出版发行集团牢牢抓紧传统媒体与新媒体融合的战略机遇期,坚持"提升改造传统书业,探索发展新兴业态"的总体战略,直面挑战,积极探索,谋篇布局,书业发展稳中向好,成功探索了以中心书城为代表的深圳书城模式,实现了中心书城零售额连续增速位居全国大书城首位的佳绩。现将集团书业转型发展思路做一简要介绍:

一、网点策略

　　2013年以来,面对新阅读和电商冲击,集团积极寻求实体书业转型发展,明确提出了"大书城+小书吧"的网点策略。

　　1. "大书城"是指以中心书城为代表的深圳书城实体书店。除了现有的三座超万平方米书城外,宝安书城已封顶,拟于2015年5月1日试业;龙岗书城即将破土动工;已经规划和立项的书

＊本文系2014年10月"中国书刊发行业协会城市发行专业委员会第29届年会"大会发言稿。

城还有光明书城、龙华书城、湾区书城等,目标是做到"一区一书城"。深圳书城模式先后受到柳斌杰、蒋建国、邬书林、孙寿山及阎晓宏等新闻出版广电总局(新闻出版总署)等领导的高度认可。2014年5月文博会期间,蔡赴朝局长用"四个最"对中心书城予以了高度评价,是"规模最大、环境最优雅、功能最强大、管理最好"的书城。

2. "小书吧"是指以社区书吧、校园书吧为主的小书店。大书城建设是解决"面"上的覆盖问题,小书吧则弥补了"点"上的缺位,目标是"一街一书吧"。目前集团旗下已有24小时书吧、学苑书屋、简阅书吧、麒麟书吧等多个品牌,未来还将衍生形式多样、品牌统一、风格一致的公园书吧、校园书吧、机关书吧、企业书吧和医院书吧。

二、专业策略

奉行专业主义,专业的人做专业的事,以成专业之果。2013年5月集团以"内容出版、出版物连锁经营、书城建设运营、文化创意产业"四大板块为基准,优化整合业务,推动资产性收入与经营性收入相分离,理顺交叉业务,实现专业公司专业化运营,做到"挺拔书业,凸显书城,强化品牌"。

1. 构建四大业务板块,挺拔书业。业务重组后,集团围绕"改造提升传统书业,探索发展新兴业态"战略目标,坚持"内容为王,效益至上"发展理念,突出科技创新、文化创意,以内容出版为基础,以出版物连锁经营为重点,以书城建设运营为核心,以文化创意产业为突破,以推动上市为着力点,将按照"内容出版、出版物连锁经营、书城建设运营、文化创意产业"四个板块,打造集出版、发行、书城运营、影视、教育、文化休闲等于一体的大型文化创意产业集团。

2.建立书业独立考评体系,凸显书城。书业在市场压力、盈利能力等方面与集团其他产业相比有着较大区别,但书业是根本、书城是基础的意识不能丢。集团根据总体战略布局,按照行业类别和下属企业发展阶段,建立书业独立的考评体系,既体现公平公正,又兼具特色,充分调动经营者积极性,焕发企业活力,形成团结协作、良性竞争的发展格局。

3.专业人做专业事,强化品牌。集团聚集了一批优秀的书业管理人才,整合了原卖场、采购、物流、营销等企业和部门,完成了书业全供应链的聚合与整体效能的提升,进一步强化深圳书城品牌影响力。随着集团事业发展,一方面在基层员工中通过评选金牌导购员、五好班组、岗位能手的方式,培养新人。另一方面通过扩张书城、书吧,为各类人才提供更加广阔的平台。

三、产品策略

在实体书店发展过程中,书业出版、发行环节之间的供需矛盾日益突出,主要表现在:一是陈列面积有限与图书出版品种过多之间的矛盾;二是读者可选择的购买方式多样与读者购买力、精力、阅读时间空间不足以及甄别好书的能力有限之间的矛盾;三是经营要素成本急剧上升与书业利润空间有限之间的矛盾。而且,随着国民经济的不断发展和国民收入不断增加,市民的阅读需求日益增加。读者的需求也不仅仅是读书数量上的渴望,而是对"读好书"的追求。集团书业确定了"新、优、特"的产品策略,目标是"为读者找好书,为好书找读者",以有效提升单位坪效。

"新"是指新书,利用网站、微信、客户端及其他媒体等平台为读者提供最新最快的图书资讯,尽快收货、尽快上架、尽快营销。

"优"是指内容质量好、装帧设计美和文化价值高的优秀图书,让读者享受阅读的快乐,包括中外古今经典、名家佳作,足以藏之名山、传之后世。

"特"是指独家的、专业的和不可模仿、不可复制的书,例如在市面上找不到的特装书、毛边本、台版书等。

四、创新策略

创新是企业发展的不竭动力。在互联网时代,集团还充分运用移动互联网、大数据、云计算等新技术,在保持传统书业稳步发展的基础上,创新发展新兴业态,并做优做强。主要表现在:

1. 研发手机客户端。早在 2012 年,集团就自主研发了全国首个实体书店手机客户端(APP 和 Android),读者可以利用手机客户端随时随地查询三大书城商品信息、库存架位号、活动资讯、排行榜单和好书推荐信息等。

2. 运营微信服务号。2013 年,由集团运营的"深圳书城"微信服务号,是全国第一家实现微信查书的城市书店,而且还与实体店会员实现了无缝对接。自微信号推出以来,在不到一年的时间注册会员人数已近 4 万人,日均递增 150 人次。腾讯公司惊叹集团微信应用基础条件建设非常先进,全国少有。

3. 建立在线团购平台(B2G)。集团自主研发的"深圳书城在线"B2G 平台,涵盖图书商品信息超百万种,对优秀出版社的精品图书做专题展示和宣传,客户可以在线查询、查重、采购,实时掌握物流进度,自动获得平台推送的藏书数据分析报告。这种优质、便捷的现代化服务方式,得到客户的高度认可,成立仅一年就成功实现了市、区两级公共图书馆的全面覆盖,团购销售同比增长70%。

4. 开通云书城 & 微商城。深圳书城云书城和微商城将于第十五届读书月亮相。届时,深圳书城云书城、微商城将与线下实体书城全线贯通,构建三位一体格局,为创新发展书业 O2O 模式,构建智慧型城市文化生活中心打下坚实的基础。其中,云书城是深圳书城的 PC 端销售平台,微商城是深圳书城的移动端销售平台,其主要功能有:一是提供线下实体书店商品信息、库存架位号查询;二是提供包括原版书、套装书、绘本、签名本等精品图书在线销售;三是定期举办全国百佳出版社优秀图书联展和各种主题书展;四是提供创意精品、教育培训、票务、商户信息查询和商品购买功能。

五、全民阅读策略

深圳是改革开放的先锋城市,较早提出了文化立市战略,并致力于全民阅读推广工作,得到中央、省市领导和国际社会的认可。集团作为深圳三大文化产业集团之一,一直以"承担文化责任,培养读书人口"为己任,为构建公共文化服务体系,实现市民文化权利而不懈努力。主要表现在:

1. 深圳读书月。深圳读书月至今已经连续举办 15 年,是深圳的文化闹钟,被誉为一种"高贵的坚持"。鉴于深圳在全民阅读的突出贡献,2013 年被联合国教科文组织授予"全球全民阅读典范城市"称号。目前,深圳正在着手全民阅读立法工作,发布深圳全民阅读指南。广电集团还将拟办电视读书频道,以进一步推动全民阅读。

2. 深圳市全民阅读联合会。2012 年,为进一步发挥民间阅读组织力量,有效推动全民阅读工作,集团发起成立了全国首个民间阅读组织联盟——"深圳市全民阅读联合会",引起强烈反响。该组织目前已有会员单位 400 多家。我集团是会长单位,集团总经理尹昌龙任会长。2013 年,政府支持该组织会员单位活动经费达到 500 万元,成为全民阅读的重要推动力量。

3. 深圳书城讲书会。为培养更多爱书、懂书的专业人才,集团于 9 月正式启动"深圳书城讲书会"活动,通过邀请出版社社长或总编来深授课,让员工了解新书、好书,读懂书背后的故事,是"为读者找好书,为好书找读者"的重要举措。

4. 书城品牌活动。深圳书城品牌深入人心,书城已经成为城市的文化生活中心,是重要的公共文化服务提供商。三大书城和宝安书城都有自己的品牌文化活动,例如中心书城每年举办的阅读文化活动就达 600 多场。其中"深圳晚八点"活动已经成为都市白领晚间文化休闲的重要场所。此外还有南山书城的"书生活"、罗湖书城的"书立方"都定期举办各类主题的文化活动,受到市民的欢迎。

"软实力"决定深圳未来[*]

　　党的十七大提出了"四位一体"的发展战略,文化和软实力被提到重要位置。世人称好,文化人士欢欣鼓舞投入苦干、实干、巧干的大潮。对文化软实力的讨论如火如荼,乃势所必然,而且必要。只有认识明,思路清,才能干劲大,而且大有作为,持续有效。

　　软实力的定义和有关理论,何止百种。我倾向于前美国国防部助理部长、现哈佛大学肯尼迪政治学院院长约瑟夫·奈的观点,即通过价值观念、文化形态、制定议程和规则、标准来吸引他人,改变他人,并影响他人,这些东西合起来就是软实力。约瑟夫·奈通过对软、硬实力(军事、经济力量)的历史对比,得出国际上历史霸主名单:16世纪/西班牙、17世纪/荷兰、18世纪/法国、19世纪/英国、20世纪和21世纪/美国。美国之强大,正如德国记者约瑟夫·约菲所描述,美国的"软实力"比它的经济和军事资产看起来更突出。

　　站在全国的角度,以世界的眼光,我们共同回顾深圳的发展历程,既是全国改革开放30年历史的聚焦,也是深圳全力打造硬实力、软实力,开展文化比拼从而国内国际的城市综合竞争力大为提高的历史。深圳从初创到壮大、从学习到主导、从默默无闻

---

[*] 本文原载于《晶报》2008年2月26日。

到举世瞩目,"硬实力"的贡献是巨大的,人人都可如数家珍。这点我们认识高度一致,十分明确。其中,"软实力"的贡献不可小觑,而且十分重要。然而,由于"软实力"本身所具备的精神价值、非完全物质性等特性,其对一国一地的重要性和巨大力量,过去却并不是人人如对"硬实力"一般见识明晰,孜孜以求而得之;往往欺"软"怕"硬"、舍"软"求"硬"。

今天,深圳的成功得到普遍认同,是"硬"、"软"兼具的结果。"硬"的,世人皆知。"软"的,内容非常丰富,形式多样,有物质形态,也有非物质形态,其核心是创新精神、文化形态与理念、城市理念与制度、市民精神素质与生活方式,等等。这些东西根植于全国大环境,根植于中华优秀文化传统,而在深圳有突出的显现,有的甚至成为深圳的特质——即深圳的城市性格。这是深圳具有全国乃至世界认同度,并且具有国内外强大吸引力(包括文化、人才、资金、技术、管理等资源要素)的根本原因,是人们愿意来、留得住、有发展的生态环境,也是本土同类资源留下来、有发展、向外走的土壤、底气和强大后盾。

提升和强化深圳文化软实力建设,深圳出版发行界责无旁贷。我们要解放思想,将深圳各个领域的优秀文化成果通过出版物的形式固化下来,加以展现、传播、弘扬,增强深圳文化的辐射力;我们要开阔视野,加强对外的文化交流和合作,积极引进国际先进的文化理念,让深圳成为思想交汇的中心;我们要立足本土,大力承办好深圳读书月等系列文化节庆,引导城市新的文化传统和价值观的形成。撷取历史传统之精华,吸收自身创新发展之成就,深圳的文化和精神必将在世界舞台上熠熠生辉。

中编　探索

深圳书城中心城（木刻版画），梁国富，2015年

深圳书城中心城。

2006年11月6日开业，深圳书城旗舰店。

占地面积43900平方米，总建筑面积82000平方米。

国内首家体验式书城和当今世界单层经营面积最大的书城，组合了100多个创意生活类项目，提供全球1000余家出版机构的30多万种中外出版物，年举办文化活动800多场，接待读者1000万。在国内首创"深圳晚八点"等系列公益文化活动，被中宣部领导誉为"规模体量最大、环境最为舒适优雅、功能最为齐全、运营管理最好的书城"。

我国书业物流发展战略研究[*]

　　自 20 世纪 80 年代以来,全国新华书店进入改革时代,各类改革活动层出不穷。摸着石头过河,摸过去了,事业也就前进了;即使没有摸过去,交了点学费,但收获了经验和教训。对各类改革事件进行条分缕析,迄今可归为四大类:第一、体制改革,包括下放管理权、事业改企业、产权改革等;第二、流通改革,包括放开批发渠道、放开批购价格、推行寄销制、出版社自办发行、允许外资和国内其他行业资本进入零批市场等;第三、机制改革,主要是按照公司法的要求,以建立现代企业制度为目标,搞活、完善书店内部运作机制;第四、业态创新,包括超市管理,探索网络书店与传统书店的结合,开设超级书城,实行连锁经营等,而以连锁经营最具革命性。从理论和实际看,相对于特定书店企业讲,前三者具有政策性、法规性和外部规制性等特点。而唯有业态创新,基本上或完全属于书店企业内部事务,可以超越体制制约。因此,我们不难理解:自 1996 年 11 月第七届全国书市期间,深圳市新华书店(现升格为深圳发行集团)宣告成功开发图书营销信息管理系统(BIMS),国内第一家建立连锁经营体制之后,书业界劲刮"连锁风"。目前,国内没有一家新华书店不谈连锁经营,要么连锁他

---

* 本文系作者 2005 年 5 月武汉大学信息管理学院图书馆学系硕士研究生毕业论文,被评为武汉大学年度"优秀学位论文"。

店,要么被他家连锁,主要的还是自家连锁。

可以这么说,连锁经营目前已成为我国出版发行业,特别是新华书店经营体制改革的理论目标和现实选择。各地新华书店在实行连锁经营的实践中,大致经历了目标优先、信息优先、网点优先、物流优先等阶段。目前,一致的意见是,中国书业的出路在于连锁经营;发展连锁经营,"瓶颈"在于物流,必须优先解决物流配送难题。

他山之石,可以攻玉。在当今全球一体化的潮流中,民族的就是国际的,国际的也是民族的。物流作为经济产业,物流技术作为专门技术,当然没有国界。结合国情和行业特色,学习、借鉴、引进国际先进物流理念、管理方法和先进物流技术,是我国书业物流勇赶潮流,实现跨越式发展的捷径——省时、省钱、省力。日本东贩的物流体系较之于欧美诸国的同类解决方案,吸引了更多中国同业的目光。这其中自有其奥秘——那就是东贩物流是系统的、有效率的、成功的物流体系。它的经验为我国书业物流的发展方向、模式选择提供了有益的借鉴。本文的主旨是立足于目前我国书业连锁经营必须突破物流"瓶颈"的现实,探索我国书业物流可能的和现实的发展方向和前进路径,提出现实可行的战略规划与对策建议。

一、我国书业物流的发展历程

(一)新华书店储运渠道

全国新华书店的创立时间,学界和业界公认的是 1937 年 7 月,第一间新华书店门市位于延安万佛洞石窟中,毛泽东主席郑重地亲笔题写"新华书店"店招。那时的新华书店作为中共中央宣传部直属的出版发行机构,是革命事业的组成部分。随着全国解放的步伐,新华书店在全国首先是大中城市安营扎寨,以无可争辩的政治优势占据了各大城市的商业要津,这个阶段的新华书店,工作人员几乎都是军人,实行编、印、发一体化的事业体制,以计划分配为主,市场交易因素很少,储运工作处于摸索起步阶段,并且具有战时色彩。

1951年,按照中共中央指示,新华书店进行了第一次大的行政事业改革,即编、印、发分家,撤销北京新华书店总管理处,出版部成为人民出版社,印刷部成为新华印刷厂,发行部并入新成立的新华书店总店。总店领导、管理东北、华北、中南、华南、西北、西南及新疆、山东等行政区的总分店及省、市、县新华书店,新华书店专门负责书籍和教材课本的发行工作。新华书店总店责无旁贷地挑起了组建全国图书储运网络的重担,至上世纪80年代中期,这一储运网络不仅规模庞大、组织严密、覆盖面广,而且颇具效率,成为全世界最大的图书储运网络。这一储运网络的基本状况和运作特征是:

1. 由主管机关组织推动,地方参与,自上而下垂直建成。

由于我国革命和建设的特殊历史情况,新华书店一直是作为党的宣传工作的组成部分来对待的。图书被作为特殊商品而生产、流通和消费。"图书储运工作与一般商品储运工作既有共同性,又有其特殊性"[1]。基于这种认识和指导原则,全国新华书店总店在中共中央宣传部的领导下,在新闻出版主管部门的具体指导和组织下,自成立那一天起开始构建全国图书储运网络,自上而下,先

---

[1] 罗四维:《图书储运工作手册》,安徽科学技术出版社1993年版,第5页。

是六区总分店,后是各省、自治区、直辖市店,最后是地市、县店。据新华书店总店 1991 年编印的《图书运输手册》统计:至 1990 年底,全国新华书店储运网络拥有省级发运店 32 个,转运店 265 个(其中一转店 213 个、二转店 52 个),收货店约 3000 个(其中铁路发货直达店 893 个,占 30.8%;铁路运输一次转运到达店 1597 个,占 55%;铁路运输二次转运到达店 185 个,占 6.4%;邮政发运店 227 个,占 7.8%)。也就是说,面向全国发运的图书 90% 以上的收货店可通过铁路发运,60% 以上的收货店可通过新华书店自办转运收货。

2. 建立严格的发货—中转(分发)—收货责任体系。

全国图书储运网络的发货—中转(分发)—收货责任体系主要包括以下内容:①明确货物运到期限。严格执行全国铁路运输、公路运输、水路运输、联合运输、航空运输、邮政运输之一般规则,尽量缩短运输时间,保证商品运输时效。②统一发货原则。在全国范围内,凡是配合当前中心工作的图书,优先发货,以最快到达销售地点的运输方式及时发运:课本、教材、教学图书,始终摆在发运工作的首位,及早发运,确保"课前到书,人手一册";配合节假日的图书、年画及其他重点书,要求提前发运至销售地。在省、市、区范围内,实行先难后易、先远后近、先城市后农村的原则。③规范差错事故责任及处理办法。从发货开始,在未交运输部门承运之前发生的货物差错,包括包装质量、品种不符、数量短少等,均由发货店负责。中转店、分发店从向运输部门提货起,到分理、分发完毕,再次交付运输时止,期间所发生的货损货差,由中转店分发店负责。图书到达运输终点,收货店向运输部门验收提取包件后发生的差错和损失,由收货店负责。自运输部门接收托运货物之日起,至运输到站交付收货店止,在运输过程中发生的货损货差,由承运部门负责。

3.共同制订并遵循规范、统一的发运作业流程与标准。

全国图书储运网络是一个巨大系统,站多、面广、线长、节点多,如果没有统一的发运作业标准供全国发货店、中转店、收货店共同遵守,其混乱和无效可想而知。这一有效的发货作业流程主要包括以下内容:①制票。根据业务部门的发货凭证,开具调拨单或图书商品转移单或批发发票等,称为制票。其程序包括:对单、定数、刻印、开票、汇总、复核、转单。②制签。根据调拨单所列发货数量、图书出厂包装每包(捆)的数量和重量,计算折合成运输包装件数及其重量并汇总平衡后,按收货店分别填制运输包装外标签,开具中转单。其程序包括:核件、标站、开具中转单、平衡、制签、复核、转签。③配发。即根据调拨单所列收货店名、发货数量,将待发图书进行配书、分发和复核。其操作程序包括:核包头、对单、配送、分书、复核、包装、记录。④包装。即根据《全国新华书店图书运输包装规格标准》,对调拨配发的图书进行包装作业。其程序包括:备料、对单、验数、包装、贴签、验收。⑤理货。即根据调拨单收货店名、调拨单号码及件数等项目,核对包件运输标签,将同一店名下的包件堆码到固定位置上。其程序包括:出包、核对、理包、货位安排、检验。⑥托运。即完成上述作业流程后,将同一中转店同一收货店的货物,以合理的运输方式、运输工具,委托运输部门将货物运送出去。

4.合理布局全国图书储运网络,实行垂直的网络系统管理。

全国图书储运网络自成体系,即以全国铁运、路运、水运及空运为输送纽带,以发货店、中转店、收货店为节点,以《全国新华书店图书发运工作办法》为依据,形成统一管理、协调运作、互相依存、层层负责的网络体系。这一网络由三部分构成,第一、发货店:包括办理图书发运工作的书店、专业图书储运公司和接受委托发货的书店或印刷厂。第二、中转店:办理图书提取、分发、转运的书店,包括中转店、二级分发店和邮包集运分发店。

为保证整个储运工作的质量和时效,制订发布了全国统一执行的各储运环节工作标准及相关记录表格。即①发货店依照安全、准确、迅速、经济的原则,合理组织发运工作。在发运过程中做到手续完备,单据齐全,数量准确,包装牢固,为二级分发、中转和收货各环节做好基础准备。②中转店及时提取到站包件,验收包件,妥善保管,及时配分,按发货原则和标准尽快实行转运,同时做好提转记录,以备收货店、发货店查询(附表1)①。③分发店须在储运部设专人专门机构,认真、迅速、准确地进行分发工作,做到手续完备,记录清楚,及时处理收货店的差错查询。④收货店及时组织验收包件,做好收货记录,实行拆包、照单验收图书,发现差错,按有关规定及时办理查询(附表2)②。

表1　新华书店中转店提转记录

提取							转出	
到货日期	发货店	发货交运日期	发货运单号	件数	收货店	调拨单号及件数	交运日期	运单号

①文惠安:《图书储运管理概论》,湖南科学技术出版社1991年版,第111页。
②《全国新华书店储运工作文件汇编》(内部资料),1991年版,第36页。

表 2　新华书店收货店收货记录

到货日期	发运店	交运日期	运单号	件数	调拨单号及该单件数	备注

　　为加强全国图书储运网络的管理,1991 年新闻出版署颁发的《新华书店图书发运工作办法》明确规定:全国新华书店图书储运工作,由新闻出版署宏观管理和领导,负责制定全国统一的图书发运政策、法规和制度,协调各省、自治区、直辖市新华书店之间及新华书店系统与其他系统、部门的关系,委托新华书店总店储运公司和上海发行所,对各地新华书店储运工作进行业务指导。全国新华书店图书储运网,实行分片建设、分级管理。这一管理模式具体为:

　　(1)分片建设。全国按行政区划分为北片、南片,北片包括华北、东北、西北三大行政区的省、自治区、直辖市,因地沿相近再加上山东省、河南省,由新华书店总店储运工作协调管理。南片包括华东、中南、西南三大行政区的省、自治区、直辖市(除山东省、河南省、台湾地区),由新华书店上海发行所协调管理。

　　(2)分级管理。从地域按南、北分片,从业务职能按发货店、中转/分发店、收货店建立的全国图书储运网络,组成层级清晰、权责明确、条块结合、垂直管理的网形结构。图示如下:

全国新华书店图书储运网络图

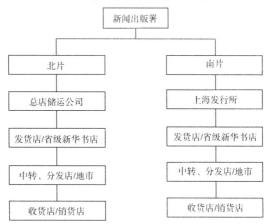

　　总店储运公司和上海发行所：设立专门机构，负责对片内各级新华书店的图书储运工作的协调与监管，并进行业务指导；调查研究并制定全国图书发运路线，定期编发《全国新华书店图书储运手册》，印发《发货网点及运输线路变更通知》；审定各地中转、分发等运杂费标准（附表：《全国新华书店多种运输形式、不同运价及运费率比较表》①；组织开展业务、信息交流和职工培训等工作。

　　省级新华书店：负责管理本省发货的图书发运工作；审定代发书店或印刷，指导代发、代运和收货店储运工作；组织、管理本省图书发运网；合理选择运输路线，确定中转店、二级分发店的设置地点及中转、分发范围，核定中转、分发费用标准；开展调查研究，组织业务评比和人员培调；调查本省交通运输变化状况，与总店储运公司、上海发行所商定调整收货网点、发运路线。

---

①罗四维：《图书储运工作手册》，安徽科学技术出版社1993年版，第87页。

全国新华书店多种运输方式、不同运价及运费率比较表

运输里程	铁路整车(运价号:4)		铁路零担(运价号:21)		铁路集装箱 1吨箱(33件)		铁路集装箱 5吨箱(280件)		客运二类包裹(书籍)		客运三类包裹(年画、历画)		公路整车(0.30元/吨公里)		公路零担(0.38元/吨公里)	
	运价	费率	运价	费率	运价	费率	运价	费率	运价	费率	运价	费率	运价	费率	运价	费率
100	2.70	0.06	3.60	0.08	5.60	0.12	3.00	0.06	22.50	0.47	45.00	0.94	13.50	0.28	17.10	0.37
160	2.90	0.06	4.50	0.09	6.90	0.14	3.80	0.08	34.20	0.71	67.50	1.41	21.60	0.45	27.36	0.57
220	3.20	0.07	5.40	0.11	8.50	0.18	4.90	0.10	46.80	0.98	94.50	1.97	29.70	0.62	37.62	0.78
310	3.50	0.07	6.30	0.13	9.60	0.20	6.00	0.13	68.40	1.43	136.80	2.85	41.85	0.87	53.01	1.10
400	3.80	0.08	7.20	0.15	10.70	0.22	6.90	0.14	86.40	1.80	172.80	3.60	54.00	1.12	68.40	1.43
520	4.30	0.09	8.60	0.18	12.20	0.25	8.00	0.17	110.70	2.31	220.50	4.59	70.20	1.46	88.92	1.85
600	4.50	0.09	9.00	0.19	13.00	0.27	8.70	0.18	121.50	2.53	242.10	5.04	81.00	1.69	102.60	2.14
680	4.90	0.10	9.90	0.21	14.00	0.29	9.30	0.19	135.00	2.81	269.00	5.61				
800	5.40	0.11	10.80	0.23	15.40	0.32	10.30	0.21	156.60	3.26	312.30	6.51				
920	5.90	0.12	11.70	0.24	16.70	0.35	11.30	0.24	178.20	3.71	355.50	7.41				
1000	6.30	0.13	12.60	0.26	17.70	0.37	12.00	0.25	192.60	4.01	384.30	8.01				
1500	8.50	0.18	16.70	0.35	23.40	0.49	15.80	0.33	270.90	5.64	540.90	11.27				
2000	10.70	0.22	20.30	0.42	28.30	0.59	19.20	0.40	335.70	6.99	670.50	13.97				
2500	13.20	0.28	24.80	0.52	35.10	0.73	23.70	0.49	413.10	8.61	826.20	17.21				
3000	15.90	0.33	29.70	0.62	41.70	0.87	28.30	0.59	491.40	10.24	983.70	20.49				

注:1.运价=适用运价率×里程×450公斤(30件);2.运费率=运费÷4800元(160元/件)×100%;3.邮寄:450公斤(每公斤0.8元),邮资为360元,占图书码价的7.5%。

地市新华书店:管理和具体指导本地区代发代运、中转分发及收货工作;对本地区各销货店的储运工作进行指导、检查、评比;作为销货店,按照读者需要,及时组织市场供应和销售服务。

(二)出版社自办发行渠道

我国图书储运工作,以上世纪80年代初期为分水岭。此前,与我国计划经济体制相适应,出版社与新华书店实行严格的业务分工,新华书店专司发行工作,全国新华书店图书储运网络自成体系,其组织之严密、覆盖之广大、层级之清晰、运作之有效,在任何一个经济系统中都是突出的,至今令人叹为观止。这样一个"王国"的没落,自有其客观环境和内在原因。这也正是出版社自办发行兴起,与新华书店储运网络并驾齐驱的原因所在。

1.出版社自办发行发展的背景。

从客观环境看,全国新华书店图书储运网络的构建、运行与管理以计划经济、行政主导、地区分布为条件,经济核算以省为单位统收统支,人、财、物高度集中,省店与省店之间、省内各店之间业务联系核算体系以主管部门的指令、规章为标准。随着我国农村经济改革和城市经济改革的稳步推进,新华书店储运网络所依存的社会经济条件开始动摇,逐步走向市场经济的轨道。主管部门因势利导,1983年中共中央、国务院在《加强出版工作的决定》中指出:"改革图书发行体制,增强图书发行能力。逐步形成以新华书店为骨干的多种流通渠道、多种经济形式、多种购销形式、减少流通环节的图书发行网。"1988年中央宣传部、新闻出版署发布《关于出版改革、图书发行体制改革的意见》,明确指出,要在"一主三多一少"的基础上,推行"放权承包,搞活国营书店;放开批发渠道,搞活图书市场;推行横向经济联合,发展各种出版发行企业群体和企业集团"，即"三放一联"。从内在因素看，新华书店系统存在不少的弊端，不能适应"一主三多一少"、"三放一联"的形势要求：①管理方法以行政命令为主，习惯计划分配、调拨，存在严重的"大锅饭"、"平均主义"；②市场观念、经济核算、经济效益观念淡薄，以为社会效益可以代替一切，积累缓慢，发展乏力，整个行业发展水平落后于国民经济和社会发展，供、销能力不能满足人民群众日益增长的购买和阅读需要，"出书难"、"买书难"矛盾突出；③管理、运作、作业以手工为主，以经验为主，人才匮乏，缺乏引进新技术、新设备的动力，制约经营方式和生产效率的提高；④传统"隔山买牛"、"小辫子专政"式的逐级征订—报订—包销—折扣固定的方式，既束缚了书店的手脚，又严重制约了出版社的出版工作，延长出版周期，也是造成"出书难"、"卖书难"、"买书难"的症结所在；⑤分片建设、分级管理和征订包销制，使总店储运公司、上海发行所和省级店居于上层地位，对中转店、分发店在品种、数量、结算价格和时间等方面实行"霸王条款"，而收货/销货店处于下端，被动接收。种种利益的冲突成为这一网络断层的根本原因。出版社自办发行正是从这个链条中，一方面将自己解放出来，另一方面又找到了自己的盟友和市场——基层店。

2. 出版社自办发行的兴起。

1979年，全国出版社工作会议在长沙召开，湖南人民出版社、四川人民出版社首倡"立足本省、面向全国"的想法，得到与会绝大多数出版社的强烈响应。这响应的背后，一方面昭示着出版市场冰雪融化、需求爆发；另一方面，则是对新华书店储运和营销体系种种弊端的抱怨和批评。1982年3月，国家出版局提出："疏通图书流通渠道,大力支持出版社自办图书发行业务。"当时出版社自办发行规模小,每社只设 2—3 人的读者服务部,零售本版图书,兼营邮购业务,相对于新华书店储运网络,只是小小的补充而已。自办发行的关键事件是:1985 年,全国出书品种从 1979 年的1.7 万种猛增到 4.6 万种,图书定价上调,逐级报订、征订、包销的体制使出版社和新华书店双双陷入新书无法开印、库存积压严重的困境之中,作为摆脱困境的对策之一,出版社大力自办发行,举办各种看样订货会,业务员全国跑,自办发行进入高速发展阶段。1991 年新闻出版署、国家工商行政管理局联合发布《关于图书总发行管理的暂行规定》,要求每种图书都要明确在印制完成以后"由某个出版单位或发行单位承担其发行工作的总责,组织一级批发的发行事宜"。"出版社除委托书店包销的图书以外,有本版图书的总发行权,新华书店省级(含省级)以上发货店(发行所)或计划单列市新华书店,在经新闻出版署同意和向工商行政管理机关登记注册后,也可办理国内或本市出版社出版图书的总发行。"还规定:出版社之间,可以互相承办外版图书的零售和二级批发业务。作为配套政策,1991 年新闻出版署还发布了《关于图书发行浮动折扣的试行办法》,允许出版社对包销以外的图书,与发货店协商实行浮动折扣,以激励竞争和宣传促销。至今为止,根据有关资料统计,全国出版社全部建立了自办发行机构,不少发行机构实行了公司运作,一般图书 90% 以上依靠出版社自办发行机构完成。原新华书店储运网络主要承担教材、课本、教辅读物以及 10% 左右的一般图书的储运工作。

(三)现代书业物流的兴起

我国书业物流,作为内容的基础部分,并不是突然从哪里冒出来的,而是传统新华书店工作、出版社自办发行工作的延续和在当今的发展;作为理论概念,则是书业实行连锁经营的产物。换言之,现代书业物流于20世纪90年代中后期在全国兴起,是基于这样的背景:其一,20世纪80年代末至90年代初,物流从概念理论到产业,从欧美、日本等引入我国,引起政府和经济业务部门关注,并开始深入业界人心;其二,20世纪中后期开始,全国新华书店,特别是中心城市和沿海地区新华书店探索经营业态革新,连锁经营凸显巨大活力;其三,出版社自办发行兴起以后,省级新华书店不得不实行职能转换,在探索构建区域批销中心的同时,作为连锁配送中心而存在并发展。

1. 物流作为经济学概念,引进我国工商界、出版发行界。

1979年5月,原国家物资总局、交通部、铁道部、国家经委共同组成中国物资工作者代表团,赴日本参加第二届国际物流会议,会议期间专门考察了日本物流业。同年10月,代表团秘书长、原国家物资总局储运局副局长桓玉珊同志在北京作题为《国外重视物流研究》的学术报告,第一次公开介绍国外物流业状况,引起很大反响。1986年2月,中国物资出版社翻译出版我国第一本物流专著《物流手册》,获得"全国优秀畅销书奖"。1986年,北京科技大学邀请日本"物流之父"平原直先生专程到北京举办物流培调班,意义深远。1989年,中国物资经济学会在北京成功举办第八届国际物流会议,21个国家360名代表出席会议。此后,物流、物流业从理论到产业都成为全国学界、业界关注的热点。"物流",作为理论和产业在我国出版发行业内的传播、应用和推广,最早可追溯到1984年8月,对推动我国物流发展作出重要贡献的中国物流研究会正式成立,原国家计委副主任柳随年同志任会长。新华书店总店作为会员单位,副总经理王栋石同志担任了副会长之职。从可查找的资料分析,一直到 1995 年,全国新华书店还是强调、指称"图书储运"、"储运工作"。例外的情况也有,如:1992 年,新华书店总店《图书储运》刊载文惠安《对加快图书物流速度的思考》,直接使用"图书物流"概念,并指出:"图书物流的基本职能是储存图书和转移图书。"①1993 年,新华书店总店副总经理王栋石在全国新华书店 1993 年储运工作研讨会上讲话,题为《加强图书物流研究,推动图书储运改革深入开展》②。更早的是,供职于国家物资流通学会物流技术委员会的吴润涛在《图书储运导报》1991 年第 1、2 期,1992 年第 1 期上发表《图书物流琐谈》。作者指出:"图书物流和其他物流一样,具有同样的功能和一般运动规律。……图书储运是属于物流科学的范畴。既可叫储运,也可称物流,后者更科学些。"③吴润涛先生早于业内人士提出"图书物流"概念,可能与他从事的职业有关系。1995—1996 年间,《中国图书商报》发起"图书中盘"大讨论,同时详细推介日本东贩和日贩等书业物流企业的做法和经验,"物流"开始正式走向前台,浮出水面。1995 年 5 月,深圳市新华书店按照连锁经营体制的要求,撤销专业店、区级店设置,整合业务工作,成立采购中心、物流中心、销售中心、计算机中心等连锁机构,开始连锁经营工作。1996 年 11 月 8 日,第七届全国书市在深圳成功举办,深圳市新华书店宣告连锁经营体制建立,标志着新华书店储

①《书海物流》,四川人民出版社 2000 年版,第 98 页。
②《书海物流》,四川人民出版社 2000 年版,第 16 页。
③《书海物流》,四川人民出版社 2000 年版,第 25 页。

运工作向现代书业物流的正式转轨①。

2. 城市新华书店实行连锁经营,是书业物流兴起的主要标志和主要动力。

从目前可以查找到的资料看,全国第一家实行连锁经营的城市店是深圳市新华书店。1995 年 5 月,深圳市店与香港三联德泰有限公司联合开发成功图书营销信息管理系统(BIMS)。此前深圳市店已经充分论证了实行连锁经营的可行性、必要性及推进方案,BIMS 正是为满足连锁经营基本功能而设计的。此后,深圳市店按照统一采购、统一配送、统一结算、统一信息管理、统一销售管理、统一品牌形象、统一服务规范、统一人力资源管理的"八统一"原则,依托国际连锁经营惯例构建连锁经营体制,至 1996 年 11 月深圳书城开业、第七届全国书市开幕,标志着该店连锁经营体制初步建成。在以后的时间里,该店积极探索连锁经营五项核心技术,即中央采购技术、信息管理技术、物流配送技术、营销管理技术和人力资源管理技术,不断完善连锁经营运作与管理,效益显著,五年再造三个深圳市店。2001 年 6 月,新闻出版总署在深圳召开全国新华书店连锁经营研讨会,大力推广深圳市店连锁经营的做法和经验。目前为止,该店开发的 BIMS 系统已被全国 20 多家省级店、地市店采用,覆盖图书销售额多达 100 亿元。深圳市店物流中心设计理念超前,功能强大,充分借鉴、运用了先进的物流理念、信息管理技术和物流技术,积极探索第三方物流业务,实行运输业务外包,效果显著,为城市新华书店物流配送中心的建设积累了宝贵的经验。

---

①《书香鹏城》,海天出版社 1997 年版,第 110 页。

3.省级新华书店物流配送中心的大发展。

如前所述:省级新华书店物流配送中心是在出版社自办发行、城市新华书店自主进货和连锁经营的双重夹击下产生的,一方面,出版社自办发行断了发货店的"粮",发货店丧失了上游的支持;另一方面,城市新华书店在发行体制改革中,从市场中找到自己的位置、独立进货、自主经营,并成为出版社的盟友,总店储运公司、省级发货店丧失了下游支撑。但是,作为全国传统新华书店储运网络的主干,其人才、设施、渠道和专业经验还是存在的;而作为掌握全省新华书店人、财、物权力的省级店,在这一轮洗牌中很快醒悟:必须建立自己的终端销售体系,作为市场支撑。新闻出版总署关于推进连锁经营和建设发行集团的政策导向,更加快了省级发货店向省级物流配送中心转换的步伐。江苏、四川、广东、辽宁、浙江、江西、福建、湖南等地是先行先试者,人、财、物三权在握的省份,走得更快,做得更彻底。庞大的、现代化的物流枢纽和引进先进的信息管理与配送技术,省际连锁网络的构建,成为这一阶段的显著特点。

二、当今国际物流业的发展趋势

(一)国际物流相关理论及其最新发展

自20世纪90年代以来,国际物流理论得到了进一步的发展,更成体系,更具开创性。以下就其主要内容作简单介绍。

1.战略物流理论。

(1)企业战略及企业战略的重要性。

战略的思想来源于古代军事战争,指为军事活动所制定的大政方针和发展方向。后被引入至企业管理中,泛指企业为了长久发展,所制定的一定期间内企业发展的目标、方针、政策和指导思想。20世纪90年代以来,各国特别是欧美国家,将物流业的发展提升到了企业战略管理的高度,并逐步形成了战略物流理论。

20世纪70年代之前,企业战略的价值并不为企业管理者所重视,针对企业未来发展的计划通常不过是企业过去活动的延伸。之后,由于能源危机、市场不规则性、加速发展的科学技术、全球性的竞争等冲击,企业不得不重视战略的价值,从而建立一套用以分析环境、评估组织的优劣及确定企业可以获取竞争优势机会的战略体系。

根据管理学者斯蒂芬·P·罗宾斯的观点,企业战略可以具备如下功能:①企业管理者可以明确企业组织当前及今后较长时期内的任务、目标和发展思路。②为了使战略与企业所处的环境相适应,企业必须对环境进行有效分析。例如,企业的竞争内容是什么,消费者的喜好是什么,当地的劳动力供应处于何种状态,企业所在地的经济发展程度如何。若企业为跨国性质的,东道国的政治、法律情况如何,东道国的文化风俗习惯等。③企业应有效地评估可以利用的机遇和面临的挑战,分析外部环境是机遇还是挑战和陷阱。④了解企业内部资源状况,包括组织成员的能力与技术,企业的资金运用状况,新产品的开发是否符合消费者的需要,企业的形象、产品及服务是否为消费者所接受等。

通过战略计划的制定与实施,企业可以有效利用本身的优势,避免劣势,从而在市场上获取竞争的优势。

(2)物流战略的基本内容及最新发展。

物流作为"第三利润源泉",首先在经济生活中扮演着十分重

要的角色。物流是 GDP(国民生产总值)的重要组成部分,影响着
通货膨胀率、利率、生产率、能源成本等经济的诸多方面。若一国
的物流开支过高,将会提高消费价格,降低企业利润,从而对国民
经济发展造成阻滞。我国物流费用约占 GDP 的 20%(账面数字
为 40%)。2000 年,美国物流费用占 GDP 的 10%,总规模 9500 亿
美元;日本占 11.4%,总规模为 3500 亿美元;中国香港占 13.7%,
总规模为 240 亿美元①。其次,物流在企业经营活动中也扮演了
极重要的角色。物流通过一系列的营销活动,向客户提供产品和
增值服务,从而获得企业的竞争优势。物流同时通过运输、储存
及产品加工等活动,增加产品和服务的时空效用,实现占有效用,
即客户取得产品的拥有权。物流还是企业的一项专有资产,物流
的能力不会被竞争对手轻易复制,某种程度上属于"无形资产"。
因此,无论从国民经济发展还是企业经营的角度,战略性的物流
规划已经变得不可或缺,或者说,物流战略已经成为物流经营的
必要手段。

　　随着经济全球化的加速、科学技术的发展和物流的革新,物
流战略理论表现出新的内容,包括:

　　①即时物流战略。所谓即时物流,是指"在必要的时间内,对
必要的产品从事必要的生产或经营",或指"在适当的时间内,将
适当的产品及时送到适当的客户手中"。即时物流是企业经营向
精细化、柔性化方向发展的表现。由于生产和销售都是根据实际
需求而定的,因而基本上不存在库存积压,即所谓"零库存"。即
时物流战略的实施,必须依赖于有效率的信息管理系统和信息技

---

① 《2002 年中国物流发展蓝皮书》,《物流技术与应用》编辑部,2002 年版,第 40—
　　43 页。

术。其中 POS、MIS 和 WMS 系统是必不可少的。由于企业能够及时掌握到生产和销售的需要,因而可以在有效时间内组织起合理的产品。即时物流战略包括了即时生产战略和即时销售战略。日本有名的"7—11"连锁店采用就是 JIT(及时配送)战略,确保了连锁店的供货。

②协同或一体化物流战略。所谓"协同或一体化",是指在现代市场竞争条件下,不同的企业为了实现利润最大化、规避经营风险,就物流管理形式的协调、统一运营的机制。一体化物流的产生一方面是由于各经济主体构筑丰富的物流体系,并致力于在流通渠道推动有利于自身的物流活动和流通形式,造成了经济主体之间的利益冲突;另一方面是由于多品种、少批量、多频度的物流配送趋势的加强,导致某些企业经营成本上升和竞争的压力,不得不寻求物流合作。在协同或一体化物流战略的指导下,企业打破了单个企业的限制,在某种程度放弃了一些个体利益,追求整体利益的最大化,典型的例证是第三方物流的兴起。

③顾客服务战略。从本质上讲,物流的价值是通过客户服务价值的实现而实现的,物流应通过提供产品和服务来增加顾客满意度,实现顾客服务价值。物流的基本服务功能包括:a.商品可得性,即物流企业在客户需要存货时所拥有的库存能力,它可用缺货频率、供应比率及订货完成率进行衡量;b.物流作业完成周期,即按客户要求在规定周期内完成物流活动,它可用速度、一致性、灵活性、故障与恢复能力等指标来进行衡量;c.物流服务的可靠性,即物流服务的质量及改进质量的能力。物流服务的质量越高,意味着物流服务的可靠性越高。随着物流的革新,物流企业可以通过即时管理、快速反应等策略,与客户建立

良好的合作关系,实现与客户的资源、信息共享,在一定成本的基础上,最大限度地实现客户服务价值,从而达到双赢的目的。

④技术领先战略。科学技术是第一生产力。20世纪70年代以来,现代科学技术越来越多地应用于现代物流活动中,并迅速转换成生产力,谁率先掌握了现代科学技术,谁就在市场竞争中处于明显的优势地位。计算机信息技术及互联网技术使物流实现了信息共享与传递,大大提高了物流作业的准确率,降低了物流成本,提高了物流企业之间的战略协作程度,一体化的趋势得到加强。自动化设备的运用,使物流作业的效率和准确率大大提高,同样降低了生产成本,并使批量作业成为可能。GPS全球定位系统和卫星通讯技术,加速了物流业的全球化趋势。因此物流的技术进步意味着物流效益的增加。

⑤全球化战略。经济全球化的浪潮使企业经营活动不再局限于一个国家或一个区域,企业或多或少通过某种方式卷入到全球化浪潮中,那些立足于全球化生产、经营和销售的大型跨国企业,要想在全球范围内获得竞争优势,获得超额利润,就必须在全球范围内配置利用资源,通过采购、生产、营销等方面的全球化实现资源的最佳利用,发挥最大的规模效益。全球化物流策略包括:使用生产当地的物流网络或在当地建立自己的物流中心,推广先进的物流技术和方法,典型企业如全球最大零售商的沃尔玛在中国就建立了自己的物流中心;生产企业与专业第三方物流企业同步全球化;国际物流企业间的战略联盟等。

2. 供应链管理。

早期的供应链管理被认为是物流管理的延伸部分,但是随着理论研究的深入,供应链管理已经超越了物流管理的范围。

（1）供应链及供应链管理的基本内容。

①供应链及其特征。我国 2001 年颁布实施的《物流术语》国家标准（GB/T18354—2001），将供应链被定义为："生产及流通过程中,涉及将产品或服务提供给最终用户活动的上游与下游企业所形成的网链结构。"

一般认为,供应链是指围绕核心企业,以系统集成的方法,通过对物流、商流、信息流、资金流的控制,将原材料的采购、产品制造及销售组成一个整体的相互联系的网链结构和模式。供应链包括了公司内部供应链、企业间供应链、区域性或全国性供应链及全球供应链等。

供应链的特征有：它具备网状结构,由很多家企业为了共同利益而构成；供应链的出现源自于顾客需求拉动；供应链活动是提供产品和服务的高度一体化的增值过程；供应链的每个节点都由供需双方组成；物流、商流、信息流和资金流在其中发挥了重要作用。

②供应链管理与及其作用。根据我国 2001 年颁布实施的《物流术语》国家标准（GB/T18354—2001）,供应链管理被定义为："利用计算机网络技术全面规划供应链中的商流、物流、信息流、资金流等,并进行计划、组织、协调与控制。"

供应链管理是指用系统工程的方法,在现代计算机网络和通信技术的支持下,对供应链中的物流、商流、信息流和资金流进行设计、规划、控制与优化,建立企业与企业、企业与客户之间的战略合作关系,寻求共同利益的最大化,并满足客户需求的一系列活动和过程。作为一种共生型的物流管理模式,供应链物流管理强调供应链成员组织不再孤立地优化自身的物流活动,而是通过

"三 C",即协作(Cooperation)、协调(Coordination)与协同(Collaboration),提高供应链物流的整体效率。

特别强调的是,计算机网络技术、互联网技术、通信技术等现代科学技术在供应链管理中发挥了越来越重要的作用。信息的即时共享与传输,不仅大大缩短了企业与企业之间、企业与客户之间的时空距离,密切了供应链成员之间的关系,同时为供应链成员进行协作、协调与协同提供了现代化的管理工具,供应链管理的效率得到极大的提高。

供应链管理的作用有:a. 供应链管理能有效地消除重复、浪费与不确定性,减少总体库存,获取竞争成本优势;b. 供应链管理可以优化成员组合,快速客户反应,创造空间和时间优势;c. 供应链管理通过建立成员企业之间战略合作伙伴关系,充分发挥链上企业的核心能力,获得竞争的整体优势。

(2)关键性的供应链业务流程。

关键性的供应链业务流程包括:客户关系及服务管理、需求与成本管理、客户订单管理、制造流程管理、采购管理、产品开发管理及逆向物流管理。

①客户关系及服务管理。很显然,供应链管理首先需识别出对企业影响最为深远的关键客户或客户群。在共同利益的驱动下,构建共同的价值规则和行为规范,建立能够体现共同价值的产品与服务协议。加强对客户的需求研究,在某些时候能够满足某些特殊客户的需求,提供售后服务,等等。

②需求与成本管理。供应链管理过程中,由于成本与服务之间的背反关系,必须平衡客户需求与企业供应力能力。满足需求的方式有 a. 增加投入,提高供应能力;b. 不增加成本,通过流程再

造提高服务水平;c.降低服务水平以控制成本等。供应链管理追求整个链条的利润和服务水平的提高。

③客户订单管理。对于供应链上所有的企业而言,实现的订单满足率越高,其服务水平应越高。因此,供应链成员必须建立起伙伴关系,结成战略联盟,建立一个从供应商到企业,最后到每一个客户之间的完全无缝的链接,从而加快订单实现的速度,以获得最大的利益。

④制造流程管理。在供应链管理的条件下,企业的生产制造活动是柔性的,能够迅速适应市场的变化。客户订单建立在 JIT(准备制)基础上,按最小批量及接受客户订单的时间次序进行处理。企业管理者需要时间保持服务与成本之间的平衡。为此企业有可能需要进行制造流程的重组、产品的重新设计及对关键性产品的关注。

⑤采购管理。在供应链管理的前提下,采购管理同样是柔性的,小批量采购及按客户订单次序进行采购的管理是柔性采购管理的方法之一。企业应与关键性的核心供应商建立起长期伙伴关系或战略联盟,让核心供应商提前参与到企业的制造流程中,从而缩短了原料的采购时间。现代信息处理技术及通信技术对这一活动提供了强有力的技术支持。

⑥产品和服务的开发管理。新的产品和服务是企业获取和维持竞争力的最关键因素,将供应商和客户集成至产品和服务的开发过程,能够缩短产品和服务的开发时间。因此在供应链管理条件下,企业开发新产品和提供新服务,应获得供应商和客户的支持。

⑦逆向物流(退货)的管理。与正向物流不同,逆向物流是物从客户向供应商方向流动。从客户管理的角度,逆向物流以客户

为始点,企业为终点,逆向物流价值实现由企业通过分类回收、重
新加工来完成;从供应商管理角度言,逆向物流以企业为始点,供
货商为终点,逆向物流价值由供货商通过分类回收和重新组配加
工来完成。因此供应链管理可以有效实现逆向物流的价值。

3.逆向物流理论。

20世纪末期,由于零售商退货的大量增加,不仅占用了巨额
的流动资金,也增加了商家和厂家的营销成本,这些返品多数没
有经过再加工和再流通、再消费环节,造成了一定的社会生产力
和资源的浪费。对这些返品进行分类加工,重新实现其价值,是
所有企业必须思考的问题,逆向物流理论应运而生。

(1)逆向物流的基本内容。

所谓逆向物流,是与传统供应链方向相反,为恢复产品价值
或合理处置产品,而对原材料中间库存、最终产品及相关信息,从
消费地到起始点的实际流动所进行的有效计划、管理和控制
过程。

逆向物流是与正向物流相反的过程,其目的在于再现商品的
价值。传统的返品管理,仅仅是简单的回收,没有进行重新加工,
浪费了社会生产力。逆向物流的管理就是为了变废为宝,重新找
回返品的价值。同时,逆向物流是供应链的一个组成部分,通过
生产商、供应商与零售商的协作,可以有效缩短逆向物流的时间,
提高逆向物流的价值。从零售商的角度来看,逆向物流活动可以
有效地提高物流采购资金的利用率,加快库存周转,降低库存成
本,提高库存空间的利用率;从供货商角度来看,逆向物流活动可
以使供货商了解客户需求,提高产品的市场适应力;从供应链管
理角度来看,就是通过供、产、销三方的协作和努力,提高原料的

利用率和减少社会生产力的浪费。

（2）逆向物流现状与发展趋势。

①逆向物流作为一种战略管理的行为，其主要驱动因素包括了政府立法、产品生命周期的缩短、新型分销渠道的出现及供应链中的力量转换等。

出自对气候变暖、温室效应和环境污染的关注，各国政府加大了在此方面的立法力度，以法律形式来保护人类生存环境。由于强制性法律的存在，企业不得不放弃了简单的废品回收方式，重视逆向物流的操作。

随着高新尖技术的快速发展及迅速转换成生产力，新的产品不断涌现并在很短的时间被更新换代，产品生命周期变得越来越短，导致大量产品来不及消费而被淘汰出市场，迫使企业关注逆向物流问题。

此外，新型分销渠道比如电视购物、网络购物的出现，促使大量商品被消费者退回，加上供应链中零售商实力的增强致使供应链中供货商与零售商的主次位置发生转换等因素，也促进了逆向物流的快速发展。

②逆向物流的方法不再只是简单的废品回收，而是包括回收在内的重新整修与再次制造、维修，再利用、再销售、废料处理等。

对于虽缺乏新功能但依然处在可用状态且可实现功能恢复的设备和产品，可以重新制造以备再次利用，例如航空、铁路、计算机等行业的一些设备。

如果产品无法按照设计要求工作，企业就需要对其回收并维修，但企业必须认真考虑和平衡维修成本和新建成本。但对于计算机软硬件生产商和分销商，由于产品的高故障率，如果采取维修方法,就需要慎重行事。

对于某些设备尽管整件无法使用但部分零件完好,可以采取再利用的处理方法。可以将有用的零部件分拆出来以供维修时使用。有些没有售出或售出后被退回的产品,由于其还具备相当的利用价值,应采取再销售的方式进行处理。对于一些高危险及没有找到合适的替代方法进行处理的回收产品,进行掩埋或焚化。

③更多的企业已经明白,建立一个快速、高效和低成本的逆向物流系统是必要的,并致力于建立一个完善的逆向物流网络。由最初的返品中心到专业化的逆向物流公司,逆向物流逐步由简单向科学化、集约化发展。

最早的返品中心产生于企业的内部,主要实现了如下功能:a. 接收系统内各零售店的所有返品;b. 对返品进行甄别;c. 对返品涉及的资金往来进行统一结算;d. 对各厂家、各销售店、各类商品的返品状况及产生原因、返品的变动趋势等信息进行综合统计分析,并及时向总部提交相关报告。

专业化的逆向物流公司代表了未来逆向物流管理的发展方向,它具备了如下的特点:a. 同时为多个商家和厂家提供返品处理服务,使得逆向物流管理的社会化、规模化效应更加突出;b. 专业分工更细,集约化与效率化程度更高;c. 采用了更完善的专业管理技术,以最大限度地回收返品的经济价值。

4. 电子商务物流理论。

20世纪末期,随着信息技术的迅速发展,特别是电子商务的出现,给物流的发展带来了新的特点。

(1)电子商务与电子商务物流的基本内容。

电子商务是指在计算机技术、网络技术(主要指互联网技术)、通信技术等数字化技术的支持下,进行的一系列包括商品交易及服务提供在内的商务活动。它包括了 B2B(Business to Business)和 B2C(Business to Consumer)。电子商务具备了如下特征:

①电子商务实施的贸易全过程的电子化,包括售前到售后支持的各个环节都实现了电子化;②电子商务是一组电子工具在商务活动中的应用;③电子商务是虚拟的电子化的购物市场。

电子商务物流则是在电子商务的基础上进行的物流活动,它具备了信息化、自动化、网络化、智能化及柔性化等特征,是现代商务技术和物流技术的结合体,它不仅包括了传统的通过物理方式传输的物体,也包括了可以经由网络传输方式进行配送的商品和服务,如电子出版物、信息咨询服务和有价信息软件等。

(2)电子商务物流的新特征。

电子商务物流的出现,给物流业的发展带来诸多的新变化。主要体现在:

①用网络解决"物流商务"。网络技术的发展及电子商务的逐步成熟,使物流商务摆脱了传统操作方式如电话、传真、邮件等的束缚,直接采用网络处理的方式。通过网络提供物流信息资源、物流手续网上办理、网上衔接、网上处理物流协议和网上进行配货等。②在网上实现物流管理。用网络实现远程数据交换,用网络指挥和调度物流活动,优化物流及配送线路等。③用网络解决设备广告、设备展览会、网络交易和网络结算等事务。④用网络支撑、优化、改造、提升物流实体。用网络经营改造企业经营方式和传统的商业模式,整合企业物流资源、物流线路,改革企业物流流程等。

(二)国际物流产业发展的主要特征

自 20 世纪 40 年代中后期现代物流出现以来,国际物流产业在规模上取得了较快的发展,特别是 20 世纪后期计算机技术、网络技术、通信技术及自动化控制技术等高新科学技术在物流产业中的应用,使国际物流产业的发展出现了新的特点。

1. 物流产业发展的一体化特征。

所谓一体化是指将相互间分段、隔离的事务和环节进行有效的整合和连接,使综合的整体优势发挥出来。物流产业发展的一体化首先是从内部一体化开始,并逐步发展至物流企业之间的一体化即供应链管理。

物流内部一体化,是指物流企业在其拥有的功能与环节的基础上,通过流程管理等一系列方法,将这些功能和环节进行充分整合和连接,使物流企业能够发挥出整体优势。物流实行内部一体化基于如下因素:

(1)物流内部一体化应基于物流现有能力。

物流能力是物流企业能够满足和完善客户商品和服务需求的能力,物流的目标是实现物流成本与客户服务之间的平衡,因此,内部一体化就是寻求最好的方式去实现这种平衡。由于一定阶段和时期内物流能力诸如人员素质、设备设施、技术等均有一定的局限性,因而一体化水平也是有限的。

(2)物流内部一体化进程应通过流程化、标准化等方法来实现。

从企业内部管理角度来看,作业管理的流程化和标准化可以有效将企业内部资源整合起来,使企业资源的效用最大化,使企业内部各工作环节更加紧凑与高效率,降低无效操作,并使产品和服务的同质性得到提高。

(3)现代科学技术加速了物流内部一体化进程。

物流产业发展的初级阶段,各作业环节独立操作,相互之间沟通与协调较少,或沟通时间延后不足以内部一体化。现代计算机技术、通讯技术、网络技术与自动化技术,促使物流各环节之间的联系日益紧密,合作增多,从而对内部一体化进程起到了加速作用。

物流外部一体化,是指物流产业上的各个企业在共同利益的驱动下,发挥各自的资源优势和管理优势,构成一个相互支持、资源共享、共同发展的产业支持链,即供应链。关于供应链一体化理论,前文已有介绍,在此不再赘述。

2.物流产业发展的系统化特征。

物流系统化特征表现在物流活动是整个社会经济活动的一个组成部分,从简单的功能活动向复杂的物流系统转变。早期物流业者关心的是如何实现物流各个功能作用的最大化,即使是计算机技术在应用于物流业的前期,其关注点依然放在如何改善物流功能上,但是随着整个社会经济的发展和物流业在经济活动中所扮演的角色的日益重要,物流开始被作为一个整体来研究。物流不再视为一个个独立的功能,而是由包装、运输、装卸、保管、流通加工、配送、信息处理等一系列活动所整合起来的一个庞大而复杂的系统。物流系统在整个经济中无处不在,几乎渗透到了经济社会的各个角落。一方面,物流促使了经济社会中的各个行业的迅速发展,同时又受了经济社会的诸多因素的影响,在某种程度上又不是独立存在的系统。

3.物流产业发展的信息化特征。

信息技术的发展直接促进了现代物流产业的发展,同时现代物流对信息化技术提出了更新更高的要求。由于计算机信息技术的发展,使信息传输与处理速度相较于以前得到了成百倍的提高,网络技术的发展,使信息共享在更远的距离和更广阔的空间得以实现,这样在任何时候都可以得知物流经营活动的实际的状况。物流过程中的"零库存"的实现,就直接得益于20世纪80年代末期开始的信息技术革新,POS系统和EOS系统的导入,EDI的出现,以及90年代末期出现的电子商务,给物流产业展示了更光明的前景。而供应链一体化的构建,对信息处理技术提出了更高更新的要求。

4. 物流产业发展的专业化特征。

企业间竞争的加剧,导致企业发展战略对核心竞争能力的加强,越来越多的企业将非核心竞争力的业务采用外包、委托、合作经营等方式与主业剥离。企业将物流业务外包是为了寻求降低物流成本的方式。同时,第三方物流企业的发展和成长也为满足物流社会化的需求创造了条件。第三方物流的发展是社会化大生产、大流通的背景下,社会专业化分工的必然趋势。

5. 物流产业发展的全球化特征。

关于物流全球化在前文的"物流全球化战略"中已经描述过,在此不再赘述。

6. 绿色物流的出现是物流产业发展的最新趋势。

绿色物流是指在物流过程中,抑制物流对环境造成危害的同时,实现对物流环境的净化,使物流资源得到最充分的利用。资源的开发和利用必须有利于环境的维护,以及资源的持续利用。为了实现长期、持续、稳定的发展,就必须采取各种措施保护我们的自然环境。这种可持续发展战略同样适用于物流活动。环境共生型的物流管理就是要改变原有的经济发展与物流、消费生活与物流的单向作用关系,在抑制物流对环境造成危害的同时形成一种能促进经济发展和人类健康发展的物流系统,即向绿色物流、环保型物流、循环型物流转变。

（三）国际书业物流发展的基本态势

1.国际书业物流的新技术。

近几十年来，许多高新技术应用于物流业，促进国际物流业的新发展，书业物流的技术应用也取得了许多新的进展。

（1）信息处理技术。现代信息处理技术在物流领域的应用已经远远超过了数据处理、事务管理，正进入到智能化管理阶段，信息系统与自动分拣系统、自动化立体仓库系统、自动拣货系统的结合，大大缩短了作业的时间，提高了生产效率，使物流管理水平得以大幅度提升。

物流业信息处理技术包括了诸如条形码的应用（特别是二维码的引进）、POS 系统、EOS 电子订货系统、EDI 电子数据交换系统、GPS 全球定位系统、GIS 地理信息系统、射频技术及与之相配套的设备等。

①条码技术。条形码是由一组规则排列的条、空以及对应的字符组成的标记，用以表明一定的信息，可以由特定的读码器予以识别。国际物流业通用的条码制式为 EAN-128 码和 EAN-13 码。

条形码的特点包括：a.单个商品或储存单元的唯一性标识，在商业领域条形码是单个商品的唯一性标识，在物流领域，条形码用以标识多个商品或多个商品的集合；b.应用于供应链管理的全过程。条形码在商品的采购、入库验收、商品拣选、商品配送及逆向物流过程中都得到了充分的应用；c.条形码蕴含信息的多样性和可变性。条形码包括的信息可以包括货名、货号、货物规格、样式、体积、重量、生产日期、批号等诸多信息，表现出较强的多样性。

按信息存储的维数将条形码划分成一维条码和二维条码。一维条码必须依赖于数据库存在，纠错能力较差，只能对"货物"进行标识，是目前应用比较成熟的条码技术。二维条码除了可以标识"货物"之外，还可以对"货物"进行描述，不必依赖于数据库而独立存在，可以储存一维条码所不能储存的信息，具有高密度、强纠错能力和表达多种语言等特征，除此，二维条码还可以表示图像数据和进行加密等。条码的识别可以通过扫描器和手持式数据终端等设备进行。

②POS（Point of Sale）销售时点系统。POS 是指通过自动读取设备在销售商品时直接读取商品销售信息，如品名、单价、销售数量、销售时间、销售地点、购买顾客等，并通过通讯网络和计算机系统即时传送到有关部门进行分析加工以提高经营效率的系统。POS 系统作为 MIS 系统的前端，具备了实时性、准确性、全面性等特征。企业经营管理人员利用 POS 系统可以完成如下工作：

a. 获取销售时点信息，掌握市场动态，适时进行库存调整、商品配送及商品订货业务等。通过与 POS 系统连接的 MIS（营销信息管理系统）的统计分析，经营管理人员可以及时准确全面了解商品的销售趋势，并根据这一趋势及时进行库存调整、配送管理及进行补货或订货。

b. 通过销售时点信息的加工分析来掌握消费者购买动向。通过对销售信息的分析，经营管理人员可以从中了解消费者的喜好、习惯及整体消费趋势，从而进行商品品种的配置、商品陈列、价格定位、市场研判等方面的作业。

③EDI 电子数据交换。EDI 电子数据交换技术是指不同企业之间为了提高经营活动的效率，在标准化的基础上通过计算机联

网进行数据传输和交换的方法。目的是通过建立企业间的数据交换网来实现票据处理、数据加工等事务作业的自动化、及时化与准确化,同时通过有关销售信息和库存信息的共享来实现经营活动的效率化。EDI 的三个构成要素包括:EDI 软件和计算机硬件设备、通信网络和数据标准化。EDI 标准包括了基础标准、代码标准、报文标准、单证标准、管理标准、应用标准、通信标准和安全保密标准等八个。在互联网时代下,EDI 电子数据交换技术的应用变得日益广泛。

④GPS 全球定位系统。GPS 是利用分布在距离地面约两万千米的高空中的多颗卫星对地面目标的状况进行精确测定以进行定位导航的系统。日前已有的全球定位系统有美国国防部的 NAVSTAR、俄罗斯的 GLONASS 及国际海事卫星组织的 IN-MARSTAT,通常将 NAVSTAR 称作为 GPS。GPS 由空间卫星系统(共 24 颗卫星组成)、地面监控系统和用户接收系统三部分组成。网络 GPS 则是互联网基础上建立起来的一个公共 GPS 监控平台,它同时融合了卫星定位技术、GSM 数字移动通信技术及国际互联网技术。在物流实体跟踪管理中,GPS 主要用于运输车辆的定位和跟踪调度、运输船只最佳航程和安全航线的测定、航向的实时调度、监测及铁路运输管理等。

⑤GIS 地理信息系统。GIS 是以空间数据为基础,采用地理模型分析方法,适时地提供多种空间和动态的地理信息,是一种为地理研究和地理决策服务的计算机系统。GIS 的基本功能是将表格型数据转换成地理图形显示,然后对显示结果浏览、操纵和分析,其显示范围可以从洲际地图到非常详细的街区地图,显示对象包括人口、销售情况、运输线路以及其他内容。

⑥无线射频技术(RFID)。RFID是指用能接收或发射无线电波的电子标签存储信息、标签与识读器之间利用静电耦合、感应耦合或微波能量进行非接触的双向通讯,实现存储信息的识别和数据交换的技术。RFID的优点是不受现场光照限制,识别距离比光学系统远。射频识别标签具有可读能力,可携带大量数据,难以伪造和易于智能化等。RFID主要应用于物流仓务信息管理系统,具体包括:a.货物的实时定位系统;b.智能化托盘系统;c.通道控制系统;d.配送过程贵重物流的保护等。

(2)自动拣选技术。随着现代科学技术的快速发展,物流的拣选技术也得到快速发展和应用,如电子标签拣选系统、自动分拣机系统、机器人分拣系统等。以下逐一进行简单介绍。

①电子标签拣选系统(DPS)。电子标签拣选系统是一种电脑辅助的无纸化的拣货系统,其原理是借助于安装于货架上的每一个货位的LED电子标签取代拣货单,利用电脑的控制将订单信息传输到电子标签中,引导拣货人员迅速、正确、轻松地完成拣货工作。拣货完成后按确认钮完成拣货工作。计算机监控整个过程,并自动完成账目处理。

电子标签拣选系统包括了货架、电子标签(LED)、输送线、条形码阅读器及管理监控系统等部分。

传统的物流拣选作业以手工方式为主,当客户发出订货请求时,物流作业人员必须手持拣货单,按拣货单上列明的货品和架位逐架进行拣选,作业速度慢,出错率高,效率低下,因而已经不能适应现代物流及时化服务的要求。电子标签拣选系统在接收到客户订单后,能在最短时间将订单信息直接传送到电子标签,作业人员只要根据电子标签上显示的拣货信息即可进行商品拣选,并及时通过输送线将货品装箱送至发货区,从而缩短了服务的反应时间;作业人员由于无需拣货单,只需依照电子标签上显示的数量进行拣货,拣货的正确率也得到了提高;在输送线的支持下,作业人员无需进行更多的装卸和搬运工作,作业轻松愉快。作业完成后,只需在电子标签上进行确认,信息即可传送到信息管理系统进行处理,信息的实时性得到提高。此外电子标签系统还可以实时进行库存数量清点,从而使库存信息的准确性大大提高。

②自动分拣机分拣系统。自动分拣机分拣系统是集信息技术、自动化控制技术和机械技术为一体的商品自动分拣系统。适合于多客户、大批量的商品配送分拣,具有分拣速度快、效率高、准确性高、信息处理及时等特点。可应用于商品配货和商品退货等业务。

自动分拣机分拣系统由信息控制系统、自动分拣机系统和输送系统三个部分组成。信息控制系统将需分拣的商品信息进行分类;自动分拣机系统用以完成信息控制系统所发出的指令;输送系统则将分拣完成的货品实物输送至指定的物流区域。下面以逆向物流来说明自动分拣机分拣系统的工作原理。

信息控制系统在接收到连锁店退货信息之后,按预先设定好的算法,对退货商品信息进行分类,将此信息传递给自动分拣机系统,工作人员可以按分类信息对自动分拣机系统的格口进行设置,每一格口对应一个供货商,格口下放置物流箱,物流箱与格口信息进行对应。

将商品实物进行上线处理,利用扫描设备读取商品信息,自动分拣机系统根据读取的信息自动识别该商品属于哪个供货商,并通过小车设备将该商品送入到指定的供货商格口。

商品落入到指定格口下的物流箱中,工作人员待箱满后将物流箱推至输送线上,输送系统将物流箱送至指定物流区域,工作人员用无线扫描设备读取物流箱信息,以确定该箱货品属于哪个供货商。待所有商品分拣完毕后按供货商集中包装并退回至供货商手中,商品配货工作原理与上类似。

自动分拣机分拣系统的应用,可以在如下方面产生巨大作用:

a. 采用自动化与机械化的作业设备,减少人手操作,作业效率会得到极大提高。b. 自动化的机械设备与信息系统的有机结合,减少了人手劳动出错的几率,作业的准确性得到提高。c. 使用自动化的机械设备,使机械劳动代替了人工劳动,可以节省人力成本。d. 使用自动化的机械设备后,可以使逆向物流不再成为物流作业的瓶颈,使退货成本降低。e. 客户可以根据需要进行退货,可以有效地缓解门店无效库存的压力,加快整个库存的周转速度。f. 采用自动化的分拣设备,可以加快物流配送服务的速度。g. 自动化分捧设备与信息系统的有机结合,解决了过去人手操作所不能解决的信息同步问题。h. 自动化分拣设备的应用,必然要对原有的业务管理流程进行重组,从而可以优化管理流程,提高管理水平和管理质量。

2. 国际书业物流的管理创新。

近年来,国际书业物流不仅在技术创新,在管理创新方面也取得了长足的发展。在组织结构、人才战略及营销方法上不断推陈出新,促进了国际书业物流的快速发展。

(1)组织创新。

传统的企业组织结构主要以直线制和职能制或直线职能制

为主。随着世界经济和科技的进一步发展,书业物流的组织结构也发生了新的变化。主要体现如下:

①在经济全球化的浪潮下,国际书业(或出版业)也出现了全球化的趋向,书业企业在全球化战略的指导下,企业为了能够在国际市场上获取竞争优势,纷纷在全球各地设立了区域总部。如下图所示:

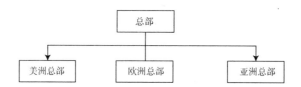

比如中国贝塔斯曼在线即隶属于全球最大的传媒集团之一的德国贝塔斯曼集团。

②由于全球连锁书业的快速发展,国际书业物流为了更好地服务于连锁书业,对其结构也进行了适当调整,尽量使其组织结构扁平化。如下图所示:

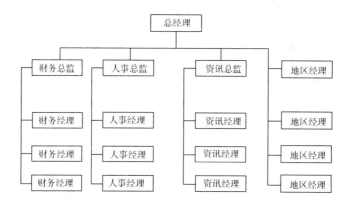

③国际书业物流的组织结构形式与其商业经营规模大小有着密切关系。商品规模较小的物流企业,易实行直线制组织形式,而大型的物流企业,多采取职能制或事业部制的组织形式。

(2)产品和流程创新。

所谓产品创新,是指物流企业不断向客户提供新的产品和服务,是物流企业获取利益和取得竞争优势的基础。产品创新直接影响了产品和服务的生命周期,产品创新有如下发展趋势:

①产品和服务的系统性不断增强,复杂程度提高。②产品和服务的个性化趋势。③产品和服务提供的标准化。④产品和服务提供的小型化及需求反应的快速化。⑤环保要求不断提高。⑥对产品和服务生命周期所有阶段的日益重视。

所谓流程创新,是指企业内部、企业与企业间能够带来效益的操作流程或信息流程的变革和重组。流程创新的不断发展,使得物流的流程正在由传统的服务少量客户的市场推进型的供应链,转向以供应链网络为基础的,具有长期性和高度灵活性的系统化服务网络形态。流程创新有如下发展趋势:

①以客户为中心。②适应员工需要。③明晰流程责任。④对所有流程活动的反馈。⑤创造价值的活动优先。⑥企业内部信息流的最优化。⑦充分发掘自动化和标准化的潜力。

(3)营销创新。

20世纪末以来,国际书业物流在营销手段上也进行了诸多的创新,如供应商的管理、即时化配送、协同配送等。

①VMI供应商管理存货。所谓供应商管理存货,是指在物流中心的存货商品所有权为供应商所有。作为供应链管理的一个新方法,供应商管理存货可以为供应链系统产生如下效应:

a.减少供应链体系中存货逐级放大的"牛鞭效应"。传统的存货管理,库存商品所有权均归采购者自己所有,在缺乏信息管理技术和供应商的支持下,商品库存量存在着逐级放大的可能性,进而导致配送服务水平的下降和库存成本上升。而在供应商管理存货的条件下,物流中心的存货属于供应商,其库存数量和发出数量必须由供应商自己掌握,或者快速将信息传递给供应商,供应商决定商品的前途,及时处理,从而有效防止存货膨胀。

b.减少物流中心的存货资金成本。无论物流中心是否进行商品的物权转移,减少和缩短由于购买商品的资金占用,对物流中心和供应链体系来讲都会带来成本的减少。

c.减少商品存货量。供应商将物流中心的库存量和自有库存量统一考虑,会使整体存货量减少,也可及时处理市场效应不佳的产品,从而达到保证安全存货的目的。

d.减少运作环节,加快逆向物流的速度。由于存货属于供应商,在物流中心所发生的退货、返货等所需的繁琐文件程序的工作,可以大大简化,从而加快了逆向物流的速度。

②JIT(Just In Time)准时制物流服务。所谓 JIT 准时制物流服务,是指按顾客的要求,按必要的时间、必需的数量、生产或提供必需的产品或服务。理论上,准时制服务在生产和服务过程中不会产生库存,因而也可称之为零库存方法。

实施 JIT 的目的在于消除浪费、优化程序、实现高效和低成本的运营。实施 JIT 管理可以实现:减少工人每天必须完成的大量重复无序的工作;增加现场工作环境的有效使用面积;降低库存;缩短反应时间等。

准时制物流服务一般有三种形式,即计划管理、看板式管理和同步管理。

计划管理是指按零售商的销售计划来组织物流配送服务。其基本原理是在第 M 天的基础上进行预测,并计划计算出 M+N 天的供应量,依次类推。计划管理可以对一个较长时间的稳定的产品需求作出较周全的服务,但销售计划需要调整时,就无法作出快速反应。

看板式管理是电子技术与现代物流的完美结合,是一种需求拉动型的管理模式。它采用条形码技术和网络技术进行物流管理,针对供应商的实际需求提供物流服务。

同步管理是 JIT 管理的高级方式,要求供应商与零售商采用同一信息平台。供应商利用这一信息平台及时掌握零售商的销售信息,及时组织产品,在适当的时间内,以适当的数量和适当的方式向合适的零售商提供物流服务,因而不会产生多余的库存。

JIT 准时制管理的实施需要一定的条件,它包括:a. 需求均衡化。物流服务的需求是比较稳定的,不能出现过大的波动。b. 服务质量稳定化。物流产品和服务的提供质量必须稳定、及时、准确、差异小。c. 可供选择的供应商。d. 高水平的管理与人员技术素质。准时制物流管理系统是一种先进的管理技术,它对企业的管理基础、人员素质、技术设备和外部环境的要求较高,只有条件具备的情况下才能实现准时制管理。

③协同配送。协同配送,也称为共同配送,是指企业之间为了实现资源共享,在互信互利的基础上,对不同商品进行优化组合后进行配送,以此来提高物流服务水平,降低配送成本,快速反馈信息、促进整个社会商品高效流通的配送服务。

协同配送是企业在资源共享的思想指导下组建的企业与企

业间的战略联盟,其目的是增大单体企业的物流量,如大量储存、大量输送、大量处理,以使单体物流成本下降。

协同配送的模式包括多方协同配送,即由多家企业共同投资、共同设计、共同建造、共同管理配送中心的模式;物流企业的协同配送,即由第三方物流实行的协同配送;一家为主多家参与的协同配送,即一家较大的企业自建配送中心为主,但在其配送能力还有余的情况下,为其他企业提供配送服务。

协同配送相较于传统物流配送服务,具备了较强的优势,包括:a.协同配送可以带来规模经济效应。协同配送由于多家参与,其规模较一家配送规模要大,可以通过规模达到配送服务水平的提高和配送成本的降低;b.协同配送的物流资源共享程度较高。协同配送实现了配送的共同化、社会化,使社会资源得到充分利用和高度共享,避免资源的浪费,为企业创造更多的效益;c.协同配送带来了社会效益。协同配送可以有效减少社会车流总量,缓解交通拥挤,减少污染;可以有效整合制造业者、批发业者、农业生产者和一般零售业者;可以强化弱势生产供应者,有利于健全商业渠道,维护公平竞争环境。

三、国际书业物流的典型范式——日本东贩物流剖析

(一)日本大力推进物流产业的战略与政策

日本与我国隔海相望,同处于环太平洋经济圈,是世界第二大经济强国和我国第一大贸易伙伴。日本工商界从20世纪中期才从美国引进现代物流的概念,但其政府对物流的重视程度、企业对物流的投资力度、物流基础设施的完善水准,以至整体物流产业的现代化水平,均不逊于欧美,且其信息网络、配送中心、物

流管理等方面独具特色和效率。

日本物流业的发展大致经历了如下几个阶段。

1. 酝酿期(1945—1963年)。1945—1963年是日本第二次世界大战战败后的经济恢复时期,日本政府采取"倾斜生产方式",重点发展煤炭、钢铁、化工等重工业,粮食、纺织、轻工等产业发展不足,实行配给制。这期间与物流业有关的关键事件是,1950年成立装卸研究所,研发使用传送带、起重机和叉车等专用设备。随着经济快速恢复,生产效率极大提高,但流通效率低下,成为经济发展的"瓶颈",引起政府和工商界的关注。1956年秋,日本政府向美国派出"流通技术专业考察团"。该团从美国引进了物流的理念,开始使用"物的流通"(Physical Distribution)一词,从而奠定了日本物流业发展的基础,三井株式会社、学习研究社、三菱株式会社等企业率先发展物流业,以提高物流效率。1955年在仓储和运输管理中开始使用计算机,1952年铁路托盘装载试车,1959年铁路集装箱专列投入,标志着物流设备及相关技术的进步。

2. 关注期(1963—1973年)。这10年中日本经济高速增长,物流受到政府和工商界普遍重视,在整个经济体系中由"配角"上升为"主角"。首先,日本经济理论界极力宣传物流及其技术,1970年早稻田大学西泽修教授首倡"第三利润源泉",影响极大。其次,日本政府大力推动物流产业发展。1964年,通产省设立"物的流通部会",高速列车"新干线"通车。1965年运输省以"现代化过程中的物的流通"为副标题发布运输白皮书,将"物的流通"作为日本现代化的基础条件之一。1966年通产、运输、建设等政府六省颁布"流通市街地整备法",以法规形式对城市流通、布局等做出具体规定。1972年运输省制订"港湾整备五年计划和空港整备五年计划",经济企划厅发布"日本今后的流通问题",将物流提到基本国策的战略位置。1973年,运输省设立"国际货物运输信息系统开发委员会",日本国铁东京货物终端开业。与此同时,促进物流发展的民间团体纷纷涌现,先后成立日本仓库协会、日本物的流通协会、日本物流管理协会。在物流设施和技术方面,立体自动化仓库、冷冻仓库、集装箱运输、管道输送、托盘装运、专用货物码头大量投产;自动化物流机械、计算机管理系统得到广泛应用。

3. 成长期(1973—1983年)。由于1973年第一次世界石油危机的冲击,日本经济政策由高速推进转为节能增效,由"量"的扩张转为"质"的提升。相应地,物流由重、厚、长、大、少批次、大批量、低频度,转为轻、薄、短、小、多批次、小批量、高频度。适应这种转变,日本政府更加重视流通环节,加大推进物流合理化的力度,促进物流发展。1974年日本总理府设立流通部会,对消费资料的流通状况进行调查。1976年经济企划厅公布"流通效率化研究报告",1977年运输省制定"物流成本计算统一标准",1979年运输省发布"城市物流合理化调查报告",1983年正式成立日本物流学会,在物流设施和技术方面,运输网络、信息网络、条码技术、机器人堆码、无人控制叉车、自动小车,以及自动分拣、自动分类等技术方面大显身手。

4. 转型期(1983年至今)。随着消费者主权的确立,消费者的个性化消费和多样化需求受到工商界的尊重,物流面临新的挑战;同时,由于经济全球化,跨国投资、异地生产与消费勃兴,物流随之国际化,物流发展面临新的课题。日本政府和工商界及早地认识到这一形势,努力推动物流转型。首先,拓展物流的外延和内涵。20 世纪 80 年代中期以后,日本不再使用"物的流通"(Physical Distribution)概念,引入"物流"(Logistic)理念。后者除"物的流通"内涵外,还涵盖原材料供应、废弃物回收、再生、处理以至工厂生产过程,并将物流与商流、资金流、信息流作一体化考虑,其重点由单纯的物流管理,上升到供应链、企业战略的高度,作为决定企业成败的关键因素。1992 年日本两大物流团体合并,成立日本物流系统协会(JILS)。其次,从 1993 年开始,日本政府为克服经济不景气,解决环保问题,将发展国际化和环保型经济定为基本经济战略。在这一战略中,物流被置于首要地位,加强国际竞争力,建立环保型、资源循环型经济与社会,成为主要政策取向,立志创立国际一流的物流产业。1996 年在日本政府国家经济改革文件中,物流被列为首要课题,1997 年日本政府颁布《新综合物流施政大纲》,该大纲作为实现日本物流现代化的指导方针,确定了三项基本目标,即:①提供亚太地区便利而具有魅力的物流服务;②实现对产业竞争不构成妨碍的物流成本;③解决与物流相关的能源问题、环境问题以及交通安全等问题。施政大纲明确,必须重点解决以下课题:①加强国际竞争力,适应世界经济一体化新形势;②加强环保,构筑循环型经济;③开发现代信息技术,促进物流事业发展;④发展物流业,满足国民的需求,与国民生活相和谐。在本阶段,日本物流业向共同运输、共同配送、协同组合的方向猛进。条码技术、托盘联运、单元化装载搬运、门到门配送得到普及,标准化、系统化、智能化物流得到长足发展。

(二)对日本东贩物流的实证分析

东贩,创建于 1949 年 9 月 19 日,当时称东京出版贩卖株式会社。总部位于东京都新宿区。创建初期有员工 331 人,注册资金

3000 万日元,目前公司有正式员工 3200 名,散工 3000 多人,注册资金 45 亿日元。2000 年销售额 7140 亿日元,折合人民币 504.25 亿元,拥有 20 余家子公司,包括东贩电脑服务、东贩汽车股份有限公司、东贩商事等,并在日本各地设立了 28 家分公司、机构和营业所。目前东贩与全日本 4200 家出版社、27000 家书店建立了经常性业务关系。其中总社五层书库 4600 平方米,在库品种 6 万种、300 万册;专业中心 1300 平方米,在库品种 53 万种、85 万册;文库中心 3000 平方米,在库品种 26000 种、195 万册。

1984 年,东贩具有划时代意义的联机情报网络"Tonets"投入使用。此后,又改善了物流系统,实现了自动化和半自动化,并开发了联结出版社、物流公司、书店三者的综合网络"Super-Tonets",使用最新网络系统"New-Tonets",并且一直在业内居领先地位。1992 年 1 月导进 CI 理念,以建立全人类共同享有文化、情报的"情报共同体"为目标,竖起了第二个里程碑。1996 年建成总投资 160 亿日元的 TLC 物流中心。该中心是东贩物流系统 10 个仓库中现代化水平最高的物流中心,主要用于处理杂志等退货工作。随着 IT 业的迅速发展和广泛应用,2001 年 4 月,东贩成立了预订图书直达配送股份有限公司,简称东贩特急便(Bookliner)。特急便以追求"快速、准确、便利"为服务宗旨,迎合了网络时代图书流通、经营业态发生的深刻变革,在读者购书满足率、弥补书店陈列品种不足以及扩大销售方面作出了贡献。该公司中心库书刊可配品种达 50 万种,书店读者预订满足率达到了 90%,并且提供了 3 日(边远地区 4 日)配送至全国书店的快速服务。这一快速配送系统采取书店、物流公司、出版社和读者共同承担成本的办法,读者订购 1 册图书仅花费 50 日元的微弱成本,使快速购书成为可能。

1. 东京总部中心。

东京总部中心位于东贩总部大院内,占用两层楼面,主要承担:完成与出版商的进货洽谈,向销售店的分货、补配、运输,办理整个东贩系统内外的结算,以及信息数据服务等。东贩是一家实行全国大配送的物流公司,营业部履行采购、配货、财务结算及计算机信息服务等多项职能。需要说明的是,基于节约交易成本的现实需要,日本出版商、零售店自主选择物流配送公司,出版商可将图书交由不同物流配送公司代理,而零售商一般只与物流配送公司发生业务关系。因此,一家书店特别是小型书店也不会同时跟几家物流配送公司发生业务联系。这种制约关系促使东贩等物流企业从单一到综合、从内部向社会、从小型到大型、从传统到现代的一步一步超越。

东京总部中心的物流设备基本上是 80 年代中期的水平,商品收配处理全部采取流水线作业。总部物流收发以图书为主,负责 4000 多家出版社和 7000 家大小不同书店的商品收发,日收货量约 50000 件,在分货与补配的处理上,东贩并不完全根据书店的要求数量来配书,而是主要以零售商的实际销售业绩来配书,将零售店划分为七八个等级,不同等级书店的分书、配书数不一样,东贩主要采用汽车运输,实行委托运输制,每日有 150 台 10 吨载货汽车从本部发出,东京及大阪地区使用本公司车辆,其余则使用社会车辆。

2. 东京 TLC 物流中心。

东京 TLC 物流中心(Tokyo Logistics Center)主要处理杂志的退货工作。于 1996 年 4 月投入使用,占地 5 万平方米,总投资

160 亿日元。该中心位于东京都琦玉县加须市,占地面积 51091 平方米,建筑面积 30688 平方米。共二层,一楼面积 17287 平方米,主要功能:收货、发货及自动分发作业流水线;二楼面积 10981 平方米,主要功能:漫画、再销品清理以及办理向出版社退货。另一建筑物为管理部,面积 2420 平方米,主要功能:作业管理系统、会议室、计算机控制中心及食堂。TLC 物流中心是目前世界上现代化水平最高、规模最大的物流处理系统。共有 56 台现代化的电脑分拣机械,其辐射范围大约覆盖日本 90%的地区。设计处理能力为每天 180 万册图书杂志。目前已经达到的处理量为 150 万册,其中杂志 100 万册、漫画 20 万册、MOOK(非书非杂志)19 万册、图书 11 万册。

TLC 物流中心倡导的经营管理理念是"同时处理方式"。此举引发了出版流通领域的深刻变革。它导入最先进的计算机管理系统,使退货工作从传统手工作业中解脱出来,实现了完全自动化、信息化和无纸化。该中心一条流水线 1 秒钟分拣速度为 2 册,54 条自动分拣识别装置,分 19 个区域自动作业,对于不同类型的杂志、图书,哪些应退出版社,哪些应送去化浆,电脑分拣系统均能按设定标准自动识别。该系统的功能另一个很重要的目的,在于向出版社提供退货品种的各种信息,以帮助出版社及时调整杂志的内容和重新确定下一期的印数和发放地区,从而最大限度地减少了杂志的退货率,而且大多数信息一天之内就能反馈到出版社。在人员使用上,也从原来的 1200 人降到 590 人。因此,尽管日本图书的退货率高达 39%,但真正成为纸浆的仅 10%,许多杂志退货后又进入了流通领域。TLC 物流中心不只处理本系统配送货品的退货,还充分利用现有设备和资源为其他书刊物

流公司处理退货,同时向废纸公司出租设备和场地,更加说明东
贩的物流社会化进程。技术的不断进步,支持了东贩在日本出版
流通领域始终占有领先的地位。

3. 上尾杂志配送中心。

上尾杂志配送中心在东贩内部被称为上尾第二物流管理部,
目前处于部分试运行阶段,2002年3月全面开工。该中心占地
32000平方米,建筑面积31700平方米,总投资180亿日元,土地、
基建及设备的投资比例约为1:1:1。该中心现代化、自动化、系统
集成化程度极高,拥有四条全自动配送线(4个机械手),及多条
半自动配送线。设计日配送杂志220万册,相当于东贩出货总量
的40%。形象地说:按每本杂志1.5英寸厚度计算,叠起相当于
11座富士山的高度,横排可从东京排到大阪600公里。10吨重
卡每天进250台,出200台。现在工作面达到60%,用工250人,
全部开工后达到450人。

上尾杂志配送中心的整体工作目标是:第一、提高准确率,力
求100%准确无误;第二、降低加盟书店验货成本,要求达到免检
的目标。由于生产工具极其先进、作业流程极其科学、生产管理
极其严密,上尾中心的生产效率奇高,预期经济效益可观。据了
解:设备按5年折旧(实际可用10年以上),土地房产按15年,整
个投资9年即可全部回收,即每年净收入20亿日元,折合1.3亿
元人民币。

4. 特急便公司。

东贩特急便(Bookliner)于2000年10月开业,被称为小东贩,
即东贩具有的业务它都具有。主要满足零售店向东贩提出的品
种特别、时间特急等需求,这类需求由社会读者提出而以前需要

几周才能到货,Bookliner 承诺:订单确认收到后三天内送达(若有在库),每册图书加收 50 日元手续费。全日本有 2500 多家出版社协议加入特急便,提供特别库存。特急便的成本补偿及利润按书价由书店承担 5%、出版社承担 2%。

东贩经营理念中有一条:以高质量的服务,通过情报及物流网络来满足人们的急性活动。

读者在任何一家书店不能满足的品种,只要向加盟书店多交纳 50 日元的费用,便可在三至四日内通过特急便得到满足。特急便在因特网上开辟自己的网址,读者还可通过网址在网上向特急便进行订购,并选择一家就近的加盟书店取得图书。

特急便是东贩公司在推进为零售书店和读者服务方面的有益尝试,颇似现代电子商务的 B2B2C 模式,它有效地利用了现代通信网络以及零售店与东贩公司之间的业务信息渠道。目前东贩特急便的书刊电脑数据品种累积总量已达到 200 万种,实际日常库存书刊备货品种 40 万,日配送品种为 5 万种,每天有 1000 多间加盟书店向 Bookliner 进货。

(三)东贩物流体系的运作特征

1.高效的计算机管理系统。

早于 1984 年,东贩计算机管理网络系统 Tonets 投入使用。此后不断完善,逐步开发出 Super-Tonets 及 New-Tonets,使东贩现代物流体系的计算机网络建设臻于完善。高效的系统运作体现在:第一,系统主服务器功能强大,东贩使用的主机是用于日本银行、证券及地铁等重要机构的成熟机型。第二,系统极具安全性。具有三重防错、纠错功能。第三,管理系统及操作系统具有先进性、科学性和超前性。

2.高效的采购配送系统。

东贩实行中央采购制度,统一分配、统一运输,辅之以作业流程的合理化、系统的自动化和管理的精细化,创造了令人折服的采购配送效率。以东京总部中心为例:一本书和杂志经业务洽谈、看样本、送货到店、数据处理、分发及运输,全日本各地书店3天内均可到货,保证了全国统一上市,使维持转售价格制度和委托销售制度成为现实可能。不仅如此,商流、物流、信息流和资金流同时协调完成。

3.高效的退货处理系统。

日本图书流通体系是建立在快速出版、快速采购、快速配送、快速运输、快速退货、快速结算、快速信息反馈的条件之上的。从整个物流体系的闭合循环看,及时处理图书杂志退货成为与采购配送同等重要的业务课题,成为物流效率的一个"瓶颈"。东贩的成功正是解决了高效退货的问题。以东京 TLC 物流中心为例:1种杂志的系统处理时间为 0.24 秒。1 车 15 吨重的杂志,处理完毕仅耗时 2 小时,2.5 小时之后日本全国各地的出版社、书店即可从系统下载退货资料,而且银行结算同步完成。

4.高效的运输集散系统。

东贩高效的运输集散系统,得益于以下物流技术条件:第一,现代化的、四通八达的海、陆、空运输路网;第二,现代化的运输工具和资讯手段;第三,科学、合理的运输体系设计。第一、二条属于硬件性质的,第三条属于软件性质的。日本东贩采取委托运输制,借助社会运输力量运送图书杂志,以利增进效益,降低成本。一般而言,东京及大阪地区的货物,由本公司车辆承担;其他地区则交由专业运输公司完成。

5. 健全的商业信用体系。

商业信用是现代市场经济制度的基石。从一种商品劳务的交易、一份合约、一笔借贷，到每笔消费信贷等等，无不基于对有关各方信用度的互相认同。东贩高效的物流体系同样有赖于日本工商界长期形成的商业信用体系。还是以东京 TLC 物流中心为例：一车退货的处理可能牵涉到多家书店、出版社，还有东贩和各有关银行的结算关系。有关各方都对东贩的商业信用保持100%信心，而不必要现场交接、现场验收、现场签名，省去许许多多的工作，提高了效率，因此才有 0.24 秒处理一本杂志的纪录！

6. 体系化的物流设备及辅材。

东贩现代物流体系的物质技术保障在于：物流设备及辅材的标准化、体系化。从东京总部中心，到东京 TLC 物流中心，再到上尾杂志配送中心，所有的业务流程和环节都证明这一点。没有这一物质技术保证，根本谈不上智能化、自动化，更没有可能实现高速、高效。

（四）东贩迅速发展的产业基础

东贩凭借其强大的物流能力、金融能力和信息搜集与加工能力，成长为日本最大的出版物流公司之一，这与日本出版流通体系的特点是密不可分的。

1. 日本出版流通产业的基本特点是东贩产生和发展的社会基础。

日本的出版流通产业和日本的其他流通产业一样有着相似的特点，即零售总量庞大、单店规模细小、店铺密集度高。日本全国书店总数多达25673家，平均卖场面积约为122平方米，全日本平均每 4500 人就拥有一家书店。同时,日本出版社也同样具有数量较多、规模小以及地域分布集中的特点。日本全国共有出版社 4496 家,其中约 80% 集中在东京。年出版新书约 6.75 万种、杂志每月出版 2800 种。出版社中 10 名以下员工的约占总数的 50%,11—50 人的有 1010 家,51—100 人的有 201 家,员工人数 1000 人以上的约 10 家。

要想让如此多的中小型书店和出版社之间直接进行交易,其物流、资金流和信息流的渠道的复杂性是可想而知的,物流组织不到位,其交易成本将会十分高昂。由于绝大多数出版社和书店都是人员较少、规模较小,它们根本就不具备全国性采购或跨地域的能力。这种情况下,具有强大的物流能力和现代化信息处理能力的物流公司作为众多出版社和书店之间的交易纽带而出现就是理所当然的。这些出版物流公司的出现,将对于出版社和书店来说的复杂的"一对多"交易关系,简化为相对简单的"一对一"关系,使得交易成本大幅度降低,各种图书杂志能迅速及时地送到读者手里,各种出版发行信息通过物流公司迅速反馈回出版社。

2. 日本出版流通业的维持转售价格制度和委托销售制度保障了东贩经营模式的顺利实施。

所谓维持转售价格制度,即定价销售制,是指出版社决定的销售价格等于定价,物流配送公司和书店在销售过程中自觉遵守这一定价规则。在日本,一般商品法律上禁止生产厂家与商家签订协议维持某种商品的价格,只有出版物不受垄断禁止法的适用,在法律上出版物的定价销售制得到认可。委托销售制度是出版社、物流公司和书店三者间通过契约,定期将滞销图书在一定时间内自由退货的制度规定。这两项制度是日本出版流通业的两大支柱,由于这两项制度的存在,像东贩这样的物流公司大量采购、大量贩卖的销售经营模式才得以有效地运行。定价销售制维持了一个稳定的价格体系,避免了恶性价格竞争,使得委托销售制得以顺利推行。委托销售制的普遍采用,巩固了物流公司在日本出版流通体系的地位。委托销售制的顺利推行,对零售书店的好处是,在委托期限内只管出售,不必付款,期限终了时,也只需支付出售部分书款,余下部分退回物流公司即可;对出版社来说也有利,出版社通过物流公司可无大顾忌地接受零售部门的委托条件,同时在很大范围内发行同一书刊,取得规模效益。对于消费者来说,他们也可以在任何地方,安心地购买到价格相同的出版物。

由于日本80%或者讲绝大部分的书籍、92%的杂志都是通过委托销售方式进行交易,日本的图书和杂志的退货率高达39.4%和28.9%,这样高的退货率,使得出版社和书店都必须依靠具有强大物流能力的物流公司进行退货物流处理。

3. 日本现代化的物流基础设施是东贩的发展物质和技术保障。

在出版流通体制里,物流是衔接批发环节和零售环节的纽带。类似东贩这样的物流配送公司,物流是其最重要的职能,因此没有发达和完备的社会化物流体系,东贩也是无法生存的。物流就其活动的内容来看,大都包括运输、保管、装卸、包装、仓库管理、流通加工和物流信息管理等环节。日本物流系统的社会化程度高,在物流的各环节现代化程度也很高。

(1)运输系统现代化。

日本政府十分重视交通业的现代化建设,仅1958—1968年十年间,交通运输的投资就增长了27.8%,并实现了运输装备的现代化。在2.7万公里的铁路中,有1.4万公里实现了电气化,约占全线总长度的41.5%。高速公路也日渐延伸,轮船卡车的大型化和专用化,加速了公路运输和海运的现代化进程。铁路货运量由1960年的39.2%下降到1984年5.3%,与此相反,公路货运量由1960年的14.9%升至1984年的46.2%,汽车运输的优势在日本物流界是十分突出的。

(2)仓储装卸搬运系统现代化。

日本仓储一直作为物流的中心环节被列为重点发展的项目之一。无论哪一类仓库都实现了机械化、自动化,装卸搬运形成了一个有机系统,其装卸货物多采用叉车或链条输送机传送。

(3)包装标准化。

为了统一包装的标准,日本政府很早就颁布了《工业生产包装标准》,大多数包装都有统一编号,使用条形码识别货物。包装技术和包装手段都实现了高度现代化。

(4)信息管理现代化。

日本的各个物流中心完全使用计算机自动控制系统,它是实现信息处理现代化的重要标志。计算机总控室与各制造商、零售商、物流中心都联成了网络,形成自动处理与传送的信息系统。

(五)东贩物流发展给予我国书业物流的启示

市场经济是当今世界经济和世界各国经济的基本经济制度,市场经济的主体是商品交易。商品交易的前提或它的本质是各类商品、劳务在时间、空间上的有效移动和聚散。这种移动和聚散,用时下业界和学界普遍接受的概念,被称为物流(Physical Distribution and Logistics)。由此观之,一个极易推导出的而且可以被证明为正确的命题是:市场经济就是物流经济。衡量一个国家和地区现行经济制度的效益和效率,衡量一个行业的现代化和国际化水平,以及衡量一个企业的经营效率和经济效益等,都可以从打量、观察它的物流体系中找到准确的答案。据统计:1999年,我国独立核算工业企业流动资本占用为 3. 1 万亿元,年周转速度为 1. 2 次,而发达国家的这一指标为 15—18 次,说明我国流动资金利用效率不及发达国家的 1/10。2000 年,我国全社会流通费用总额为 1. 79 万亿元,约占 GDP 的 20%,而发达国家仅为 10%①。

1. 东贩现代化物流体系的巨大成功有力地说明"物流是第三个利润源泉"。

日本是一个狭长的岛国,国土面积 37. 8 万平方公里,与我国四川省和美国的加利福尼亚州相当。65% 的国土为山地,资源极度贫乏,人口 1. 26 亿(1996 年 12 月)。旷日持久的对华侵略战争、军国主义对外扩张行径以及第二次世界大战的惨败,使日本经济几近崩溃边缘。然而,战败的日本政府和国民励精图治,从 20 世纪的 50 年代至 70 年代,进入长达 30 年的黄金发展时期,创造了一个又一个的世界经济神话。至今日本一直保持着世界经济强国的地位。与此同时,日本书业(含杂志)也获得高速成长,跻身世界出版大国行列,在国际书业界贡献了与欧洲模式、美国模式齐名的日本模式,而日本模式的象征之一,就是高效运作的东贩现代物流体系。东贩现代物流体系同时也是日本现代流通产业的一个缩影。

①《2002 年中国物流发展蓝皮书》,《物流技术与应用》编辑部,2002 年版,第 9 页。

　　众所周知,经济活动的两个根本问题是:成本和效率。日本经济当局正是从本国的资源条件出发,十分关注各行各业的成本效率问题。1958年10月,通产省在推进生产部门合理化和技术革新的同时,通过属下的咨询机构——产业构造审议会流通部会,提出日本流通产业现代化的基本思路,遵循这一思路,先后推出"流通合理化政策"、"流通近代化政策"、"流通体系化政策"。从本质讲,流通现代化,就是物流现代化。

　　与政策面紧相呼应,日本经济学界创造性地发展了二战之后诞生于美国的后勤理论(Logistics),建立现代物流理论,形成"物流冰山说"和"物流第三利润源说"。这一理论深刻地影响着日本的流通现代化或物流现代化,是经济理论指导经济活动的成功案例。

　　"物流冰山说"——现代管理学权威P.F.德鲁克曾说:"流通是经济领域的黑暗大陆。"由于流通领域中物流活动的模糊性尤其突出,是人们认识更不清晰的领域,因此,"黑大陆说"主要针对物流领域而言。循着这一思路,日本早稻田大学西泽修教授提出"物流冰山说"。他认为:我们研究流通成本和物流成本,现行的财会制度和会计核算方法都不能有助于掌握实际情况,因而人们对物流费用的了解还是一片空白,甚至有很大的虚假性,这叫"物流冰山"——冰山之特点,是大部分沉在水面之下,露出水面的只是冰山一角。水下部分正是物流尚待开发的领域,正是物流产业之潜力所在①。图示如下:

①王之泰:《现代物流学》,中国物资出版社,1995年版,第41页。

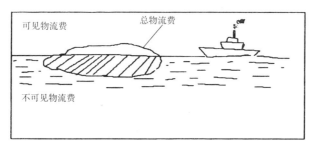

图　物流冰山示意图

"物流第三利润源说"——人类经济史上曾经有过两个大量提供利润的领域,第一个是资源领域,第二个是人力领域。随着资源的不断发掘和使用,资源成本因稀缺和不可再生而节节攀升,人力成本也因种种因素而不断上升,第一、第二利润源的潜力空间越来越小,物流领域的潜力越来越受到重视,成为第三个利润源。这三个利润源着力于生产力的不同资源要素,第一个利润源的挖掘对象是自然资源;第二个利润源挖掘的是人力资源;第三个利润源则同时挖掘自然资源和人力资源,因而更具有全面性。人们肯定:"黑大陆"也好,"冰山"也好,绝不是不毛之地,而是财富之源。

2. 我国图书零售业的根本出路在于积极推进流通现代化,应从战略高度认识和发展现代物流体系。

我国推行发行体制改革近 20 年来,取得了明显的成效,从 1982 年"一主三多一少"的目标,到 1988 年提出"三放一联"的目标,再到 1996 年提出建立全国统一开放、有序竞争的大市场的目标,发行业已初步形成以国有零售和批发企业为主体,多种经济成分、多条流通渠道、多种购销形式并存的流通体系,科技应用和信息化建设一定程度得到改善。这些改革政策和措施的显著特点是:极力摆脱传统计划的坛坛罐罐,寻求与市场经济的全面接轨,改革的着力点在于体制创新,是从生产关系的角度推进书业的进步和发展。要知道:发行体制改革至少包括两个主要方面,即体制创新和技术创新或叫工具创新,而我们过去的所有改革措施对技术创新要么关注不够,要么缺如。造成在发行体制改革的总体目标中,技术创新目标不明确,缺乏实践操作性,在实战中造成技术创新落后于体制创新的局面。

就我们所见及可查证资料显示:我国书业与欧美、日本等先进国家比较,体制上的落后并不特别突出,国外有的东西我们都有,从产权多元化到股份制,从多元化发展到规模化经营,从集团战略到连锁经营。差距大的、落后的是工具创新,包含两个层次:其一,企业内部运作制度落后,离现代企业制度的差距还很大,诸如决策体系、激励机制、产权关系、人事劳资制度等,都残余着浓厚的计划经济痕迹。其二,经营运作技术落后,离现代的物流体系的差距也很大,如整体上信息化建设滞后,自动化程度不高,经营设施体系不全、配套能力不强,技术含量低、劳动密集、普遍采用手工劳动,运输交通不发达,地区封锁、条块分割,经营网络化程度极低等。工具创新滞后,反映了书业生产力的落后,使生产关系变革即体制创新开辟的广阔发展空间不能全部成为现实,事实上已经阻碍了书业的发展。其直接后果是:整个书业长期经营成本高昂、效益低下。据测算,我国书业物流费用约占书业总流通费用的40%—50%,而世界先进水平是20%,日本的领先水平是15%。由此可见,我国城市新华书店特别是县级店过度依赖教材课本的发行,是有其现实体制原因的。

我国加入了WTO,图书零售业被世贸组织纳入商业服务业体系,属于向外资开放的领域,没有宽限期。此举对我国书业来讲是一把"双刃剑"。把握好了,是整合市场、重新洗牌、寻求发展的良好机遇;把握不好,则是被挤兑、被淘汰出局的严峻挑战。百货零售业早已尝试着向外资开放,世界跨国商业巨头如沃尔玛、麦德隆、家乐福以及台湾地区的好又多等,已经成功登陆。百货业的今天,就是图书零售业的明天。在这方面我国书业界准备是不足的,而且形势发展留给我们备战的时间少之又少,必须切中要害,抓住主要问题,解决主要矛盾。

基于以上分析,我国图书零售业的出路在于积极推进流通现代化,应该从战略高度认识和发展现代物流体系。日本东贩的成功经验是颇值得我们借鉴的。这里,战略包括以下几层含义:第一,建立现代物流体系应是我国发行体制改革总体目标之一,换句话说,发行体制改革理所当然包括体制创新和技术创新;第二,没有物流现代化,就没有我国书业的现代化,就谈不上入关,谈不上以后与国际书业资本的对等较量;第三,建设我国书业现代物流体系,是一个巨大的系统工程,需要总体规划、政策引导、行业参与、扩大投入、长期建设,不可指望一蹴而就。日本东贩创立于1949年,从70年代开始流通现代化进程,至1996年东京物流中心(Tokyo Logistics Center)建成开业,2000年10月现代化、自动化水准奇高的上尾杂志配送中心投入试运行,其构建现代物流体系的进程才算基本完成,且东贩至今没有停止在这方面的投入和努力。

3.建立现代物流体系是推行连锁经营的前提条件和物质准备。

2001年6月,新闻出版总署在深圳召开全国新华书店连锁经营研讨会,会上石宗源署长传达了李岚清副总理、丁关根部长关于新华书店实行连锁经营的指示精神,并作《深化改革,加快发展——大力推进出版物发行的连锁经营》的讲话。杨牧之副署长、邬书林局长分别就发行体制改革历程和连锁经营问题发表讲话。出版物发行管理司制订《关于开展出版物发行连锁经营的意见》,供大会代表讨论。这一行动说明,连锁经营已经被列入发行体制改革的重大举措提上议事日程。主管部门在制订发行体制改革的总体目标和措施时,已经注意到技术创新与体制创新同等重要。连锁经营作为一种现代化的商业组织形式和科学、合理的零售业态,已经具有 100 多年的历史,目前在世界各国大行其道。其生命力的源泉有两个,一是体制优势,即在企业组织形式和经营运作层面上适应了社会化大生产、大流通、大分工、大协作的形势发展的需要;二是低成本规模扩张优势,即凭借高效率的计算机管理网络,高效率的中央采购、统一配送体系,以及统一的品牌、管理规范和服务标准等,在体系内实现最大限度的资源共享,因而具有理论上无限的"克隆"优势。正是这一点,沃尔玛等国际商业巨头不仅轻而易举地实现了国内的连锁经营,也轻而易举地实现了跨国的连锁经营,赚取两个市场的巨额商业利润。1999 年沃尔玛名列世界企业 500 强第四位,本顿家族成员有 5 人进入世界级富豪榜,在美国本地拥有连锁店 2885 间,跨国连锁店 706 间。维系这一庞大商业帝国的纽带正是现代物流体系。老山姆·沃顿于 60 年代末开始推行计算机管理系统,租用和发射商业卫星实现本土和跨国的实时数据传输。80 年代末即在全美建立区域配送中心 20 个,负责统一配送。随着海外跨国连锁店的开设,又在国外建立配送中心,同时负责跨国采购,实现全球统一配送。

目前,我国书业界正全面推行和试行连锁经营,政策是明确的,目标是具体的,决心是大的。但是,推行连锁经营,不论采取自营连锁、加盟连锁,还是自由连锁,必须首先解决物流配送问题。从长远看,必须立足于和致力于建立现代物流体系。

四、发展我国书业物流的战略选择

改革开放以来,我国出版产业的发展取得相当程度的进步,书业物流也逐步成为影响出版业效益的重要因素之一。在我国加入 WTO、经济全球化的大趋势下,进一步发展现代化的书业物流,对促进我国出版产业的发展,提高出版产业的核心竞争力,具有重大的战略意义。

(一)科学的物流发展战略必须处理好若干关系

发展书业物流,应选择正确的物流发展战略,行业或企业在选择物流发展模式时,首先必须统筹考虑以下因素,处理好几个关系:

1. 自有物流与社会物流关系。

传统上,我国书业企业主要依靠自有物流来支持本身的生产、储存、运输与销售活动。出版社基本上都有自己的库房或租赁他人的物业作为库房使用,有自己处理存货、发货、退货和结算等业务的人员。而作为发行主渠道的新华书店几乎100%拥有自己的物业作为库房,有自己的运输车队来进行商品的配送。这种"小而全"、"大而全"、低效率、高成本的物流经营方式,随着市场经济改革的逐步深入,竞争的日益激烈及客户需求的日益多样化,越来越成为企业的一种负担。因此书业企业开始对物流经营方式进行改革。

近年来,物流经营管理开始引入第三方物流服务,社会上出现了专门提供第三方物流服务的企业。第三方物流企业以专业化、市场化、社会化为特征,可以向社会提供专业化、高效率的物流服务。借鉴第三方物流所拥有专业化的运输队伍、专业化的运输设备和专业化的管理绩效,可以有效地降低企业的运输成本,缩短配送时间,从而创造时间价值。同时,书业企业利用第三方物流,摒弃不占有比较优势和绝对优势的作业,不仅改变了企业"小而全"、"大而全"的局面,提高了商品配送的及时性,最终为提供高质量的物流服务创造了有利条件,而且使企业集中力量发展具备比较优势的生产与销售业务,确立在本行业内的竞争优势和保持主导地位。深圳发行集团(原深圳市新华书店)2002年起开始引入第三方物流服务,与深圳共速达物流有限公司开展在运输方面的合作。共速达为深圳市店教材发行中心提供第三方物流服务,为全市280家中小学校承担教材送货上门的专业运输服务。为此,深圳市店教材发行中心赢得了各学校的信任和教育主管部门的高度赞誉,当年即实现了社会效益与经济效益双增长。2003年4月,深圳市店将连锁配送运输业务外包给了共速达公司,共速达公司按残值收购了书店两台运输车辆,将该店从物流仓至深圳书城的商品运输成本由以前的176元/车下降至70元/车,下降幅度达60%,按每天运送5车计,年节约运输成本19.3万元,效益十分之明显。因此,书业企业在决定物流发展战略时,应考虑到企业本身的经营规模和经营实力,除充分利用自有物流能力外,还要积极探索利用社会化物流服务的道路,将自有物流与社会化物流结合起来。

2.独立物流与协同物流的关系。

我国出版业已经建立了一套比较完备的图书储运网络。但是这些网络基本上是独立与平行的,是按行政管理区域划分的,相互之间缺乏交流与支持。新中国成立以来,我国出版发行业形成了一个按行政区划进行管理的惯例,在某一行政区域经营的书业企业不得在其他行政区域内进行相关活动,否则视为违规。书业物流网络的构建也存在同样的现象。近年来,各省市进行发行体制改革,纷纷成立发行集团或出版集团,这些集团以一省一市为范围,画地为牢,并不具备跨省、市经营的环境和条件,政府鼓励跨地经营仅仅停留在文件上,对现实中的地区封锁无能为力。物流配送中心的建设,集团的参与者要么是出版社,要么是发行商,由出版社与发行商共同参与建设或由出版社、发行商及社会物流共同参与建设的企业很少。这样的书业物流网络基本上是传统发行网络的扩大或延伸,不能真正体现出版业发展对物流的要求,物流资源无法得到充分共享和利用,不利于在整体上降低书业物流的成本和提高书业物流的效益。

　　正确处理独立物流与协同物流的关系,建立全国性的相互支持、相互协作的书业物流网络,即协同物流,应从两个方面入手:第一,打破书业经营管理的行政区划限制,按出版发行业发展的要求,建立跨区域的书业物流中心,以点带面,形成纵横交错的跨行政区域的书业物流网络;第二,鼓励书业行业外的企业积极参与全国性的物流网络的建设。书业物流网络除了书业企业(出版商、印刷商和零售商)的参与外,还应该有非书业企业的参与,特别是专业的物流企业的参与,以专业化的物流服务来提高书业物流网络的管理水平。

　　3.加大技术投入与使用劳动力的关系。

　　毋庸讳言,书业物流从主体上属于劳动密集型产业,劳动力的支出占据物流总成本约 60%。但是按照社会化、专业化、现代化的发展要求,书业物流发展决不能止于劳动力的投入、劳动者素质的提高以至劳动组合的改善,而必须扩大对书业物流的技术投入、设备投入,包括引入信息管理系统、添置自动化物流设备(如自动分拣机、电子标签、无线射频、自动装卸、手持 PDA 等)、建设标准库房等,这些需要很大的资金投入、较长的建设周期和配套的人才培训。"机器排挤人"是一个客观规律。在一般情况下,加大现代技术的投入,必须减少劳动力使用,或者对劳动者素质提出更高的要求。劳动力成本低廉,在相当长的时间内都是我们必须重视的一个资源优势。这就要求我们在引进技术与采用劳动力方面做相对平衡的选择,以降低总体物流成本、提高总体物流效益为目标,处理好以下问题:(1)技术设备投入的资金规模、资金成本和回收期;(2)使用劳动力的比较成本优势,某些业务环节如拆包、验核、入库、检货的手工作业不可代替性,以及自动、半自动设备人工辅助不可缺少性;(3)技术设备的高效率使物流容易扩大与现有物流规模偏小、附加值低的矛盾始终存在,"吃不饱"等设备闲置现象等同于资源浪费和成本虚掷。

4. 正向物流与反向物流的关系。

从理论讲,沿着从生产者到消费者方向的物的移动,称为正向物流,正向物流实现商品的价值和使用价值。沿着从消费者到生产者(可能还要经过中间商)方向的物的移动,称为反向物流。反向物流是不是商品价值和使用价值的实现手段呢?在传统物流或前物流理论中,反向物流就是退货、返修、报废或折价处理,是商品价值和使用价值的减少。而在新物流理论和循环经济论者心目中,反向物流是正向物流的孪生姊妹,是一个完整的物流系统的必要组成部分。从全球看,随着环保意识的增强,环保法规约束力加大,与经济总量相对应的退货、回收、报废产品以及生产加工过程中报废零部件的回收与利用日益增加,这些产品回收后经过一定的工序处理,成为宝贵的循环资源。从一个国家和一个地区看,反向物流关系到国民经济的可持续发展和协调发展,关系到资源的开发、保护和利用,欧美和日本等发达国家十分重视反向物流。在美国,反向物流总量中约50%返回产品供应商、制造商,约50%经加工后返回分销商。从单一企业看,反向物流具有增加顾客价值,提高企业竞争力,降低物料成本,增加企业效益,塑造企业的环保形象和对社会负责的形象等作用。

发展我国书业物流也面临反向物流建设的重大课题。近年来,随着寄销制的全面实行,我国图书退货率估计平均达到15%,个别品类和出版社甚至超过25%,总量近100亿元,这是一笔巨大的社会财富,处理不好是极大的浪费。对于书店而言,返品物流成为书店物流工作量的很大组成部分,不少书店已经着手建设退货中心和退货自动分拣系统,如江西省店、辽宁省店和深圳发行集团。正确处理好正向物流与反向物流的关系,就是要:(1)全面、正确地认识反向物流的价值和作为物流体系重要组成部分的重要性;(2)立足实际,学习、借鉴国外先进经验,发展反向物流;(3)按照成本节约和流程优化的总体要求,选择反向物流发展方式。目前通常做法有四种,即与正向物流共用通道、自建新通道、共建新通道和业务外包。书业物流系统的反向物流构建,可根据本企业情况,择其一种,或综合运用。

5. 继承发展与借鉴创新的关系。

如前所述,全国新华书店从建店特别是新中国成立以来,几代新华人经过不平凡的努力,于 20 世纪 80 年代末 90 年代初,完成了对全国储运网络的构建,并达到顶峰。如果仅从内部业务运作看,这一巨大网络是完整的,也是有成效的。假如不是购销体制变化、市场经济冲击和新技术的挑战,该网络至今仍是不可代替的。当前,我们大力发展书业物流,学习借鉴欧美、日本和国内其他行业的先进物流经验、引进先进的物流技术和管理模式,是非常必要的。但是,科学的态度是必须处理好借鉴创新与继承发展的关系,在继承中发展,在发展中创新,以创新促发展。全国新华店图书储运网络可资继续借鉴之处主要有:(1)政府主导,统筹规划,全国一盘棋的整体布局观念;(2)分片管理,相对独立,层层负责的层级管理观念;(3)注重规范,统一作业标准的规范管理观念;(4)立足行业特点,艰苦创业的勤俭办事业观念,等等。

(二)我国书业物流发展战略的主要内容

1. 信息先导战略。

信息技术在现代物流管理中起了极重要的作用。信息的共享可以有效地加快物流服务的速度,提高物流管理的质量,降低物流管理的成本。从书业物流信息管理的现状来看,物流信息化管理在企业内部的应用已经十分的普遍,但整个书业行业内企业与企业之间、书业行业与其他行业之间还没有形成有效的信息管理和信息共享的机制,即使在企业内部的信息共享也没达到畅通无阻的程度。

计算机技术、互联网技术和现代通讯技术的发展,使远距离进行信息处理、信息传输和信息共享成为可能,从而使更多的人可以共享到物流信息。而电子商务借助国际互联网这一技术平台,具备迅速、准确、成本低等特点,通过互联网电子商务平台,供应商可以将新产品及时进行发布,及时收取客户的订单,及时回复客户的咨询等,零售商可以及时掌握新产品信息,及时了解市场的变化等等。而供应链管理和客户关系管理也必须建立在信息网络的基础上。因而建立全国性的信息网络显得十分的必要。

建立全国性的物流信息网络,需要供应商、批发商、零售商及网络提供商共同关注。在建立全国性的物流信息网络过程中,首先必须进行信息的标准化建设,即在物流信息网络的内部使用的必须是标准统一的数据格式,包括商品的编码标准、单据处理的标准、电子数据交换与共享的标准等。其次要对信息网络进行规划,确定信息网络的规模、网络结构,建设骨干网,确定信息网络所需处理的内容,进行程序开发等。最后确定参与信息网络的企业的准入标准,确定企业的权利与义务等。

2. 技术领先战略。

在瞬息万变的社会中,企业只有紧跟现代科学技术的发展步伐,不断提高自身的服务水平和工作效率,才能在激烈的市场竞争中立于不败之地。利用高科技对全过程控制,减少手工操作的差错,提高效率是书业物流管理中的核心问题。出版商必须全面、准确、动态地把握散布在全球(全国)各个物流中心以及各种运输环节之中的商品流动状况,才能及时调整市场策略;批发商没有全过程的物流管理就根本谈不上建立有效的分销网络;大型零售商没有全过程的物流管理就根本谈不上建立供应配送体系。因此,对于第三方物流服务商、仓储物流中心,无法提供面向全过程书业物流管理的服务就根本不可能争取到任何大客户的物流业务。而这一切只有依赖现代科技的支持才能完成任务。其中,书业物流信息系统是支撑全过程物流管理的最重要的基础。传统的书业进销存管理软件、运输管理软件、仓库管理软件大多数以单据打印和统计报表为设计目标,无法解决供应商、仓储、运输乃至相关的增值服务之间的信息交流,因而无法满足书业物流现代管理的需求。现代科技的支持书业物流信息系统应贯彻"以客户为中心"的思想,能为行业内企业带来以下实际意义:首先,提供各环节的信息与数据,以保证运输、仓储等各职能之间的协调一致,提高物流的经济效益;其次,提高及时掌握运营状况,处理非正常业务的能力;第三,明确各环节经营人的责任和义务,提供各相关企业的电子结算功能,提供实时的客户查询功能,实现物流信息的"客户共享",增强物流企业和客户间的合作伙伴关系;第四,提供货物流动库存的统计报表,提供各种接口实现物流系统和 GPS 系统、POS 系统以及其他出版、批发、销售系统的对接,建立完整的出版物商品供应链。

3. 标准保障战略。

(1)信息标准化。

信息标准化即利用信息技术,结合企业的业务流程,进行优化管理,优化资源配置和优化市场营销。书业物流信息标准化的工作即通过制订、发布和实施统一的物流信息标准,以获得最佳秩序和社会效益。信息全球化的形势和新经济时代的挑战,将迫使我们加快信息化的进程。书业物流在引进高科技同时,要尽快地进入业务变革层面,它将给企业带来重大的变革,即技术变革→业务变革→文化变革。

书业物流标准化技术涉及电子数据交换(EDI)、销售时点信息管理系统(POS)、条形码与识别系统、电子订货系统(EOS)、信息网络技术、供应链管理系统(SCM)和全球卫星定位系统(GPS)

等等。条形码技术现在已成为一种成熟的信息处理技术,具有信息采集速度快、信息量大、可靠性高等优点。通过几年的努力,已广泛应用于图书、音像、电子出版物中。条形码技术是实现电子数据交换(EDI)的基础,它利用光电效应,在条码阅读器上将光信号转换成电信号,从而读出条形码所"储存"的信息。目前具有更多智能化功能的 RFID 标签应用范围则广泛得多,它可以不断地主动或者被动地发射无线电波,只要处于 RFID 阅读器的接收范围之内,就可以被"感应"并且正确识别出来,阅读器的收发距离可长可短,根据它本身的输出功率和使用频率的不同,从几厘米到几十米不等。另外,RFID 的扫描速度也是传统条形码技术所不能与之相提并论的,RFID 的读卡器每 250 毫秒便可从射频标签中读出商品的相关数据。同时,RFID 支持批量处理,条形码标签需要一个一个识别,RFID 阅读器可以同时处理 200 个以上的标签。在处理标准数据方面,RFID 的优势十分明显,拥有现有的条形码标签不可比拟的容量优势。另外,RFID 还具有使用寿命长、安全性高、对环境要求低等优点。RFID 标签的寿命最高可以达到 10 年以上,其拥有条形码所不具备的防水、防磁、耐高温等性能;在雪、雾、冰、污迹等等各种恶劣的工作环境下,传统条形码的光学识别技术将会失效,而 RFID 依然可以正常地工作。物流信息标准体系的建立,将在企业内部促进信息流程管理,保证管理的规范和到位;在企业外部完善新型的供应链和客户关系架构,整合企业资源,提高设计企业的核心竞争力。

(2)物流工具标准化。

目前中国共有书业物流企业数百家,然而企业物流非标准化工具、非标准化设施却相当普遍。第一,书业物流企业的主管部门相互割裂,这是因上中下游企业分业经营所致;第二,运输、仓储、包装等物流作业环节不能构成一个有序的连续行为;第三,非标准化工具、非标准化设施造成完成一次物流要经过多次中转,造成资源上的浪费。目前,美国、欧洲基本实现了物流工具和设施的统一标准,如托盘采用 1000mm×1200mm 标准、集装箱的几种统一规格及条码技术等,大大降低了系统运转难度。在物流信息交换技术方面,欧洲各国之间的系统比亚、非等国家交流更简单、更具效率,物流设施的标准化,保证包装机、运输车辆、传送带等物流设施和设备的质量,对于降低物流成本,完善现代化的物流信息系统,与国际接轨等,将具有重要意义。

(3)物流流程标准化。

书业物流流程标准化应着重把握两点:一是要通过标准化改变现有不合理不规范的部分,二是加强物流标准化使整个物流系统更加完善,更加顺畅。如果把物流各部门之间(包括企业与企业之间)的联络看成一系列线的话,则物流各个作业部门就是这些线上的结点,只有通过标准化,线和点的运作才能促使物流流程的完成,物流信息化才得以实现。物流流程标准化并不是对原有物流系统的全盘否定,而是使物流系统再升华,使物流更加合理化、高效化、现代化,使物流时间、空间范围更加拓展。在物流各个部门即物流系统的物流结点中,不管是传统的仓库,还是现代流行的配送中心、物流中心、流通中心、配货中心,等等。一个典型的现代仓库作业流程标准化涉及以下几方面。总部控制中心包含以下几个功能模块:①集中控制功能;②运输流程管理功能;③车、货高度管理功能;④仓储管理功能;⑤统计报表管理功能;⑥财务管理功能;⑦客户管理功能;⑧客户查询功能。仓库控制中心包含以下几个功能模块：①接货功能；②入库功能；③盘点功能；④查询功能；⑤分类汇总功能；⑥订货功能；⑦补货功能；⑧拣货配送功能；⑨结算功能；⑩系统管理功能等等。

需要注意的是，必须保持与整个物流系统乃至整个企业系统各种流程和信息网络的标准化，如信息的格式上、信息的传输上等，以避免各种接口不一致，为以后的与整个互联网的链接上制造不必要的麻烦。

4. 组合物流战略。

从国际物流产业发展的经验和趋势判断，现代化的书业物流绝不是主体单一、功能单一、方式单一的，而是复合式的，或者说组合式的。组合物流就其功能来说，包括供应链管理、多边共赢供应链管理、电子商务物流等内容。

供应链管理（Supply Chain Management，简称 SCM）是以各种技术尤其是信息技术为依托，在供应链各节点间建立一种战略伙伴关系，实现从原材料供应商、制造商、分销商、零售商直到最终用户的商流、物流、信息流、资金流在整个供应链上的畅通无阻的流动，最终达到双赢甚至是多赢目的的过程。在供应链管理中，供应商管理的库存（Vendor Managed Inventory，简称 VMI）引人注目。它是一种在用户和供应商之间的合作性策略，具体来说，这是一种以用户和供应商双方都获得最低成本为目的，在一个共同的协议下由供应商管理库存，并不断监督协议执行情况，修正协议内容，使库存管理得到持续改进的合作性策略。传统的库存和分销管理思想显然无法满足这一要求。在传统的供应链上，基于交易关系的各个环节的企业都是自己管理自己的库存，在追求本企业利益最大化的前提下，每个企业都独自制定了自己的库存目标和相应的库存控制策略,这种孤立的运作导致了企业之间缺乏信息沟通,进而不可避免地会产生需求信息的扭曲和时间的滞后,往往使得库存需求信息在从供应链的下游向上游的传递过程中被逐级放大,从而大大增加了供应链的整体库存,在很大程度上削弱了供应链的整体竞争实力,而供应链管理的目标就是通过其节点上的各个企业之间的密切合作,以最小的成本提供最大的客户价值,这就要求供应链上各环节企业的活动应该是同步进行,库存管理职能也应当进行必要的整合,这样,企业由以物流控制为目的的库存管理转向以过程控制为目的的库存管理,即供应链的库存管理是基于工作流的管理。供应商管理的库存(VMI)正是适应市场变化的要求,体现供应链的集成化思想的一种库存管理方式。

5. 人力资源战略。

无论是政府相关职能部门或物流企业都急需物流专业管理人才、技术人才和经营人才。而我国目前物流人才严重短缺,这是我国物流业发展的主要制约瓶颈。

政府应该实施学历教育,在职培训和人才"引进来、走出去"三方齐头并进的人才培养战略,以满足我国物流业短期与长期的人才需求。一方面,国家教育主管部门应该开展高等院校物流管理专业的招生,并鼓励扩大招生,这是满足物流业中高级人才长期需要的主要途径。另一方面,要大力发展物流职业教育,加大对现有政府相关公务人员和物流企业从业人员的培训,以解决政府职能部门和企业对物流人才需求的燃眉之急。政府相关职能部门应进一步完善《物流业从业人员职业资格证书制度》,以满足我国物流行业升级发展对从业人员素质提高的要求。对于当前急需的政府、企业宏观决策与规划人才、高级管理人才、信息开发人才应该采取"引进来、走出去"战略,引进国外优秀物流人才,选拔具备相关专业理论基础的国内物流管理和技术人才到现代物流发达国家进行高层次培训,培养物流产业带头人。

6.科学发展战略。

胡锦涛同志指出:"坚持以人为本,全面、协调、可持续的发展观,是我们以邓小平理论和'三个代表'重要思想为指导,从新世纪新阶段党和国家事业发展全局提出的重大战略思想。"树立和落实科学发展观,"努力实现速度和结构、质量、效益相统一","必须坚持理论和实际相结合,因地制宜、因时制宜地把科学发展观的要求贯穿于各方面的工作"。发展书业物流必须以科学发展观作为指导思想,即以提高物流服务水平为基础,以科学技术为推动力,坚持书业物流的发展与社会文明、经济资源的协调发展,增强环境保护意识,从而最终实现降低书业物流成本,提高书业物流整体效益目标。

书业物流的发展,要考虑到与当前社会文明、经济水平相适应,要注重资源的合理利用,大力发展环保型的书业物流。当前我国书业物流的协调均衡发展的途径包括:(1)根据东西部经济发展的差异,利用东部沿海地区有利的地理位置,积极引进国外先进的书业物流的管理方法和物流技术,形成东部书业物流网络,并积极发展书业物流的国际业务;中部地区可以建设成联络东西部的书业物流基地,为中西部的出版发行业服务;西部地区由于地域广大,人口稀少,应选择性地在人口集中和经济发达地区建设书业物流重点基地。(2)根据东西部出版资源的分布不均衡的特点,以出版资源较为集中的大城市作为书业物流建设的重点地区,并以点带面,形成四通八达的书业物流网络。(3)发展书业物流要充分考虑到成本节约、环境保护的因素,积极利用社会物流资源为出版发行业服务,减少因设备投入所带来的成本负担及车辆增多对环境带来的污染。

(三)加速发展我国书业物流的若干对策

1.坚持以适应当前经济文化发展水平和出版发行业需要为标准发展书业物流,避免陷入误区。

由于物流理论研究环节的相对薄弱与滞后,发展物流实践中出现了一些与当前经济、社会文化水平不相适应的现象,致使书业物流发展存在着一些误区。从某种意义上来讲,如何避免这些误区也正是现阶段书业物流理论研究的紧迫课题。

误区之一:将发展现代物流的目的与发展现代物流的手段混为一谈,脱离我国经济、社会文化发展水平。我国尚处于现代物流初级发展阶段,有人认为发展书业物流就是添置现代化设施和高技术装备,片面追求或热衷于现代化、大型化的物流基础设施建设及信息通讯技术的更新,在生产企业、流通企业、社会综合运输体系以及流通中心等结点系统的物流管理和运作效率相对滞后的情况下,这种不切实际盲目追求高技术含量的结果只能是物流费用的进一步上升和物流资源的新一轮浪费,企业以及社会整体的综合物流效益将因此变得更低。

误区之二:将现代书业物流系统等同于"物流+运输+仓储+信息网络",认为只要具备相关的物流设施和设备,存在书业物流、销售物流等客观物流活动与需求,就可以经营和运作物流;或者简单将原有仓储单位改称物流中心,这种思想本质上还是源于传统的"大而全、小而全"的小生产意识。现代书业物流是社会分工进一步深化和专业化程度不断提高的产物,它的形成与发展过程同时也是通过书业物流组织的专业化与协作化提高对物流资源有效整合的能力,并刺激新的出版产业生产力不断壮大的过程。因此,如果以小生产的意识去发展,不仅传统储运向现代物流的转型将无从实现,还会在更大程度上降低企业物流效率和行业经济整体竞争能力。

误区之三:在思考书业物流发展战略及其规划问题时,人们往往产生两种错误倾向:一是不顾本地区、本企业的实际情况,按照书本"条条"或领导"指示"办事;二是脱离本地区、本企业经济、社会文化水平发展的实际需要,照抄照搬其他地区、企业的发展模式。事实上,由于区域分工体系不健全,产业结构趋同,经济技术的梯度推进迟缓,区域市场开放程度不高,每个地方都有不同于其他区域的实际,书业物流要从实际出发,"不唯书,不唯上,只听事实",才能走出一条与当地经济、社会文化水平相适应的发展路径。

2. 立足于书业物流总规模,加强宏观调控,避免重复建设。

根据新闻出版署统计资料显示,2004年中国传统出版物(含图书、图片、磁带、录像带、VCD、DVD、电子出版物等)中图书出版仍占大头,全年图书出版品种近15万种,营业额接近400亿人民币,其中教材教辅约占50%左右,其余为一般图书;全年图书总印张466亿,总册数约64亿。以此来确定全国书业物流的总规模,应是比较准确的。

在加快推进流通现代化的过程中,应该注意避免书业物流重复建设。在计划经济时期,书业物流在教材储运体系中进行了不少基础设施建设,目前在进行增量建设的同时更要注重盘活存量,还要注意硬件与软件并重,否则又会重蹈重复建设的覆辙。

现在有些地区置原先的设施资源不用,热衷于大搞"物流热",到处兴建"物流中心"、"物流基地",很容易犯低水平重复建设的错误。因为事实上有些地区许多仓储、运输线等基础设施利用率本来就很低。因此,在新建物流设施的同时,要重视现有(存量)设施的盘活和整合,只要处置得当,可以少投资多收益。而且,物流产业建设不仅要重硬件,更要重软件建设。

书业物流加强合作,是指上中下游企业不仅要实现出版物在信息资源方面的共享,而且要加强各企业自有物流(车队、仓库、人员等)的配送资源共享,以实现更大限度地利用行业各方面的资源,减少物流总支出,降低运营成本。书业物流能否加强合作,是衡量一个行业综合物流水平高低的重要标志。在西方发达国家,以第三方物流为主的物流合作系统十分发达,物流合作系统之间的利用率超过了75%,而在我国尚不足30%。书业物流过去一直没有重视"物流合作"的概念,每个企业都有各自一套"大而全"、信息闭塞的物流系统,造成资源不足和资源浪费并存的局面。书业物流加强合作之后,各企业可以根据需要随时选择购买合作物流服务,将企业自有物流与第三方物流有机合理地配置起来,将完全能够避免书业物流资源浪费,改变成本过高、管理混乱的状况。

3.统筹规划,加强区域合作,构建符合中国国情和行业特点的书业物流体系。

现代物流发展在中国书业中已经起步,传统运输、仓储、运输企业和服务市场正引入现代物流理念,如何加快转型提升,对于统筹规划,构建符合中国国情的书业物流体系十分重要。为加快书业现代物流发展,设想提出以下对策措施。第一,统筹规划引导布局,以规划破除行政区划、行业垄断,促进物流市场的形成。

以规划引导现代书业物流设施的合理布局是当前工作的当务之急。由于对书业物流业发展的规划引导不够,各企业在项目选择、项目选址、规模选择、功能定位等方面还比较盲目。如果长期缺乏规划的指导,势必导致书业物流业基础设施布局重复建设,造成新的混乱。因此,必须充分发挥有关政府部门统筹规划、综合协调的作用,抓紧出台书业物流发展纲要。第二,要加快书业物流对内对外开放的步伐。要研究制定有关政策,鼓励多元化投资主体进入书业物流领域,使物流业成为吸引外资和民间资本投资的新领域。市场准入的范围应从基础设施建设扩大到商业贸易、交通运输、仓储等服务领域。选择经济实力较强的企业集团,在出版准入权、分销权(批发、零售)及分销辅助服务(运输、速递、货物储运、货仓、维修、广告等)等领域先行开放试点。同时,要积极引进国际知名企业或跨国公司组建物流配送中心;鼓励有实力的企业"走出去",建立国际性书业物流网络体系。第三,引导企业树立供应链为中心的经营理念,积极培育现代书业物流市场需求。一方面要积极引导企业和其他社会组织,从供应链的角度,考虑自身的优势和劣势,改造和完善自有物流,或尽快将低效的物流部门和设施剥离出去,降低经营成本,构筑核心竞争力,推动企业向合理的专业化分工方向发展,使其真正成为追求利润的市场主体。第四,大力培育第三方书业物流企业。对第三方书业物流企业给予政策扶持,使其成为现代物流产业发展的示范者和物流企业资源的整合者,加速培育现代书业物流产业。第五,加快现代书业物流标准化建设的步伐。开展书业物流术语、计量、技术标准、数据传输标准、物流运作模式与管理标准的普及工作,积极推进条形码、托盘、集装箱、RFID 等通用性较强的物流技术和装备的标准化,推动书业物流企业进行国际认证,并将企业物流标准化水平作为政策倾斜的重要选择条件,以提高书业物流标准化作业水平及接轨国际的能力。

在书业全行业信息化程度提高的基础上,开展区域合作,充分利用第三方物流将是一个明显的发展趋势。中国国土面积大,图书品种多,交通不便,过去出版商、批发商和零售商热衷于搞"大而全、小而全"的自有物流,更深层次的原因在于信息闭塞、交通瓶颈制约等因素限制了物流需求无法与外界进行沟通。现代交通状况日益改善,信息化管理和网络技术不断革新,企业开展区域合作,能将物流需求信息迅速传达相关部门。这样,多数企业除了必备的车辆和仓库以外,可以尽可能多地利用第三方物流企业提供的专业服务,并从中得到高效、便捷的物流服务;而企业自建物流将退居次要地位,起到第三方物流的补充和辅助作用,从而避免资源浪费,起到投资少、见效快、大幅降低物流成本的作用。

4.尊重经济规律和技术规律发展书业物流,努力提升书业物流的技术装备水平和整体运作效率。

书业物流的发展,应建立在尊重经济规律和技术规律的基础之上,循序渐进。首先,以市场需求来推动书业物流业的发展。需求与供给是对孪生兄弟,需求决定供给,供给反过来也会引导需求,发展书业物流也应该建立在满足客户需求的基础上,并以客户需求来推动我国书业物业的发展。改革开放20多年来,随着经济的快速发展,我国出版市场已由原来的卖方市场转变为买方市场,每年的出版物品种由原来的几万种上升为近20万种,消费者的需求层次增多,消费的方式不断发生变化,使得整个出版物市场变得日益复杂,为了占领市场和扩大市场份额,出版商和零售商从诸多方面做出努力,提高企业物流能力,促使商品流通速度加快,以满足社会日益增长对出版物消费的需求。由于书业物流能力的提高,企业可以以更快的速度向消费者提供更多的产品和服务,反过来进一步促进了出版物市场的繁荣。其次,现代科学技术正以前所未有的速度发展,越来越多的科学技术被应用于企业的生产和经营,并迅速转化为生产力。科学技术促进了书业管理水平的提升,反过来,书业生产和经营活动的实践,对科学技术又提出了新的要求。以信息管理技术为例,20世纪80年代,随着微型计算机的出现,我国书业企业开始了计算机管理的实践。由于早期微型电脑处理能力较低,计算机管理在书业行业的应用范围小,作用低,基本上只是用来替代一些人工劳动,如打印文件等。而到了90年代末,计算机产业高速发展,使计算机的处理能力成百倍甚至成万倍的增长,使计算机处理一些较复杂的事务成为可能,在高效率的计算机管理软件的支持下,计算机信息管理开始在书业行业大范围内得到应用,而通讯技术和互联网技术的发展,使书业企业能够走出去,与外界进行信息共享。信息管理技术的进步促进了书业物流的进步,反过来,书业物流的管理实践,要求信息管理能够具备智能化、自动化的能力,对信息管理技术提出了新的要求,进一步推动了信息管理技术的进步和完善。

5. 发挥政府的主导和推动作用,实现书业物流的跳跃式发展。

在市场经营体制下,政府及其部门不能也不会直接干预书业物流建设,但可以通过产业政策、投资体制、土地税收政策乃至法律手段对书业物流的建设与发展进行必要的宏观调控。特别是当前大力发展文化产业,出版物发行作为文化产业和文化产品的重要门类,受到从中央到地方的高度重视。在书业物流的发展中,政府的作用非常重要,是实现书业物流跨越式发展的重要条件。首先,政府制定产业指导政策,将书业物流纳入当地经济发展和文化产业发展的统一规划中。第二,根据统一规划,在中央和地方政策许可的范围内,对书业物流发展所需要的土地、资金、财政补贴、人才和技术引进等方面给予保障,甚至给予政策倾斜。第三,政府利用其权威,撤除行业壁垒和地方保护主义,让物资、服务和物流信息在时间和空间上自由、快捷、安全地流动起来,形成书业物流发展的良好外部环境。第四,政府利用其经济和产业领导职能,主导、组织流通体制改革,以体制创新推动书业物流的发展。重点解决地区分行、分业、分割,企业"小而全"等问题,克服仓储企业建车队、运输企业建仓库、零售企业搞配送、流通企业搞零售等制度性难题,以专业化、市场化、社会化的标准发展本地的物流体系,包括书业物流。

6.抓紧推进标准化工作,完善书业物流相关法律法规,营造一个适合书业物流发展的外部环境。

日本东贩和欧美诸国,以及我国先进企业的物流发展的成功事例都说明:标准化工作和相关法制建设,是物流大发展的基础条件。

近年来,我国书业物流业发展受到了标准化建设滞后的困扰。物流非标准化装备、设施和行为相当普遍。如运输工具、包装容器、托盘、集装箱、仓库等物流设施和装备还没有形成有利于物流活动的标准化体系,在信息技术方面,信息无法达到一次输入全程共享,条码不能做到全程通用等等。业内权威人士认为,我国的物流企业如果能采用国际标准,其运行成本还可以降低40%以上。相对于其他标准来说,物流标准是一个全新的概念,政府应该给予足够重视与支持。成立物流技术标准化专业委员会,在对国外物流标准调研的基础上对我国物流业发展做出正确分析,建立一套适应物流发展和物流业务活动并与国际接轨的物流技术标准、作业标准、物流设备标准、计量单位标准、物流术语标准等标准体系,给我国的物流企业的软硬件设施建设和改造提供统一遵循的依据,提高我国现代物流业整体服务质量和服务效率。

随着物流业的逐步发展,许多企业所提供的服务已不仅仅是简单的运输和仓储,还包括多式联运、包装、配送、物流信息服务等各个环节。然而,我国目前还没有一套系统调整物流领域的法律体系,各种相关规定只是分散地存在于诸如《中华人民共和国公路法》《城市公路管理条例》《中华人民共和国民用航空法》《中华人民共和国海商法》《国际集装箱多式联运管理规则》等80多部法律法规中。因此,我国现行物流法的特点是重视局部调整,缺乏整体统一规划,且法律法规较为分散,导致市场机制不够健全、秩序较为混乱;法律法规繁杂,缺乏可操作性,且部分法律法规已落后于当前市场形势。实际上已阻碍了物流业的发展,当然更谈不上去促进它发展了。在立法上,各部、各地方协调不够,导致法律法规数量众多、水平不一,重复规定,甚至互相矛盾,导致法律效力严重受损。

后 记

1984—1988年,我负笈珞珈,求学问于书业,毕业南下,久伏深圳书店,是求生存于书业。书缘也是缘,从那以后,没有脱离过书业,尝想以后可能也难脱书业。因此,在我的眼里,书业是命根子。书缘如此，我唯有以身相托，以心相属。

　　我平时爱读书，也读了不少的书，但绝没有把书读好，自称"书篓子"，文凭"热潮"、学历"高消费"的年头，也曾想重返校园，弄顶硕士帽，但一看天桥上、地道口有文凭可买，而且防伪，又听说可代考等等，遂打消了这个念头。终于有一天，国家开始打击"假文凭"；又终于有一天，母校黄凯卿师把电话打到家里，告诉我：正规考试，正规录取，有学位，有学历。并正言：机会难得，竞争激烈，但是，不要放过。我同时向罗紫初师、方卿师、黄先蓉师等求证。大学同窗孙强、张美娟博士夫妇，素以顽皮著称的贺义董事长、郭学善总经理，更是赞同得别致：来、来、来，武汉好玩！于是我下定决心：投考！

　　不期就考上了，2002 年 5 月注册就读。期间，风雨寒暑，俗务与学业纠缠，作业与考试煎熬，都在预料之中。眼看快毕业了，不管能不能最后"通关"，我衷心感谢鼓励我参加学习的珞珈众师友！衷心感谢助我完成学业的珞珈众师长！衷心感谢领导陈锦涛先生和各位同事给我机会，并在我求学期间义务承担我的那份工作！衷心感谢我的家人！包括我的已经作古的严父——他多次说："你考上研究生是我一生中最开心、最荣耀的事情。"

　　黄凯卿师学品如其人品，严谨、严肃、严格，讨论问题鞭辟入里，指导论文字斟句酌，我畏其人而敬其行。北京交通大学汝宜红教授，与我一面之交，我电话打过去，请求对论文给予指导，竟二话不说，满口答应。谨此致谢！

　　人在书中，心在书中，行亦在书中。敬书缘而为吧。

图书库存膨胀的经济学考察 *

　　1985—1986 年之交, 一股"飓风"席卷全国新华书店: 图书库存恶性膨胀, 资金周转困难, 我国书业深陷经营危机之中。随之而来, 是压缩库存、订数滑坡, 换来"出书难"、"买书难"、"卖书难"呼声骤起, 我国图书市场一时竟四面"难歌"。近两年, 库存膨胀的矛盾虽有所缓解, 但隐患依然存在——据了解不少市县书店图书库存与销售的比例高达 1∶2, 实现的利润都掉进了库存"无底洞"(以图书商品存在, 过几年成为废纸一堆)。一些出版社自办发行以后, 图书库存严重, 大大超过经济承受力, 叫苦不迭。仅人卫、法律、人文、桂人、漓江五家出版社库存总额就高达 2696 万元, 平均每家 539.2 万元。

　　上述困扰均与图书库存直接相关, 正确地认识库存实在是我们发行工作者的重要任务。

一、解释图书库存膨胀的三种主流观点

　　1."总供给大于总需求说"。

　　这种观点认为: 近年图书库存膨胀是我国图书市场总供给超过总需求的必然结果。原因是出版物的品种和印数增长过快、过

＊本文系 1989 年"广东省图书发行科学研讨会"发表论文, 后收入《图书发行研究与探索》, 傅敬生主编, 武汉大学出版社 1993 年 11 月版。

滥,超过了社会承受力。并认为,从几年来图书销售增长率超过国民收入增长率一事实看,也不难得出这个结论(《出版研究》1986年第5期)。

这种观点是值得商榷的。首先,我国图书市场根本不存在总供给超过总需求的现象,而是相反。这从持续几年的"买书难"呼声中可以看出。某几种或某类书的市场供给可能超过市场需求,但只是局部的现象。

其次,从需求方面看,人民的精神文化需求在某种意义上是无限的。随着科学技术的进步、生活方式的改变,这种潜在的文化需求将使现实需求不断扩张,将供给远远地甩在后面。苏联出版事业居世界之首,每年出书8万多种,每天出书230种,印数达570万册,还未能满足人民的买书需要,屡屡出现书荒。而苏联的人员只及我国的1/4,以我国目前的出版发行生产力,品种印数哪能多呢?

第三,以图书销售增长率高于国民收入增长率推断图书总供给超过总需求,在方法论上也是错误的。其一,两者的可比度不足以相提并论;其二,我国人民经历了十几年的"书荒",文化需求被迫推迟;其三,我国图书销售额基数小,即便以很高的速度增长,增量也是有限的,而城乡居民总收入只要增长一个百分点,其绝对增量以百亿计数。

因此,此说是难以解释库存膨胀的。

2."图书供给结构不合理说"。

这种观点认为:库存膨胀,不是由于供给超过总需求,而是由于图书供给结构不合理,重复出版、粗制滥造、质量低劣,社会效益差。

王益同志说:"不是一般的库存增加,而是某些滞销书的大量

积压。"(《出版研究》1986 年第 11 期)

此外,出版界有一位老同志对 1985 年所出的 4.5 万种书作了认真的分析,结论是:除 1 万种教材、图片外,其余的 3.5 万种图书中,1/3 的品种质量平庸,近 1/3 的品种选题重复,另有 1/3 强点的品种是质量较好的。

这种观点从出版物质量,从图书市场供给结构入手,在某种意义上可以说明库存产生的原因,特别是在出版缺乏宏观管理、出版社短期行为严重的情形下,更是如此。某些内容平庸、选题重复的书籍必然会丧失读者而使书店蒙受库存积压的损失,但是,这种观点对酿成库存膨胀的深层原因缺乏分析。

3."出版发行体制制约说"。

这种观点产生于近几年推进出版发行体制改革的过程中。它认为:图书库存膨胀,既不单纯是生产问题(出版质量),也不单纯是发行问题(流通渠道),而是图书生产流通领域各种矛盾和问题的综合反映。确切地说,图书库存膨胀主要是由于图书发行违背经济规律,首先是价值规律,致使调节图书商品供给与需求的市场机制失灵而形成的。笔者主张这种观点。

出版发行体制的制约表现在:

(1)出版社习惯于过去的图书行政分配体制,不按市场需要决定选题、出版品种,不立足于提高出版物质量来吸引读者扩大销售并在同行竞争中获胜。

(2)在改革中微观出版搞活了,但宏观出版管理及相应制度建立的严重滞后,造成出版秩序混乱。与图书库存膨胀直接相关的是选题重复,大搞"一窝峰"出版——这种情形直接导致书店重复进货,图书供给与需求在数量、品种、层次上严重脱钩,造成库存膨胀。

（3）现存的出版利润分配格局极大地损害了图书发行者的积极性，相反激发了出版社多出版、乱出版的冲动。前者包赔，后者包赚。"出版社躺着赚钱，发行所站着赚钱，新华书店跪着赚钱"，描述的正是这种利益分配格局。它不仅挫伤了书店企业及其职工的积极性，更重要的是书店丧失了发展能力，不能增加网点和人力来承担增大的发行任务，因而陷入恶性循环。

（4）正在形成的图书流通格局是国营（新华书店和出版社自办发行）、集体、个体、股份合资一起上，这是改革的产物，是好事，它使每一个图书经营者面对竞争，进而改善经营、改善服务、活跃市场。但是，问题根本的一面是，活跃需要规则，需要秩序——恰如足球运动需要裁判。在商品经济发达的国家，引导市场的是价值规律、市场法则。而在我国图书市场，人们商品观念淡薄、偏好行政手段，人为地限制或不考虑市场法则的调节作用，使流通领域陷入混乱。这也是库存膨胀的一个因素，下面的讨论将证实这一点。

二、图书库存膨胀的市场传导机制

需要指出的是，库存并不一味是不合理的，给人印象是膨胀的。维持商品正常流转的库存是必需的、合理的，超过合理库存的那一部分便属于膨胀的范围了，本文讨论的仅限于后种意义的库存。

1. 图书市场的供求关系与均衡价格。

图书市场是图书商品买卖关系的总和。从这种意义上说，图书库存是图书商品在市场上经过供给与需求两种力量平衡对比而产生的一种结果，其间起决定作用的是市场机制——即供求规律使价格围绕价值上下波动，形成均衡价格，达到新的供需平衡。

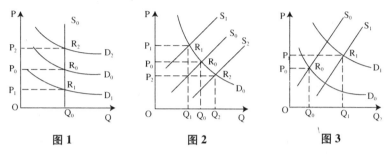

图1　　　　　　图2　　　　　　图3

均衡价格,按现代西方经济学的定义是:"买主和卖主双方都
能满意的唯一价格。在某一货物的均衡价格下,市场上的买主们
正好愿意买进卖主们打算出售的全部货物。"在完全市场条件
下——即不存在市场垄断、市场分割,市场法则自主地发挥作用,
我们看图书市场供需模式(见图1):

图1、2、3中,由于供给 S 是价格 P 的增函数,所以供给曲线
向右上方延伸,需求 D 是价格 P 的减函数,所以需求曲线向右下
方延伸。供给线与需求曲线的交点 R 是均衡点,确定市场均衡价
格 P。

图1,供给不变。供给曲线是沿直线 S_0,决定供给量 Q_0。当
需求为适应供给的某值 D_0 时,确定市场均衡价格 P_0。当需求降
低至 D_1 或上升至 D_2 时,确定市场均衡价格 P_1 或 P_2。图书商品
按此价格进行交易,没有不满足的现实需求。

图2,需求不变。市场需求量为 D_0,供给为适应需求的某量
Q_0 时,确定市场均衡价格 P_0。当供给减少到 Q_1 时,市场均衡价
格上升到 P_1;当供给增加到 Q_2 时,市场均衡价格下降到 P_2。图
书商品按均衡价格进行交易,没有未实现的供给。

图3,供给需求都不定。这是1、2 两种情况的重叠,道理
一样。

在上述讨论中重要的是价格对供求关系的灵敏反应性,体现为降价或涨价。其中的机理是供给与需求的价格弹性,即价格上涨一个百分点可相应增加供给而减少需求,价格下降一个百分点可相应减少供给而促激需求增加。

2. 现时我国图书市场的供需模式。

我国图书市场最基本的特征是:所有图书实行"价格终身制"。无论供需关系对比多么悬殊,一概不允许浮动。取消了价格的自由浮动,也就取消了价值规律,取消了市场法则,库存膨胀是其严重后果之一。

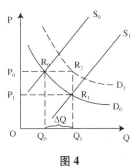

图 4

图 4,向市场投放图书商品 Q_0,设若此时市场需求 D_0 恰与供给相适应,则确定市场均衡价格 P_0。再向图书市场投放同类图书 $\triangle Q$,供给曲线被推到 S_1。如需求不变的话,市场将形成新的均衡价格,P_0 下降为 P_1。或保持均衡价格不变,必须右推进需求曲线到 D_1,$\triangle Q$ 才可能被扩大了的需求所吸收,不至于沦为库存积压。

我们讨论 $\triangle Q$ 在现实情况下将面临何种命运。

(1)由于实行僵死的"价格终身制",不可能形成新的均衡价格 P_1,$\triangle Q$ 不能被降低了的市场价格(促激需求)吸收,沦为库存积压。

（2）由于现实需求——即有货币支付能力的需求在一定时期是有限的，并且对书店来说是一个不可控的外生变量。因此，在保持价格不变的情况下，靠促激需求（非价格刺激）是不能解决问题的，更不用说那些品种不对路、数量不恰当的图书。

在我国现行图书市场体制下，库存膨胀的经济机理就是这样，膨胀的量等于$\triangle Q$。

三、实证研究一控制库存的重要价值

1.经验公式 $C'+S'+P'=25\%$。

书店企业取得经济效益的途径是通过销售取得销售收入，扣除销售成本、综合费用，取得经营利润——这是账面的利润，必须扣除的还有新增库存额，因为在书店"书就是钱，钱就是书"，这个库存图书能否转化为货币有待于市场的考验。因而计算当年实际利润必须将经营利润（账面利润）减去新增库存额，以剔除水分。

费用率（C'表示）、新增库存率（S'表示）、实际利润率（P'表示）和销售折扣（现按正常渠道进货折扣为25%）存在如下等量关系，即：

$C'+S'+P'=25\%$

两个重要的派生关系式是：

$S'=25\%-(C'+P')$　　　　　　（1）

$P'=25\%-(C'+S')$　　　　　　（2）

式（1）、（2）的经济意义是：剔除 C'不计，S'（新增库存率）与 P'（利润率）互为减函数，即 S'下降，P'上升；S'上升，P'下降。从而看出控制库存是何等的重要！

2. 深圳市店 1985—1988 年经验分析。

年份	W （万元）	S （万元）	S′	C′	P′	P″
1985	255.51	87.47		8.17%		3.91%
1986	360.50	138.25	14.09%	9.84%	1.07%	2.83%
1987	564.24	205.56	11.93%	14.41%	−1.34%	1.96%
1988	640.11	219.99	2.25%	12.37%	10.38%	3.39%

表中：W 为图书总销售，S 为年平均库存，S′ 为新增库存率，C′ 为综合费用率，P′ 为账面利润率。

从上表可以看出 S′、P′、P″ 之间的关系，特别是 S′、P′ 对比强烈，是显相关的两个因素。我们分析两个极端的年份：1987 年和 1988 年。

（1）1987 年对于深圳市店是深陷经营危机的一年。这年库存恶性膨胀，期末库存高居 278 万元，平均库存达到 205.56 万元，大量资金被占用，银行告贷无门，资金周转十分困难。S′ 和 P′ 分别是：

S′ = （当年平均库存—上年平均库存）÷当年销售总额

= （205.56−138.25）÷564.24 = 11.93%

就是说，新增库存率是 11.93%，表示购进 100 元图书中有 11.93 元卖不出，成为库存。

P′ = 25%−（C′+S′）

= 25%−（14.41%+11.93%）= −1.34%。

这说明，1987 年的图书经营实际是赔本 1.34%，不合理控制库存，以致酿成库存膨胀,势必造成亏损。出现销售越多,赔得越多的怪现象。

(2)1988 年深圳市店吸取上年教训,采取多种积极有力的措施压缩库存、推进销售,结果年终库存下降为 164 万元,比年初的 278 万元下降了 114 万元,年均库存为 219. 99 万元,S′ 和 P′ 分别是:

S′ =(219. 99−205. 56)÷640. 11 = 2. 25%,即说购进 100 元图书仅有 2. 25 元卖不出,成为库存。

P′ = 25%−(12. 37%+2. 25%)= 10. 38%。取得 10. 38%的利润率,经济效益是十分理想的。这是合理控制库存的结果。

3. 控制库存的数量界限。

从公式 P′ = 25%−(C′+S′)可知,除费用率以外,决定书店企业利润率的因素是新增库存率。换言之,库存决定书店企业的实际赢利水平。因此要提高书店的经济效益,科学的控制库存是必不可少的,甚至是书店企业经营管理中的核心内容。遗憾的是几十年来对此重视不够,或者说库存控制根本就不是人们注意的中心。

控制库存的关键是确定合理的库存数量界限。

从定性的角度看,合理库存是维持图书商品正常流通所必需的库存商品,它是由商品流通规律决定的。定性研究引导人们认识事物的本质,但不能提供改造事物的操作工具。

合理库存的定量研究是要解决科学地控制库存的数量界限,即什么量的库存对书店企业经营是必需的,并能使企业实现预定的利润目标和取得最理想的经济效益?

已知 C′+S′+P′ = 25%

$$P' = 25\% - (C' + S') \qquad\qquad (1)$$
$$S' = 25\% - (C' + P') \qquad\qquad (2)$$

我们这样来确定库存的数量界限：

（1）费用率 C' 在短期内如近二三年中的涨落不会很大，可以近似地视为常数。

（2）书店企业受赢利动机的驱使（并不否认服务社会的公益动机），首先关心的是经营的赢利水平。经理们经常会算这个账，最常见的是在年度经营计划中提出一个预期利润率 P'，作为奋斗目标。

（3）在费用率 C' 一定的情况下，取得预期利润率的手段是控制新增库存率 S'。这里人们会争论说，不对，手段应该是促进销售，改善经营管理。是的，但是，这些手段的结果从经济核算的角度看是体现在费用和库存上的。

假定某书店企业的预期利润率 $P' = 5\%$，根据历史费用水平和当年费用管理能达的费用水平是 $C' = 10\%$。那么新增库存率 $S' = 10\%$，这是合理库存的上限，不能超过，否则预期利润率无法实现。

当然，这只是一个特例，但原理已包含其中。C'、P' 和 S' 有多种组合，实现其中的最佳组合是书店企业经营管理的最佳境界。

合理控制库存的对策应是必然的。但是，库存控制是一个综合问题，贯穿于图书发行经营管理的始终和各枝节，非一人一时能完成；亦限于篇幅，本文不予讨论。

我们相信：实践出真知。

深圳文化的新视角:图书消费结构变动趋势分析[*]

一、图书消费结构是文化深圳的重要表征

　　文化,作为一个重大而复杂的社会课题,已经成为当代社会科学中的一门显学。文化事业,在我国的现代化目标中,在一个地区的城市化、全球化和现代化进程中,正受到越来越多的重视,这种重视包括政治号召、政策倾斜、资金投入(含土地和设备)、人才吸纳使用与培养,以及有利于文化发展的诸种环境。可以说:文化的春天到了!

　　毋庸置疑,深圳在我国改革开放和建设中国特色社会主义的伟大实践中,具有突出的意义。同样,深圳的文化和文化事业,按照"经济的是最美的"之原则,称作文化深圳。在一个城市的现代化进程中可能经历和可能创造的一切中,文化深圳具有托马斯·库恩(Thomas Kuhn)在谈科学革命的结构中提出的重要概念——"典范"(Paradigm)等同的意义。从词义考察,"Paradigm"在权威英文辞典中的解释是:范式、范例、模范。

　　阐释、认识文化深圳存在许多不同的视角。讨论深圳的图书消费结构,并从这一视角专题探究深圳文化,从目前掌握的资料看未见记录。我们愿做尝试,以期抛砖引玉。本文立论的依据是:文化

──────────
＊本文系作者承担原深圳市文化局文化研究调研课题论文,获"优秀论文"奖,刊载于《深圳文化研究》2001年第2期。

深圳的内涵异常丰富,而且是隐含的;许许多多的人、事、物都负载着深圳文化;图书是重要的秉承传统、走向现代的文化知识载体,图书消费结构决定于市民的知识文化需求,同时,一定结构模式下的图书消费通过潜移默化的作用机理,影响着市民的精神生活,在文化深圳的形成进程中起着不可低估的巨大作用。因此,有人从经验层面上肯定:看一个城市的文化品位和文化特性,只需看她的书店和图书馆。即是说:图书消费结构表征城市文化。

二、深圳建市以来图书消费结构及其动态分析

图书消费结构,是指某地区在统计期内(通常以年为期限),按照《中国图书馆图书分类法》的分类标准,以新闻出版署规定的新华书店流转报表为统计依据,计算得出各类图书在图书总销售中所占的比例及其对比关系。1985年我国出版发行体制改革以前,新华书店独家经营图书零售,一个地区的新华书店的图书销售结构,就是一个城市的图书消费结构。之后,虽然增加了一些社会图书网点,但新华书店仍然占据着主渠道的地位,持有最少60%以上的市场份额。从统计意义上讲,这个地区的新华书店的图书销售结构,也足以代表该地区的图书消费结构。

为了便于在全国范围内进行比较,同时兼顾学科分类的科学性,我们将社会图书总消费区分为一般图书和教材课本。由于教材课本基本上属于非市场性的计划产品,购买者、使用者及其功用比较单一,不多作考察,而是重点讨论一般图书。我们把一般图书归入以下五大类,分别是:

第一类:社会科学,包括:哲学、政治、经济、军事、法律、社会学、文化学、历史、地理、美学、心理学、宗教等。

第二类：科学技术，包括：工业技术、医药卫生、电子计算机、通讯、建筑工程、水利电力、电工机械、交通运输、航空航天、农林园艺等。

第三类：文学艺术，包括：文学理论、中国文学、外国文学、表演艺术、造型艺术、书法绘画、艺术史等。

第四类：文化教育，包括：中小学教辅读物、成人教育读物、应试读物、少儿读物、教育理论、语言文字、工具书等。

第五类：音像制品和电子出版物。

反映在图书消费上，即图书的购买、收藏、阅读和使用中，它们所代表的意义可以归纳如下：

第一类阅读：指向社会科学类图书，具有思辩性、价值性、人文性的特点。

第二类阅读：指向科学技术类图书，具有工具性、实用性、功利性的特点。

第三类阅读：指向文学艺术类图书，具有人文性、休闲性、鉴赏性的特点。

第四类阅读：指向文化教育、少儿读物类图书，具有求知性、教育性、群体性的特点。

第五类阅读：指向各种音像制品和电子出版物，即视听产品，具有艺术性、欣赏性、休闲性的特点。

表一：图书消费分类及阅读类型及特点

阅读类型	图书消费类别	特　点		
第一类阅读	社会科学	思辩性	价值性	人文性
第二类阅读	科学技术	工具性	实用性	功利性
第三类阅读	文学艺术	人文性	休闲性	鉴赏性

续表

阅读类型	图书消费类别	特　点		
第四类阅读	文化教育　少儿读物	求知性	教育性	群体性
第五类阅读	音像制品　电子出版物	艺术性	欣赏性	休闲性

表二：深圳建市以来历年图书消费结构对比表

单位：%

类别＼年份	80	85	90	95	96	97	98	99	2000
社会科学	3.2	6.6	9.2	10.7	9.7	11.7	10.7	11.2	12.5
科学技术	2.3	12.1	10.2	12.0	7.1	14.6	16.4	19.6	21.5
文学艺术	28.9	29.0	22.7	23.0	22.3	15.5	10.9	11.4	9.2
文化教育	31.1	31.1	27.1	27.0	31.2	25.7	24.5	26.9	29.0
音像电子	13.3	4.7	6.6	7.3	13.2	17.3	15.0	15.3	16.4
教材课本	21.2	16.5	24.2	20.0	16.5	15.2	22.5	15.6	11.4

表三：全国八城市 1998—2000 年图书消费结构对比表

单位：%

年份＼类别		社会科学	科学技术	文学艺术	文化教育	音像电子	教材课本
1998	北京	10.9	10.6	9.8	21.6	8.7	38.4
	广州	13.5	15.5	12.0	19.7	14.7	24.6
	长春	5.2	8.5	10.5	13.4	0.1	62.3[①]
	成都	6.5	12.1	12.2	37.8	6.3	25.1
	杭州	8.1	14.0	10.4	34.8	3.7	29.0
	长沙	9.7	15.1	8.6	21.9	4.0	40.7
	乌鲁木齐	6.0	9.0	12.2	39.2	1.7	31.9
	全国平均	4.6	6.9	7.0	29.9	1.2	50.4

续表

类别 年份		社会 科学	科学 技术	文学 艺术	文化 教育	音像 电子	教材 课本
1999	北京	12.6	13.7	9.1	21.8	7.9	34.9
	上海	10.3	16.0	10.2	23.3	6.5	33.7
	广州	7.7	15.4	7.3	23.6	13.8	32.2
	长春	6.0	8.0	7.7	12.8	1.0	64.5[②]
	成都	8.1	13.7	10.4	34.7	8.4	24.7
	杭州	7.8	13.6	8.5	38.3	6.6	25.2
	长沙	5.9	9.0	12.2	36.1	1.7	35.1
	乌鲁木齐	6.9	10.6	12.8	39.2	1.2	29.3
	全国平均	5.4	7.2	5.8	30.3	1.4	49.9
2000	北京	13.1	13.6	9.5	22.6	8.1	33.1
	上海	12.7	16.5	10.9	21.2	7.7	31.0
	广州	9.8	15.1	10.3	26.4	15.0	23.4
	长春	5.3	7.8	6.6	9.0	1.0	70.3[③]
	成都	8.6	12.7	10.3	29.5	10.5	28.4
	杭州	9.8	15.3	9.3	35.0	5.8	24.8
	长沙	9.7	12.8	8.8	27.4	4.9	36.4
	乌鲁木齐	7.2	10.5	10.8	37.2	0.8	33.5
	全国平均	5.2	6.9	6.9	31.1	1.5	48.4

注:1998年上海数据暂缺。①、②、③中分别包括文化体育用品15.1%、17.1%、23.2%。

这些指标的变动趋势,如同一个城市的脉搏,是文化的律动,律动的模式化就是文化生成过程的表征。我们分析《深圳建市以来历年图书消费结构对比表》,不难得出以下结论。

第一,社会科学类图书的消费呈上升趋势,形成平台期。该类图书在深圳建市初期的 1980 年仅占 3.2%，只及文学艺术的 1/9 和文化教育 1/7，以后逐年攀升，到 1996 年达到 9.7%。1997 年以后增势趋于平缓，所占比例为 10.7%—12.5%，社科类图书的消费反映着市民对社会、经济、政治发展诸问题的关怀、探求和参与，这一趋势正反映我国改革开放和现代化过程的庞大背景，也体现着深圳各发展阶段的不同特点以及总体趋势——市民社会意识、公民意识、全球意识和现代意识不断增强。

第二，科学技术类图书消费增长迅猛，异军突起。1980 年深圳科技类图书销售仅占微不足道的 2.3%，是文学艺术和文化教育的 1/10，在被统计的六大类中位居末位。在后工业社会、信息社会这是一个极大的讽刺！此后一路攀升，至 1998 年达到 16.4%，荣升第三位，2000 年更高达 21.5%！这一点充分佐证了当代社会是科技社会，高新技术居主导地位。同时，说明深圳市民的技术求知、技术消费的强烈愿望和科教兴市战略的感召力。在文化上无疑会培育一种以高新技术产业和产品的研发、生产、流通和消费为代表的技术文化——正如美国的硅谷和硅谷文化。

第三，文学艺术风光不再，虽然总量稳中有升，但不敌科技类和音像电子出版物的强势增长，所占比例回落明显。1980 年，深圳文学艺术图书消费占总销售的 28.9%，高居榜首，以后逐年下降，至 2000 年仅为 9.2%，在被统计的六大类中居倒数第一位。此点颇值得玩味，而且容易造成一种误解——文学艺术的下降是否代表着市民阅读的人文情怀的淡漠。其实不然！我们必须从图书出版发行史来认识这个问题："文革"期间全国经历了史无前例的书荒，后经拨乱反正，迎来科学的春天和文学艺术的春天，各类优秀出版物特别是文学著作大行其市，市民被迫压抑和推迟的阅读欲望得以补偿。此后是阅读价值的回归,趋于理性。另外尚需回答的是:1996 年文学艺术类重上 22.3% 的高点,为什么?因为当年深圳举办第七届全国书市,大批国内外图书馆前来深圳重点采购,一些市民突击买书,且以文学图书为主,抬升了这一比例。

第四,文化教育类图书独步高楼,稳居榜首。经统计分析的 9 个年份中,文化教育类图书一直居各类之首,比例从 24.5%—31.2% 不等。这类图书的特点是辅助教育、应试求知,其购买和阅读群体的个人身份绝大部分为学生、后续教育者,这一指标揭示的文化意义至少包括:1. 深圳的移民城市的特征和改革开放试验田的地位,决定了市民参与竞争、求知致胜的竞争意识显著,展示出一种好学求知、发奋图强的群体面貌。2. 相对其他城市,人口年轻化,学生人口所占的比例相对较大,校园文化以及教育文化凸显,郁秀和《花季雨季》在深圳产生并风靡全国绝非偶然。3. 在深圳人的价值观体系中,知识和智慧占有应有的地位,知识经济意识深入人心。

第五,音像制品、电子出版物作为现代出版物之一种,在深圳市民的广义图书消费结构中占有显明的地位,比例从 4.7%—17.3% 不等,1996 年以后稳定在 10% 以上,远远高于全国平均水平(后面还将谈到)。这一点说明:"仓廪实而知礼节",随着物质生活的丰富,市民的精神文化需求也变得丰富起来,表现在出版物的消费上,则不仅总量增加——深圳人均出版物消费量已连续12 年居全国第一位,而且结构和品质也在变化,音像制品、电子出版物作为出版物中的"新贵"和"奢侈品",广泛步入寻常百姓家,展现出一种新的文化休闲模式。

三、深圳与全国六大区、八大城市的比较研究与分析

为着统计分析的科学性、合理性,使有关结论建立在扎实的论据基础之上,我们收集了全国六大区、八城市1998—2000年的销售数据,计算得出表三《全国及八城市1998—2000年图书消费结构对比表》。其中:华北区——北京市,东北区——长春市,西北区——乌鲁木齐市,华东区——上海市、杭州市,西南区——成都市,华南区——广州市、长沙市。拿深圳市与这些城市进行比较、综合分析,试看深圳人的阅读品位和文化特性。

(一)社会科学类图书消费——以思辩性、价值性、人文性为向度

表四:全国社会科学类图书消费结构对比表

年度\城市	1998		1999		2000		综合排名
	比率	排序	比率	排序	比率	排序	
北京	10.9	2	12.6	1	13.1	1	1
上海			10.3	3	12.7	2	2
广州	13.5	1	7.7	6	9.8	4	4
深圳	10.7	3	11.2	2	12.5	3	3
长春	5.2	8	6.0	8	5.3	8	9
成都	6.5	6	8.1	4	8.6	6	7
杭州	8.1	5	7.8	5	9.8	4	5
长沙	9.7	4	5.9	9	9.7	5	6
乌鲁木齐	6.0	7	6.9	7	7.2	7	8

　　前已说明,社会科学类图书,包括哲学、政治、经济、军事、法律、社会学、文化学、历史、地理、美学、心理学、宗教等。其读者群体主要为公务员、社会工作者、大专院校师生以及中专以上学历的其他阶层市民。该类图书的阅读活动本身具有思辩性、价值性和人文性的特征,在阅读的价值体系中代表着市民的学术倾向、知识层次、群体结构和求知品味。北京市连续二年居第一位,上海市居第二位(因上海书城 1998 年底开业,故该年资料缺如),深圳市居第三名。其后依次是广州、杭州、长沙、成都、乌鲁木齐、长春。深圳建市 20 年,作为新兴的现代化城市,社会科学类图书消费能与上海、北京齐登三甲,这一现象很值得我们关注和挖掘,进而引导,形成自己的学术特色和学术文化。一方面这是上海、北京两市学术文化发达的有力佐证,同时也说明深圳已具备建立自己的学术文化的土壤和气候。

　　(二)科学技术类图书消费——以工具性、实用性、功利性为向度

表五:全国科学技术类图书消费结构对比表

年度 城市	1998		1999		2000		综合 排名
	比率	排序	比率	排序	比率	排序	
北京	10.6	6	13.7	4	13.6	5	5
上海			16.0	2	16.5	2	2
广州	15.5	2	15.4	3	15.1	4	3
深圳	16.4	1	19.6	1	21.5	1	1
长春	8.5	8	8.0	8	7.8	9	9

续表

年度 城市	1998		1999		2000		综合 排名
	比率	排序	比率	排序	比率	排序	
成都	12.1	5	13.7	4	12.7	7	6
杭州	14.0	4	13.6	5	15.3	3	4
长沙	15.1	3	9.0	7	12.8	6	7
乌鲁木齐	9.0	7	10.6	6	10.5	8	8

　　科技类图书的界限是非常明晰的,其特点是内容确定,针对性、专业性、实用性强于其他类图书。读者群体大多数为科技工作者、研究人员和极少数的爱好者,公费消费比例较其他类图书更高。其阅读特征是工具性、实用性、功利性。这一比例的排序前三名分别是深圳、上海、广州,其后依次是杭州、长沙、北京、成都、乌鲁木齐、长春。深圳高居榜首,这与深圳高新技术产值占GDP总量的比例排序是完全吻合的,说明了深圳科技兴市战略的正确性和感召力。

　　(三)文学艺术类图书消费——以人文性、休闲性、鉴赏性为向度

表六:全国文学艺术类图书销售结构对比表

年度 城市	1998		1999		2000		综合 排名
	比率	排序	比率	排序	比率	排序	
北京	9.8	6	9.1	6	9.5	4	6

续表

城市 \ 年度	1998		1999		2000		综合排名
	比率	排序	比率	排序	比率	排序	
上海			10.2	5	10.9	1	4
广州	12.0	2	7.3	9	10.3	3	5
深圳	10.9	3	11.4	3	9.2	6	3
长春	10.5	4	7.7	8	6.6	8	9
成都	12.2	1	10.4	4	10.3	3	2
杭州	10.4	5	8.5	7	9.3	5	7
长沙	8.6	7	12.2	2	8.8	7	8
乌鲁木齐	12.2	1	12.8	1	10.8	2	1

　　文学艺术类图书的消费主要包括小说、诗词歌赋以及文艺理论读物,核心是中外文学名著、畅销流行小说。"文学即人学",该类阅读具人文性、休闲性、鉴赏性的特征。对文学艺术图书的阅读,除文学创作和文学评论工作者、大专院校中文系专业学生外,不直接服务于人们的学习、工作和生活,但它通过知识积累的过程,帮助人们增长知识、提高学养、陶冶性情。属于阅读中的"浪漫派"、"情调派",非功利性特征最为强烈。这一指标中,深圳三年分别居第三位和第六位,落后于乌鲁木齐、成都,其后依次是上海、北京、杭州、长沙、长春。这一排序颇能说明这几个城市的文化性格。深圳作为新城而名列前位,是一个可喜的现象。

(四)文化教育类图书消费——以求知性、教育性、群体性为向度

表七:全国文化教育类图书消费结构对比表

年度 城市	1998		1999		2000		综合 排名
	比率	排序	比率	排序	比率	排序	
北京	21.6	6	21.8	8	22.6	7	8
上海			23.3	7	21.2	8	7
广州	19.7	7	23.6	6	26.4	6	6
深圳	24.5	4	26.9	5	29.0	4	5
长春	13.4	8	12.8	9	9.0	9	9
成都	37.8	2	34.7	4	29.5	3	3
杭州	34.8	3	38.3	2	35.0	2	2
长沙	21.9	5	36.1	3	27.4	5	4
乌鲁木齐	39.2	1	39.2	1	37.2	1	1

文化教育类图书的消费对象主要是学生、参加后续教育者,因此具有鲜明的求知性、教育性、群体性的特征。它揭示的内涵包括:城市人口的年龄结构、家庭和社会对教育的投入以及人们对知识的渴求。深圳居第五位,从高到低依次是乌鲁木齐、杭州、成都、长沙、广州、上海、北京和长春。

表八:全国教材课本类图书消费结构对比表

年度 城市	1998		1999		2000		综合 排名
	比率	排序	比率	排序	比率	排序	
北京	38.4	3	34.9	3	33.1	4	3

续表

城市 \ 年度	1998 比率	1998 排序	1999 比率	1999 排序	2000 比率	2000 排序	综合排名
上海			33.7	4	31.0	5	5
广州	24.6	7	32.2	5	23.4	8	8
深圳	22.5	8	15.6	9	11.4	9	9
长春	62.3	1	64.5	1	70.3	1	1
成都	25.1	6	24.7	8	28.4	6	7
杭州	29.0	5	25.2	7	24.8	7	6
长沙	40.7	2	35.1	2	36.4	2	2
乌鲁木齐	31.9	4	29.3	6	33.5	3	4

　　教材课本属于学生用书,按目录征订发行,计划性多,市场性少。其阅读和消费群体限于学生和教师,消费目的单一——教与学。一个城市在图书消费总量一定的情况下,教材课本加上文化教育类图书占的比例越大,则其他图书消费越少,从另一个角度说明当地图书市场的繁荣程度和市民的图书消费力。一般而言,教材课本和文化教育图书所占比例越小,说明该城市图书市场活跃,市民图书购买力强。深圳1998—2000年教材课本所占比例分别是22.5%、15.6%、11.4%,在统计分析的八城市中所占比例最小,只及全国当年平均水平的44.6%、31.2%、23.6%。

（五）音像电子出版物消费——以艺术性、欣赏性、休闲性为向度

表九：全国音像电子出版物消费结构对比表

年度 城市	1998		1999		2000		综合 排名
	比率	排序	比率	排序	比率	排序	
北京	8.7	3	7.9	4	8.1	4	4
上海			6.5	6	7.7	5	5
广州	14.7	2	13.8	2	15.0	2	2
深圳	15.0	1	15.3	1	16.4	1	1
长春	0.1	8	1.0	9	1.0	8	9
成都	6.3	4	8.4	3	10.5	3	3
杭州	3.7	6	6.6	5	5.8	6	6
长沙	4.0	5	1.7	7	4.9	7	7
乌鲁木齐	1.7	7	1.2	8	0.8	9	8

音像制品、电子出版物同属广义的图书，是传统图书的现代版。音像制品的负载内容决定了它的消费具有艺术性、欣赏性、休闲性的特征；电子出版的负载内容主要是工具书、名著、百科全书、电子游戏、动画片等，其阅读的特征取决于它所负载的具体内容，无须赘述。音像制品、电子出版物属于市场"新宠"，具有时尚性、超前性、现代性之特色。深圳连续三年居第一位，是很能反映我们这个城市的文化性格的。

四、结论:对深圳文化的三点思考

(一)知识的分享比财富的分享更重要

表十:1998—2000 年深圳图书消费结构在全国排名情况表

类别	社会科学	科学技术	文学艺术	文化教育	音像电子	教材课本
排名	第三位	第一位	第三位	第五位	第一位	第九位

综合言之,深圳图书消费结构比例在全国的排序,科学技术、音像电子居第一位,文化教育居第五位,社会科学居第三位,文学艺术居第三位,教材课本居第九位。证明深圳市民的阅读价值是超前的、求知品味是高尚的、审美情趣是丰富的,确切地说深圳的图书消费结构是领先全国的,书香馥郁,具有一种质的美感。从而也证明了:我市的图书发行工作,乃至文化工作和精神文明建设,为深圳建设中国特色社会主义伟大事业和完成现代化进程,已经提供了并将继续提供强大的智力支持和精神动力。正如深圳读书月组委会发布的深圳人读书状况调查报告——《分享书香:读书在深圳》所指出的:"人们普遍地认识到:当财富与知识联系在一起时,分享财富的过程也就成为分享知识的过程。分享知识是分享财富的一个合乎逻辑的前提,知识的分享比财富的分享更重要。"

(二)读书是市民的文化权利

深圳从建市及以后的相当一个时期,由于文化建设滞后于社会经济发展的步伐,一度被人称为"文化沙漠"。从当时的社情舆论看,相当程度是因为书店建设落后,出现了"买书难、读书难"的社会问题。此后由于市委市政府和文化主管部门的高度重视和大力支持,1996 年 11 月——我市又一标志性现代文化工程深圳书城建成开业,同时成功举办了第七届全国书市,创下全国书市史上"七项第一",震动全国书业界。2000 年,我市的图书销售总量已跃居全国大城市第四位,深圳书城总销售量高居全国大型书店第二名,市民图书消费量已连续 12 年居全国之首。这些,既说明深圳市民图书消费力之大,求知之渴,也说明市民读书——作为一项文化权利的满足程度。深圳读书月组委会秘书长、深圳市文化局局长王京生同志在《实现市民的文化权利——对首届深圳读书月的若干思考》一文中指出:"在我国的沿海经济发达地区,随着经济的飞速发展,民生状况也显著改善,相应地,市民的文化权利的实现问题也已经成为这些地区政府的一项不可忽视的主要工作,并且列入重大工作日程。创立深圳读书月的目的,就是要从读书这一最为基本的文化行为、文化权利入手,使更多的市民群众能参与到这一活动中来,享受读书的乐趣,满足求知的渴望,达到提升自我以适应社会和未来之目的。"以上分析表明:深圳市民的文化权利是得到政府高度重视的,已经得到了很好的实现,并将得到更好的实现。

(三)深圳已具备文化加速积累和超常规发展的诸种条件

美国著名社会学家莱斯利·怀特在其两本最著名的著作——《文化科学》《文化的进化》中,阐述了他的关于文化的理论。他认为文化是多种现象的组织,这种组织依赖于符号的使用。由于文化的符号特点,它就很容易、很方便地从一个人的机体传递到另一个人的机体,文化也就变成了一个连续体——纵向地一代一代经历许多时代,横向地从一个人传给另一个人。文化过程也是累积性的,新成分不时地流进溪流,不断地壮大总体。

因此,文化是连续的、累积的和进步的过程。文化的发展基本上具有指数的性质:进入文化的绝对知识的任何项目都会变成促进文化进步发展的一个因素,并且增加了有益于进一步革新的互换与结合的可能性。这一过程就是文化加速积累的过程。用数学公式表示:

$$新产生的文化因素 = \frac{N(N-1)}{2} (N:现文化体系中已有文化因$$

素的个数)

　　展望深圳文化,诸种要素悉备,包括党和国家政策层面、政府支持、设施建设、人才队伍构建、制度创新与保证、市民文化素质普遍提高等。只要主管部门从大处着眼,加强正面引导,增加宏观调控,扩大有效投入,则深圳建设现代文化名城的进程必将大大加快。

努力实现我国出版发行业的
新常态发展[*]

20世纪80年代初,我国出版发行业启动改革开放历程。这一进程的步伐紧紧围绕中国特色社会主义建设伟大实践的时代主旋律,服务于我国政治、经济、文化、社会和生态文明建设,取得了丰硕的成果,满足了广大人民群众日益增长的阅读文化需求,使中国成为世界出版发行大国。党的十八大以来,以习近平同志为核心的党中央实践崭新的治国理政方略,协调推进"四个全面"建设。当前,我国出版发行业被赋予新的历史使命,我们必须努力实现我国出版发行业的新常态发展。

一、改革开放 35 年来我国出版发行业发展的基本判断

1. 全行业资产总规模、市值总量、盈利(税)能力、年出版总量(总品种、总印张数、总册数)等逐年增长,提升迅速,我国已跻身世界出版大国。出版物市场繁荣发展,有力地促进了我国"两个文明"建设,满足了广大人民群众日益增长的阅读文化需求。

---

[*] 本文系作者2015年4月在重庆出版集团主办的出版发行"两江学者"论坛上的主题发言,刊载于《出版商务周报》2015年3月25日。

表1:2010—2013全国图书出版总量变动趋势

单位:万种、亿册(张)、亿印张、亿元

年度 项目		2013年	2012年	2011年	2010年	四年 增长量	四年 增长率
品种	总品种	44.4	41.4	37.0	32.8	11.6	35.4%
	同比增长	7.4%	12.0%	12.5%	8.8%		
印数	总印数	83.1	79.3	77.1	71.4	11.7	16.4%
	同比增长	4.9%	2.9%	7.5%	1.4%		
印张	总印张	712.6	667.0	634.5	604.7	107.9	17.8%
	同比增长	6.9%	2.1%	4.7%	6.9%		
营收	营业收入	770.8	723.5	664.4	537.9	232.9	43.3%
	同比增长	6.5%	12.3%	19.8%	16.2%		
盈利	利润总额	118.6	115.2	94.2	77.2	41.4	53.6%
	同比增长	2.9%	22.3%	22.2%	3.1%		

(数据来源:2010—2013年新闻出版行业分析报告,全国新闻出版统计网)

表2:全国一般图书平均定价变动趋势

销售日期	单册定价	同比
2014年	46.2元	5.90%
2013年	43.7元	1.00%
2012年	43.2元	-3.14%
2011年	44.6元	——
2005年	——	6.6%

(数据来源:北京开卷信息技术有限公司,全国新闻出版统计网)

2. 全面开展、不断深化体制改革,基本建成适应中国特色社会主义市场经济要求的企业运行机制,形成颇具规模、稳定有序且充满活力的出版物产品市场、要素市场。

3. 培育一大批有"走出引进"实力、有创新突破活力、有新媒体传统媒体融合发展能力的市场主体。截至2014年底全行业已有20家内地上市公司,出版发行传媒已成为国民经济一个重要的产业门类和经济概念,社会影响力、认知度、美誉度显著提升。

表3:出版发行企业上市公司一览表

单位:亿元(人民币、港币、美元)

分类	序号	公司名称	股票简称	上市地点	总市值	流通市值
出版	1	江苏凤凰出版传媒股份有限公司	凤凰传媒	上证A股	360	100
	2	中南出版传媒集团股份有限公司	中南传媒	上证A股	365	365
	3	中文天地出版传媒股份有限公司	中文传媒	上证A股	234	201
	4	长江出版传媒股份有限公司	长江传媒	上证A股	136	135
	5	时代出版传媒股份有限公司	时代出版	上证A股	98.9	98.9
	6	中原大地传媒股份有限公司	大地传媒	深证A股	130	17.6
	7	北方联合出版传媒股份有限公司	出版传媒	上证A股	75.8	75.8

续表

分类	序号	公司名称	股票简称	上市地点	总市值	流通市值
报业	8	浙报传媒集团股份有限公司	浙报传媒	上证 A 股	259	247
	9	华闻传媒投资集团股份有限公司	华闻传媒	深证 A 股	298	252
	10	成都博瑞传播股份有限公司	博瑞传播	上证 A 股	157	105
	11	广东广州日报传媒股份有限公司	粤传媒	中小板	147	44.1
发行	12	安徽新华传媒股份有限公司	皖新传媒	上证 A 股	217	217
	13	上海新华传媒股份有限公司	新华传媒	上证 A 股	141	141
	14	广东广弘控股股份有限公司	广弘控股	深证 A 股	69.9	68
	15	湖南天舟科教文化股份有限公司	天舟文化	创业板	86.3	55.7
港交所	16	新华文轩出版传媒股份有限公司	新华文轩	香港联交所	——	81.4
	17	北青传媒股份有限公司	北青传媒	香港联交所	——	9.5
	18	现代传播控股有限公司	现代传播	香港联交所	——	6.6
	19	财讯传媒集团有限公司	财讯传媒	香港联交所	——	8.8

续表

分类	序号	公司名称	股票简称	上市地点	总市值	流通市值
纳斯达克	20	中国当当网公司	当当网	纳斯达克	——	6.2

（数据来源：腾讯财经、东方财富 2015 年 3 月 17 日收盘数据）

4. 精品佳作大量涌现，新文化、新科技、新经济、新思想得到及时总结提炼、传播发行，中华优秀传统文化得到广泛普及，出版发行业在实现中华民族伟大复兴中国梦的征程中已经发挥并且仍将发挥独特而重要的作用。

5. 全行业在产业大发展的同时，一大批领先企业、领军人才勇立潮头、敢于创新，勇做有文化担当的文化企业和出版发行人，积极承担社会责任，提倡并扎实推进全民阅读活动，为提升国民素质而默默工作。

6. 但是，我们还必须客观、冷静、清醒地分析全行业所面临的挑战和发展中的困难，诸如：产业、产品结构不平衡问题；规模与质量、质量与效益、速度与效率、投入与产出不成比例等问题；重复出版及质量管控问题；进出口平衡问题；投融资体制创新问题；主业与异业平衡发展问题；人才队伍问题；还有理论研究落后和脱离于出版发行实践、废损严重从而影响实际盈利能力或虚盈实亏等问题。这些问题不解决好，势必影响我国出版发行业的长远发展，更严重的是影响中国世界出版发行强国的建设。比较而言，党和政府期待之迫切，人民群众需求之强烈，社会各界支持力度之大，出版发行业如果交不出一份与中国作为世界经济强国相匹配的答卷，那就是从我们开始，几代人的失职！

1985—1986 年之间,全国新华书店普遍陷入库存恶性膨胀、资金周转困难的经营危机之中。那时的经销形式是单一的征订包销,新华书店必须承担库存积压、报废损失的风险。此事在全国书业界引起广泛讨论,分析原因,寻找出路。出版界有一位老同志,对 1985 年所出的 4.5 万种书做了认真分析,结论是:除 1 万种教材、图片外,其余 3.5 万种图书中,1/3 的品种质量平庸,近 1/3 的品种选题重复,另有 1/3 强一点的品种是质量较好的。王益同志说:"不是一般的库存增加,而是某些滞销书的大量积压。"(资料来源:《图书发行研究与探索》,傅敬生主编,武汉,武汉大学出版社,1993 年,218 页。)

二、主动适应新时期我国出版发行业发展的新常态

1. 从 1978 年十一届三中全会启动我国改革开放历程,至十八大胜利召开的 35 年间,我国发生了翻天覆地的变化,成为世界经济强国。面对这一巨变,2014 年 5 月,习近平总书记在河南考察,首提"新常态"概念。时隔半年的 11 月 9 日,习总书记在北京 APEC 工商领导人峰会主旨演讲中,对中国经济新常态进行全面阐述,概括中国经济新常态的三个显著特征:

第一,经济从高速增长转为中高速增长;第二,产业结构不断优化,第三产业逐步成为主体,城乡区域差距逐步缩小,居民收入占比上升,发展成果惠及更广大民众;第三,从要素驱动、技术驱动转向创新驱动。

2. "新常态"是一个理论意义、实践意义都非常重大的科学论断。而且,新常态不仅适应于中国经济,也适应于中国社会、经济和文化,包括文化产业。出版发行业作为我国经济、文化和文化

产业的重要组成部分,必然而且现实地面临着新常态的考验。如何主动适应国家宏观经济的新常态,实现新常态下出版发行业的有质量、可持续的新常态发展,是摆在我们面前的迫切任务。

3. 根据习近平总书记对中国经济新常态"三特征"论断,结合前述对我国35年来出版物发行业发展状况的基本判断,我们可以试对我国出版发行业的新常态做出以下初步结论:

第一,新常态发展,在出版发行业核心内容或主业范围内,总体上是一种与宏观经济相对应的中高速发展,而非超常规发展和跨越式发展。业内各企业,尤其是上市公司,要在主业范围内取得过去的发展速度,将是非常困难的。并购、资本重组等,应具体问题具体分析,而且实质上没有改变(是转移而非增加)行业总量。

第二,新常态发展,在我国出版发行业已经跻身世界大国的形势下,成长道路必须摆脱过去主要依靠要素投入为主的外延扩张模式,转向提升产品质量、优化产品结构、提高投入产出效率为主的内涵式发展道路,谋求并实现有质量、可持续的常态发展。

第三,新常态发展,在发展动力机制方面,从主要依靠国家号召、财政金融扶持、土地优惠为主,转向主要依靠深化文化体制改革和搞活企业运行机制,提高企业市场应变能力、科技创新能力、新媒体与传统媒体融合发展能力和内部经营活力,走内生式(而非外部输血)发展之路。

第四,新常态发展,在企业经营管理方面,必须扭转重规模重速度、轻效率轻质量,重经营重投入、轻管理轻核算的粗放经营管理模式,走向重质量、重管理、重核算尤其重投入产出比例分析的集约型精细化管理。

第五,新常态发展,在企业社会责任层面,必须增强出版发行企业,尤其是国有和国有控股企业的社会使命和文化担当。照章经营、依法纳税仅仅是入门标准,必须谋求经济效益和社会效益双丰收,努力建设社会主义核心价值和书香社会,形成一种氛围,让阅读无处不在,并在扩大中国文化国际影响力等诸多重要方面,做出更多的积极贡献。

当前我国图书市场的主要矛盾,在读者层面表现为,品种极其丰富、载体多样、可选择性强而读者个人购买力、精力、时间空间有限;在出版领域表现为,以作者及书稿为核心的要素资源有限且竞争激烈而个体获取能力制约因素众多;在终端卖场表现为,产品极其丰富、可供图书数以百万计,而受陈列面积制约,陈列量有限,许多新书、好书不能上架或者在架陈列时间太短,产生新的"卖书难"问题。

据初步统计分析,全国出版社、经销商在库可供图书逾 120 万种;最大网店当当网年动销品种 80 万种、在库品种 60 万种;深圳书城中心城、上海书城、西单图书大厦、广州购书中心等大书城最大陈列量约 25—30 万种。以 2014 年出书总量、全年周转 1 次测算,当年版图书(新书、重版书)50% 得不到上架,一年期以上的常销、长销、常备书,更是难于与读者见面。另一方面,由于租金、水电、人工等要素成本上升的压力,实体店不得不挤压经营面积,以增加盈利。目前所有书城都转变单一出版物经营模式,走向以书为主、多元经营的文化综合体,主、多面积比例 6:4,5:5,4:6,3:7不等。从根本上讲,实体店不能不计算陈列成本。我算过一笔账:深圳书城罗湖城以每月每平方米 100 元计算,如果陈列总品种周转一次,每一种书按正常复本陈列,每册场地成本为 26

元,周转 2 次则为 13 元,以下可以类推。加上人工、水电、空调、物管、损耗等,陈列成本则更高。所以,我们从 2014 年开始提出"新、优、特"产品策略,提高卖场陈列有效性,加速周转,增加坪效。我们的口号是:"我们卖书。我们卖好书。我们卖好好书。"

中西出版业法律调控之比较[*]

　　从某种意义上讲,市场经济就是法制经济。为了保障出版业
健康有序地发展,必须建立健全出版法律法规,以法律来规范出
版行为,打击非法出版活动,净化出版生态环境,依法制定出版业
发展规划和出版经济政策,保护民族出版产业。通观世界各国,
出版业的法律调控所关涉的内容是多方面的,但均主要是对出版
机构创办、出版物内容、出版活动的调控。本文拟对中国和西方
国家在出版业法律调控方面的若干特点进行比较分析,以批判地
借鉴别国经验,促进我国出版业的发展。

一、中西出版立法之比较

　　在立法机关的选择上,西方主要国家均采用两院制,如美国
国会两院有国家立法权,国会两院都有专门处理传播政策问题的
委员会。同时西方国家的各地方有地方立法权,如美国各州的立
法机关可制定涉及出版业的州法律。

　　以美、英为代表的英美法系国家对出版业的法律调控采用
"直接保障式",即在宪法中明确规定,不准立法机关或政府制定
任何妨碍出版权利的专门法律(事实上仍有诸多限制)。在这类

本文原载于《新闻出版交流》2003 年第 4 期。

西方国家,出版方面的专门法较少,出版业依靠宪法有关原则、普通法、可以遵循的判例等调控。例如,在美国,涉及出版的专门法规并不多,主要有宪法修正案和《版权法》,但是涉及出版的其他法律却不少,主要有《义务兵役法》《间谍法》《史密斯法》《国内安全法》《诽谤法》《国家保密法》《反猥亵法》《统一商法》《公平交易法》以及《谢尔曼反托拉斯法》等。

属大陆法系的法、德等国对出版业的法律调控则采取"间接保障式",表现在立法上,就是这些国家的宪法认为立法机关可以制定专门法以保障公民的出版权利。这类西方国家大都针对出版业制定了专门的法典或法律,且内容严谨,条文原则性强,形式也比较完整,如法国、瑞典、芬兰等国制定了《出版自由法》。在德国,联邦各州成立的特别联合委员会制定了州新闻出版法草案,各州以此为蓝本,制定了大体相同的新闻出版法。法、德等国除了专门的出版法外,出版业也受国家基本法和许多普通法的保护和调控。

我国立法机关实行一院制,即由全国人大及其常委会行使国家立法权。国务院及其部委根据全国人大及其常委会的授权制定行政法规和规章,即具有行政立法权和授权立法权。省、自治区、直辖市的立法机关和政府在不和宪法、法律、法规相抵触的前提下,行使地方立法权。

我国的出版立法是以宪法为核心和依据的,《宪法》第22条、第35条、第47条规定了出版事业的性质、任务和作用。以《宪法》为依据,我国制定了一系列涉及出版业的普通法。我国现行法制中三组最重要的普通法同出版业都有密切的关系,即《刑法》和《刑事诉讼法》、《民法通则》和《民事诉讼法》、《行政诉讼法》和

《行政处罚法》。行政法规在我国出版法律体系中具有重要的地位。我国的出版行政法规有《出版管理条例》《印刷管理条例》《音像制品管理条例》等。我国出版法制体系中还包括由国务院所属部委制定的行政规章,这些规章包括这样几类:有关出版活动主体管理的规章,关于取缔、打击非法出版物的规章,"保密法"规章,有关出版单位经济活动的管理规章,有关出版队伍建设的规章。地方性法规和其他规范性法律文件也是我国出版法制体系中的重要内容,如《上海市图书报刊管理条例》等。

　　尽管我国以《宪法》为基础,以《出版管理条例》等法规为主体的出版法律体系已经确立,但还有待进一步完善。我国《新闻出版业 2000 年及 2010 年发展规划》提出:"积极推进新闻出版的法制建设,要加快立法工作,加强依法管理,加大执法监督的力度,增强出版管理工作的规范性和权威性。"

　　通过比较我们可以发现,西方国家的出版法律体系普遍比较健全,以法律作为调控出版业的主要手段。西方国家的通行做法是在出版专门法或其他普通法中对出版活动加以规范和限定。而且西方各国法律理念和对出版业认识的差异鲜明地反映到出版立法上。法、德等国的法律理念崇尚理性主义,有成文法的传统,且法、德等国认为,出版业是特殊的文化产业,关系到民族和文化的认同,为保护出版业的发展,这些国家制定了针对出版业的专门法。美、英等国的法律理念崇尚经验主义,有判例法的传统,同时,在这些国家出版业的经济属性胜过其文化属性,出版业并不被视为特殊行业,因此更多是靠判例法和衡平法来规范出版业的发展。

　　我国迄今没有专门的出版法,但必要的出版法律体系已经具备。我国是有成文法传统的国家,审理任何案例都要依据成文的法律、法令的条文,判例只是在司法实践中起参考作用。目前我国专门针对出版业的法规的规格较低,有些规章、政策还带有一定的滞后性,这与《宪法》中有关出版活动的规定的进步性、严肃性和高规格不太相称,我国可在修订的《出版管理条例》的基础上,制定更高规格、系统、完整的专门法;加大对出版业进行立法保护的力度,尽快建立与 WTO 例外规章相适应的规章条例;完善与社会主义市场经济相适应的出版法制体系,实施有效的出版发展政策。

二、中西出版法律对创办出版机构的管理之比较

世界上现存的出版机构创办制度可分为批准制(许可制)、登记制(报告制)、保证金制、完全自由制。当今世界上,有相当数量的国家和地区实行批准制。西方国家多采用登记制,创办出版机构者在开业前只需在有关机关登记注册,登记注册是程序性、手续性的要件,目的是便于有关国家机关事后的管理和了解情况,如法国、瑞典、芬兰、比利时、荷兰等国的出版法中有相关的规定。一些国家和地区实行保证金制,如我国香港地区的《刊物管制综合条例》规定,只要缴纳一万元保证金,再有两人担保,即可开业。完全自由制,即创办出版机构不需要国家机关批准,也不需要开业者登记注册,如德国《北莱茵—威斯特伐利亚州新闻法》中有这样的规定。

我国的《出版管理条例》第二章、第六章有关条款对出版单位的设立条件、申请、批准等作了详细的规定,《出版管理条例》第 9 条规定:"报纸、期刊、图书、音像制品和电子出版物等应当由出版

单位出版。"第11条规定:"设立出版单位,应具备下列条件:(一)有出版单位名称、章程;(二)有符合国务院出版行政部门认定的主办单位及其必要的上级主管机关;(三)有确定的业务范围;(四)有30万元以上的注册资本和固定的工作场所;(五)有适应业务范围需要的组织机构和符合国家规定的资格条件的编辑出版专业人员;(六)法律、行政法规规定的其他条件。审批设立出版单位,除依照前款所列条件外,还应当符合出版单位总量、结构、布局的规划。"第12条规定:"设立出版单位,由其主办单位持申请书向所在地省、自治区、直辖市人民政府出版行政管理部门提出申请;省、自治区、直辖市人民政府出版行政管理部门审核同意后,转报国务院出版行政管理部门审批。"

以上法律规范说明,我国对创办出版机构实行比较严格的许可和管理制度,对创办出版单位的主体实行主办主管单位制。我国公民的出版活动,须通过出版单位实现,出版单位都属国家所有,这主要是因为目前我国经济、文化发达程度还不是很高,以及由于长期实行许可制的惯性,公民出版权利的实现要靠出版单位来保障。我国出版单位属国家所有,有利于确保党和政府对出版业的领导,能起到预防非法出版的作用,我国对创办出版机构的法律调控机制,符合我国国情,有利于出版业的健康、有序发展。

三、中西出版法律对出版物内容的管理之比较

西方各国的宪法、法律均对出版物内容加以严格的限定。美国宪法修正案第一条规定:"国会不得制定剥夺言论自由或出版自由的法律。"但是,在美国的司法实践中并不排除以内容为基础的对言论出版进行限制的法律,最高法院说:"有一些言论属于明

确界定和严格限制之列,对这些言论予以禁止和惩罚从不认为会引起违宪问题。"(杰罗姆·巴伦等著,刘瑞祥等译《美国宪法概论》,北京:中国社会科学出版社,1995年,188页)美国的法律和法院判例对出版物内容作出以下规定:(1)没有引发危害公共秩序导致暴乱的言论自由;(2)没有泄露国家机密的言论自由;(3)不得出版猥亵、海淫、色情的黄色刊物;(4)不得恶意诽谤;(5)不得出版和分发侮辱和取笑任何种族、民族、信仰或宗教的刊物,等等。

英国1857年通过了《淫秽出版物法》,该法规定,无论是文章,出版物或杂志,如果从整体上看具有腐化读者趋势的,均可认定为淫秽出版物。1959年修订的《淫秽出版物法》规定,出版淫秽作品即是犯罪,这里的"出版"包括发行、散发、销售、租赁和出租,甚至免费赠送。1964年该法修订后,将处罚范围扩大至以此为营利目的而出版的作品,而且印刷商、发行商、批发商、商店店主均面对刑事处罚。英国《刑事审判与公共秩序法》(1994年)规定出版淫秽出版物属于严重刑事犯罪。英国《儿童保护法》《官方机密法》等法律也对出版物的内容作出了规定。根据法国《出版自由法》及出版物的禁载内容包括:国防机密、司法机密、罪行材料、未成年犯、假消息、教唆犯罪、伤害风化等方面的内容。德国《传播危害青少年之文学作品法》专门对色情淫秽出版物进行控制。

对出版物传播内容进行管理,是维护我国社会制度和政治安全、国家安全、文化安全,保障正常的社会、经济秩序,保护公共利益和公民合法权益的需要,也是确保出版活动有益于提高民族素质、有益于经济发展和社会全面进步的需要。我国《出版管理条例》第 26 条、第 27 条对出版物的内容进行了详细的规定。除《出版管理条例》之外，《刑法》《国家安全法》《保守国家秘密法》《治安管理条例》《民法通则》《未成年人保护法》《著作权法》《反不正当竞争法》《证券法》等法律法规中也有对出版物内容进行管理的规定。例如，依照《刑法》规定，在出版物内容上可能发生的犯罪有：煽动分裂国家罪、煽动颠覆国家政权罪、泄露国家秘密罪、制作传播淫秽物品罪、损害商业信誉罪、侮辱罪、诽谤罪等。

通过比较我们可以发现，尽管由于社会制度和国家性质的不同，各国对出版物的内容限制仍有一定的一致性，从形式上看，不外乎两大类：一是为保障国家利益而设的限制，如对煽动性言论、泄漏国家机密的限制；二是为保障公民和社会组织的利益而设的限制，如对诽谤性言论的限制。我国法律对出版物内容已有一系列的规定，但是对于出版物禁止内容的判断标准及处理措施尚需继续完善。从宪法对出版权利保护的内涵来看，如何进一步完善有关规定，是一个至关重要而又十分复杂的课题。

四、中西出版法律对出版活动的调控之比较

对出版活动的法律调控涉及多方面的内容，但理论上通常着重分析预防制和追惩制。预防制是指事先限制的出版管理制度；追惩制是对出版主体的过失采取事后惩治的出版管理制度，即在出版物出版发行后，通过有关机构审读样书或社会舆论监督，发现违法行为时依照出版法律或其他法律予以惩处。

西方国家对出版活动的调控采取追惩制，绝大多数西方国家的法律规定要对出版、印刷、发行责任人予以明确规定实行出版物版本呈缴制度。如法国《出版自由法》规定，所有印刷品在出版

之时,其印刷者须送交两份备案,所有公开发表的印刷品都必须
注明印刷者的姓名及住址,否则将处以罚款或监禁。西方国家在
版本呈缴制度上不仅关注国家机关对出版主体的管理和监督,而
且也多出于文化目的而作出此项规定,如英、美等国规定要向国
家图书馆或著名大学图书馆呈缴、登记出版物。

我国《出版管理条例》第 20 条、第 23 条、第 33 条分别规定实
行出版计划和重大选题审批备案制度、出版物样本送缴制度、印
刷或复制许可证制度。第 25 条规定实行出版单位编辑责任制
度,即如果编辑失职,就要追究出版单位法人和责任人的法律责
任,这种出版单位的内部工作制度带有一定追惩制的成分。总的
来说,出于历史、社会原因,我国对出版活动的调控采取预防制,
这有利于保证出版活动在法制轨道上良性发展。

西方国家用以调控出版活动的法律比较细化,调控范围很
广,几乎囊括了出版活动的所有方面。例如,在规范书业市场竞
争方面,法国专门制定了针对书价的《雅克·兰法》,英国制定了
《图书贸易法》,日本的《大规模零售店铺法》对书店营业面积作
出了专门规定,德国《竞争限制法》对图书销售给予了规定。我国
的《出版管理条例》及有关法规对发行单位的资格认定、出版社自
办发行的权限、外资介入出版物分销业务、出版物的连锁经营等
问题也作出了规定,但在入世后出版分销等环节的竞争日趋激烈
的情况下,我国有必要制定更高规格、更完善、更具体的法规。

利用 WTO 例外规章进行立法,是一些西方国家对出版业进
行保护的通行做法。我国应尽快建立健全与 WTO 例外规章及社
会主义市场经济发展相适应的出版法律体系。首先要充分研究
欧盟、加拿大、法国、美国等国的文化、信息政策与规章,了解欧盟

与美国视听服务贸易之争,在此基础上调整我国现行的出版法规政策。其次,总结90年代以来我国在对外合作方面行之有效的做法,结合国外出版产业的惯例,在我国的出版法规政策中增加与对外合作相关的内容。例如,根据印刷、复制、发行等外资可介入的领域的发展状况和特点,确定外国资本在这些领域合资、合作企业的股权比例和合作方式,规定这些企业中中外高级主管人员的结构和比例等。

西方国家近年来出台的涉及出版业的信息法律较多,如美国自1998年以来陆续颁布了《数字千年版权法》《下代因特网研究法》《2000年信息和准备情况披露法》等法律。为适应社会信息化的发展,我国要尽快制定、完善与出版业有关的信息法规和政策,推动出版业快速、健康发展。

五、中西出版法律对违法出版行为的法律处分之比较

西方国家的出版法律对违法出版行为的法律责任进行了详细规定。如法国《出版自由法》规定,出版物的负责人要对违法行为负主要责任,而不管其个人动机如何。此外,下列人员可能以同谋犯的名义受到起诉:被指责的出版物的作者、印刷者、出售者,以及一切普通法所适合的人员。英国《淫秽出版物法》详细规定了出版淫秽出版物的认定和处罚标准,英国《刑事审判与公共秩序法》规定,出版淫秽出版物属于严重刑事犯罪。

在西方国家,没收出版物、吊销许可证等处分,一般由法庭行使,在特殊情况下,行政机关可以没收出版物,但必须在指定时间内将案件移交法庭审查决定。如意大利现行宪法规定:"对出版物的没收,必须根据出版法认为触犯诽谤罪或违反法律统治,才

能由司法机关依法律程序处理。"西班牙宪法规定："仅根据司法判决,才可没收出版物。"这些规定为追究违法出版行为的法律责任确定了合理界限,有利于保障公民出版权利。

我国《出版管理条例》对违法出版行为的法律责任作了具体规定。该条例第54条—第66条对违法出版的行政处罚作了详细规定;同时规定,构成犯罪的,依法追究刑事责任,构成民事侵权的,依法追究民事责任。我国出版行政管理机关对违法违规出版主体行使行政处罚权,处罚的方式有警告、罚款、没收非法收入、封存出版物、责令出版单位停业整顿直至吊销登记证等。我国未规定没收出版物由法院决定,但根据《行政诉讼法》,当事人对行政机关的具体行政行为不服,可以提起行政诉讼,从而也起到防止行政机关任意处罚的作用。今后,在条件成熟的情况下我国可进一步增强司法处分的作用。

我国的出版法律对违法出版行为的法律责任规定得比较详尽,这对出版业沿着法制化轨道发展具有重要作用。但我国的一些出版规章、政策不像法律法规那样具体、可操作,也不太容易进行司法解释,而西方出版法律体系中的行政法规则较为全面、可操作性强。我国的出版法律法规有必要向更明确、更清晰、更全面的方向完善,在管理上要加大"依法行政"的力度,这对守法和执法都十分重要。西方国家在这方面的经验值得我们借鉴。

网上书店的图书促销策略初探[*]

　　由于网络营销具备简化购买过程、提供虚拟化的卖场和超时空的服务等特点,使得传统的四项促销组合(广告、销售促进、公共关系和人员推销)的有些内容的重要性凸显,而另一部分内容却相应地萎缩,并且还衍生出了一些新的促销策略。本文将对网上书店图书促销中的网络广告策略、网络公共关系策略和门户网站策略作一个初步的探讨。

一、网络广告策略

　　1.网络广告的形式。

　　从目前的情况来看,可供网上书店选择的网络广告形式主要有以下四种:

　　(1)旗帜广告,又称横幅广告。这是最常见的一种广告形式,约占所有互联网广告的60%。旗帜广告大都放在网页的最上面或是最下面,广告横幅通常会写上公司的名称、一段简短的信息或吸引用户浏览该网页的文字。这些横幅可以是静态的,也可以是动态的。

　　(2)按钮广告。它一般表现为图标,通常是书业企业用来宣

＊本文原载于《中国出版》2003 年第 11 期。

传其图书或企业品牌等特定标志的。按钮广告和旗帜广告相比占的面积较小,可以放在相关内容的旁边。一般来说,这些按钮并不是互动的,当读者选择这些按钮时,就会被带到另外一个网页。有时候,网上书店还可以让这类广告提供声音和图像信息,以增加广告的艺术性。不过这样往往要延长下载的时间,因此书店要慎重选择。

(3)插页广告,也称弹跳式广告。网上书店可以选择在自己喜欢的网站或栏目被打开之前插入一个新窗口显示广告内容。插入式广告还指那些在页面过渡时插入的广告,这种广告一般只显示几秒钟,可以全屏显示,但在带宽不足时会影响正常浏览。

(4)墙纸广告。网上书店可以把要表现的广告内容做成背景页面,以"墙纸"的形式出现。这种广告用得比较少。

2. 网络广告的策略。

在利用网络广告来进行图书促销时,网上书店需要采取适当的网络广告策略,才能充分发挥网络媒体的优势,使广告效果更为显著。

(1)变强势推销为利益吸引。与其他媒体受众不同,网络用户根本不是被动的信息接受者,他们可以自由地从网络空间搜索出自己感兴趣的信息,而抛弃那些不感兴趣的"垃圾"信息。这就要求网上书店在使用网络广告时必须要摒弃传统广告的那种强势灌输信息的策略,而要采用一种互动式的"拉"的策略。网上书店提供的应该是全面系统而又便于读者"按需"查找的"活"信息。与此同时,书店还要提供相应的延伸服务来吸引读者浏览广告,比如免费提供库存信息咨询服务、有奖读书竞赛等。

(2)内容与形式相得益彰。首先要选择合适的网站作为网络广告的载体。毫无疑问,网上书店自身的门户网站就是展示网络广告的一个重要场所。选择其他的网站作为广告的载体时,应该考虑的因素有:①网站的访问客户流量,最好选择在那些知名度高、信誉好、访问客户流量大的网站上做广告;②网站的用户构成,要根据图书的目标市场与网站用户的相关度来选择合适的网站,比如在某个行业协会的网站上为该领域的一本图书做广告,其促销效果般会是比较好的;③广告费用,要根据图书的自身特点(如所处生命周期的阶段)和市场竞争情况选择经济实用的网站来做广告。其次,要使网络广告的表现形式与图书本身的内容相协调;如儿童图书的广告就可以采用移动式的旗帜广告,而且还可以配上生动形象的动画,以增加广告的趣味性和吸引力。

(3)始终做到独立创新。这里所说的独立创新包含两层意思:一是指网络广告与传统媒体上的广告相比要有所创新,不能把传统媒体上的广告机械地搬到网上,而要充分利用网络即时互动的特点,设计互动式、甚至是"一对一"的网络广告;二是指每个网上书店的广告甚至是同一书店的不同广告都要有吸引人的新东西,不能跟风随大流。其实互联网的私人化特点和图书的多样性特点本身就要求图书的网络广告要有个性,反过来这也为图书的网络广告的创新提供了条件。

二、网络公共关系策略

1.网络公共关系的工具。

网上书店一般通过创建并服务于网络社区来开展网络公共关系,其服务的对象是与网上书店有实际或潜在的利害关系并相互影响的个人或群体。网络公共关系的工具主要有以下几种:

（1）电子邮件。电子邮件被认为是目前最好的"一对一"传播载体，为快捷、低成本地传递私人化、时效性强的信息提供了途径。网上书店可以通过电子邮件与目标读者（现实的或潜在的）、合作伙伴以及大众媒体记者建立持久的、有价值的合作关系。

（2）网络论坛。为了更好地与公众进行沟通，网上书店需要通过网络论坛找到那些对自己提供的产品和服务感兴趣的人群，并把他们组织起来。这样就相当于组建了一个网络社区，社区成员可以寻找自己感兴趣的话题进行交流与沟通，如亚马逊网上书店的书评已经形成了书店促销的一个亮点。他们的书评主要来自作者、出版社和读者，这些人以不同的方式、从不同的角度来撰写书评，从而保证了书评的质量，受到了书迷们的欢迎。

（3）新闻组。网上书店可以通过新闻组来即时发布书业信息，如书店最近组织的公益活动、赞助活动或竞赛活动等，这样便于记者和公众了解、传播自己感兴趣的新闻。

2. 网络公共关系的策略。

一般来说，网上书店在利用网络公共关系来进行图书促销时应该注意以下几个问题：

（1）要致力于帮助社区成员成功。网上书店要牢固树立"顾客成功所以我成功"的观念，诚心诚意为网络社区成员免费提供全方位、高质量的服务，努力帮助社区成员解决问题、取得成功。书店对网络社区的无私奉献会得到真诚的回报：通过网络社区成员有用的、富于创见的信息可以提高书店的网上信誉，这对网上企业来说可谓是无价之宝；书店还可以从社区中收集有价值的市场信息，以及时掌握商机，在市场竞争中取得主动地位。

（2）要尊重网络礼仪。网上书店要始终记住网络用户是信息的主动寻找者而不是信息的被动接受者,不要把网络变成兜售垃圾邮件(指在互联网上向那些并不希望收到信息的人发送的信息)的地方。例如,网上书店要得到社区成员的同意才能将信息直接发到他们的电子信箱里;不要在新闻组或讨论组里公开张贴广告。

(3)要善于组织引导。在网络社区里,书店是信息和服务的提供者,但并不意味着网上书店是完全被动的、无所作为的。事实上,网上书店在网络社区的服务与管理中应该是积极主动的、大有作为的。例如,网上书店可以聘请知名的编辑作为网络论坛的主持人,定期推出讨论主题,并发表专业见解,这样不但可以引导读者更好地消费图书,而且可以为网站树立品牌,提高点击率。

三、门户网站策略

1.门户网站促销的方式。

如同传统书店的店面一样,网上书店的门户网站也可以开展一系列有效的图书促销活动。门户网站促销的方式主要有:

(1)免费或降价图书。网上书店可以免费向读者提供电子版图书,在这一点上,网上书店比传统书店占有优势。同时网上书店通过网络出售图书,消除了中间商的利润截留,可以提供比传统书店更优惠的折扣图书。

(2)样书展示。网上书店可以在网页上展示一批样品图书,而且通过相关链接可以比传统书店提供更多的图书信息,如读者激活“作者”按钮,就可以进一步了解样书作者的详细情况。

(3)书目检索。网上书店可以建立高质量的综合书目数据库

（品种尽量齐全）和高性能的检索系统（读者可以从多个界面通过多种方式进行检索），来方便读者进行图书检索与查询。

2.门户网站促销的策略。

网上书店通过自己的门户网站来进行图书促销时，要重点注意网站的特色和整体服务质量，具体来说应该注意以下两点：

（1）要突出网站的特色。网上书店要从网站的形式和内容上都突出自己的特色，包括网站名称、图标、色彩、提供的服务等。如搜狐网站的黄色小狐狸图标、当当网站的特色图书分类、亚马逊网站丰富的书目数据库都给网民留下了深刻的印象。在互联网世界，只有特色才能吸引眼球，只有赢得眼球才能赢得效益。

（2）要尽量提高读者的综合满意度。现代营销学认为，企业营销努力的目标是关注顾客"面"的满意而非"点"的满意。网上书店要提高网站的整体服务质量，尽量为读者节省金钱，节约时间和精力成本。如网上书店可以通过节约成本以提供更优惠的图书售价，通过提供高性能的技术支持以节约读者的检索时间，通过提供友好的界面以给读者创造愉快的上网环境等等。

城市新华书店如何应对中国入世[*]

最近,WTO 总干事公开表示:中国年内可以加入 WTO。因此,我国图书发行业,特别是大中城市新华书店迎战 WTO 的冲击已是非常紧迫、非常现实的事情,见真功夫的时候就要到了。

一、加入 WTO 带来的挑战

据外电报道,中美就中国加入 WTO 的政府意向中规定:中国允许外国通过中外合资合作的形式在全国范围内分销录音带、录像带、书籍和杂志,并在 2001 年开放零售业务,2003 年开放批发业务。中国允许外国在合资合作企业中占有 49% 的股权。这说明,中国入关后,图书音像、电子出版物市场基本是没有宽限期的。结合 WTO 的基本原则,中国图书零售市场的全方位开放是必然的,而且是很快到来的事情。新华书店即将面临两大资本的挑战,即国内资本和国际资本。同时,还应指出,新华书店教材课本的垄断专营地位也岌岌可危,绝大多数城市店、县店将面临生与死的考验。

1. 国内资本受平均利润率规律支配加大进军图书市场步伐。

一是发货店和出版社介入零售业,已经给城市店造成威胁。

＊本文原载《出版广角》2000 年第 9 期。

出版社自办发行的创立和推广,改变了以省级店和发行所为核心主力的购销体系,兼以二级批发市场的有序开放,使一级批发市场经营主体多样化,竞争加剧。出版社、省级店凭借其资源、人才、信息、物流和管理等优势从本产业的上游、中游向下游——零售市场渗透扩展,已对我国图书零售业特别是大中城市图书零售业构成严重威胁。最典型的是辽宁省新华书店开设的北方图书城,开业五年来发展了 5 间连锁店,占据了沈阳市一半多的市场份额,对沈阳市店的生存和发展形成严峻的挑战。步其后尘的有湖南省店开设的湖南书城、四川省店开设的西南书城、安徽省店在合肥市店中心门市附近开设的安徽书城等。浙江省店投资兴建的现代化、大规模的音像发行大厦也即将开业。今年上半年上海书店联合 21 家出版社在杭州市开设了我国第一家跨地区的大型门市。北京还有许多出版社在全国多个大城市开设了连锁店。这是发货店和出版社对中国入关所采取的强有力的应对措施之一,同时挑战城市店的零售市场主导地位。

　　二是国内一些实力雄厚的企业集团也介入图书批发和零售业务,加剧了城市图书市场的竞争。社会力量开办的中小型书店早已星罗棋布,对新华书店形成包围之势,与新华书店网点逐年递减形成鲜明对照。庞大资本集团更是跃跃欲试,以广州日报集团为例,斥巨资建立了现代化的图书连锁配送中心,计划在广州范围内开设 100 间图书超市。位于广州市人民路的环球书城面积达 4000 平方米,品种之齐全,布局之高雅,经营手法之灵活,令业内人士咋舌。今年 7 月,该集团更在广州市店老根据地——北京路书店附近的银座大厦,开设了面积达 1800 平方米,陈列 5 万种图书的银座书城。环球书城和银座书城都举起了"折让"大旗,所有图书八五折销售,持会员卡的读者可以享受八折优惠。会员资格的取得:一是订阅《广州日报》;二是每年交纳会费 15 元;三是一次购书超过 300 元。因此其会员读者的基础是庞大的。面对这一挑战,广州市店北京路店不得不作出回应,全场九折销售,仅此一项每年损失纯利 50 万元。该集团还计划投资 10 亿元人民币在广州购书中心附近建设报业大厦,开设广州书城。可以预见未来广州图书市场竞争将是何其惨烈。

邮政系统是图书市场的一只猛虎。以系统配送著称的邮政系统,其网点可以延伸到辖区内的每一个乡镇,他们已开始实施向图书零售领域的扩张。两年前,有消息称福建省邮政局要在全省经营图书业务,我们感到不可理解。现在全国邮政系统介入书籍经营的省市恐怕不下 20 个。今年 6 月 28 日,广东省邮政局电子邮政分局宣告成立,其下属的深圳、广州、东莞、中山、珠海、汕头、佛山等十个邮政物流分公司同时正式挂牌。他们率先转型,成为抢滩物流配送的先行者。据介绍,广东省邮政系统共有各种投递运输车辆 800 多台,投递员 12000 人,投递点 480 多万个。电子邮政局拥有信息网、金融结算网、物流配送网三大优势,一脚搭在电子商务的快车上,一脚踩在传统商业的大地上,进可攻,退可守,效益非常显著。一个经济实力并不强大的云浮县,其邮政局 1999 年的商品配送收入高达 1000 万元,一年减亏 1000 万元。该局截至 1998 年累计亏损 2000 万元,今年即可扭亏为盈。贝塔斯曼继抢占上海滩头后,今年内又与北京、广东省邮政局签约,联手发展网上购书和物流配送,其影响力和辐射力可想而知。

此外,一些房地产开发公司手持大型商场物业,也雄心勃勃计划开设大型书城。他们从城市店近几年来开设的大型购书中心生意红火中受到启发,要利用自己的商场办书城。他们有资金、有物业,缺的是图书业务的经营管理者。近两年来,西安、南京、南昌、武汉、昆明、贵阳、哈尔滨等省会城市的房地产商派人前往深圳书城秘密考察后,纷纷要求深圳市店到他们那里开设深圳书城,他们提供 800—2000 平方米自有商场,要求我们派出 35 名骨干协助管理,给予 15% 干股作为回报。

2. 蓄势已久的国际资本将长驱直入,造成瓜分图书市场之势。

世界著名的德国贝塔斯曼读者俱乐部于 1995 年成功抢滩上海,凭借其强大的资金后盾,做好长期亏损的准备,蓄势待发。去年底中美就中国加入 WTO 协议签订后,随即在北京图书大厦正对面的首都时代广场购置 6000 平方米商场和写字楼,并把亚洲总部迁入其中,等待着我国图书零售市场放开。今年初,贝塔斯曼又与北京市邮政局签署合作协议,开展电话购书、网上购书,读者只需打个电话,邮政局将送货上门、结算全部承揽,非常便利。目前,贝塔斯曼在全国已经拥有了 150 多万会员,年销售额达 2000 多万元。这是加入 WTO 之后,城市店所面临的又一个新的严峻的挑战。

从国际零售巨头美国沃尔玛、山姆会员店,法国家乐福、巴黎春天,荷兰阿霍德,德国麦德龙等成功介入我国零售商业的经验看,他们所凭借的武器是:规模、品牌、价格、信誉、现代物流配送系统和现代营销手段等,而这些因素都不是我们每个城市新华书店所全部具有的。一旦国际书商采取这种市场开拓战略,城市店极可能不堪一击。因此,我们要猛呼一声:"狼,真的来了!"

3. 受 WTO《政府采购协议》和市场开放的影响，新华书店教材的垄断经营权岌岌可危。

新华书店计划经济的一个最显著的特征是享有教材垄断专项经营权，按计划征订、发行、回笼资金。中小学课本在全国图书发行总量中占有 50% 以上的比例，在很多地方更高达 80% 以上，很多书店的生存完全依赖于课本发行。据统计，1994—1997 年我国教材课本发行总册数占全国图书发行总量的比例为 49%—52%，而同期美国、日本等国的这一比例为 25%—26.1%。新华书店教材发行比例偏高，说明书店的生存和发展过多地依赖课本发行，经营风险极大。

WTO《政府采购协议》虽然暂时不会纳入执行条款，但它所倡导的理念和运作方式，已经在我国的一些地区和部门如深圳、珠海等成功引用而日益流行。课本发行可能是全世界最大的政府采购项目，一些地方教育主管部门早就打这个主意。我们不能不居安思危。

4. 新兴网络书店与新华书店大打折扣战，加剧僧多粥少的经营局面。

美国亚马逊成立于 1997 年，是全球最早、最大、最有影响力的网络书店，其股价在去年 12 月 10 日创下 106.5 美元的高位。自成立至今年上半年，累计实现销售 29 亿美元，主营图书、唱片、玩具和网上店铺租赁。尽管目前没有盈利，但它对传统书业的冲击力是强大的。国内兴起的巴颜喀拉、当当、BOOK321 等购书网，不仅挑战新华书店的传统经营业态，而且直接参与市场瓜分。以上情况说明，国内外的书商、财团早已盯上中国图书市场这块蛋糕。作为主渠道的新华书店，特别是城市店确实需要猛醒，积极面对这一挑战。

二、我们的应对策略

1. 抓紧建设大型图书卖场、增强市场竞争力,掌握主动权。

我们处于大生产、大流通、大服务的时代,读者的阅读习惯、购买心理和购买行为都发生了根本性的转变,从便利店走进超大商店,从零星购买转向一站式购买。大型书城成为读者的新宠,千军万马奔书城,已经成为广大读者文化消费的一种时尚。全国已开业的书城没有哪一家不是读者盈门、生意兴隆的。因此,各地应因地制宜,建设、改建、扩建图书卖场,刻不容缓,早建主动,晚建被动。建设书城,抢先占有稀缺的土地资源,书店不仅可以提高市场竞争力,增大市场份额,而且增加资产储备,坐收物业升值之利。另外,在一个城市里如果已经有了一个和几个大型门市,形成网络,无疑增大了外资和其他资本进入图书市场的成本和风险,它们要么不敢轻举妄动,要么撞个头破血流,要么找新华书店合资合作。

2. 大胆采用计算机管理和连锁经营体制,变分散经营为集中经营和规模经营,提高经营效益,增强抗风险能力。

连锁经营是继超级市场取代百货公司之后的又一次商业业态革命,其生命力已被国内外的商家所证明。美国零售业协会有一句口号:"连锁经营是唯一的出路。"并有商业组织预测:独立书店和中小型书店,将在今后 5—10 年内逐渐消失,取代它们的是连锁书店和网络书店。

国际商业资本实施跨国扩张战略的支撑点之一,是它们在本土和更大的范围内实现了规模经营和规模效益。这种规模效益足以从资金、技术、管理、市场等方面支持它的扩张战略,并能容忍它一定时期的亏损,以培育市场,例如德国贝塔斯曼。而我们多数城市店还没实行连锁经营,内部从采购、配送、销售和管理等都是分散的,达不到规模经营的要求,形成不了市场竞争的合力。在国际商业巨头的重拳之下显得势单力薄。因此,对付国际资本的扩张战略还得依靠规模经营,实行计算机管理和连锁经营是必由之路。

3.转变经营观念,抓住市场开放和经济全球化、网络化的历史机遇,巩固和发展书业阵地,开拓多种经营,实施多元化经营战略。

WTO 的灵魂是贸易自由化和经济全球化。在市场有序放开的当口,挑战与机遇并存,机遇多于挑战。我们要做的,首先是彻底转变经营观念,不能在书本上吊死,更不能在课本发行上安乐死。其次,坚持书业为主,积极发展多种经营,实现经营多极化、利润多元化。十个鸡蛋不要装在一个篮子里,而要装在五个篮子里或十个篮子里,增强抵御市场风险的能力。第三,举起文化大旗、铸造文化品牌。对书刊、音像制品、文化体育用品、艺术用品、电脑软件、旅游用品等实行捆绑式连锁经营,满足读者一站式购买的需要。

转变经营观念,还须建立正确的资金观念。新华书店过去那种"既无内债,又无外债"、"小富即安"的观念是小农经济的思想。发展网点、运用计算机技术、更新设施等,没有资金怎么办?等赚到钱再干,社会早已把我们远远地甩在后面了,对手早已捷足先登了。因此,只要是用在生产上,只要产出高于投入,我们就要敢于借债,敢于负债,以适度负债支撑企业发展。

4.人才是市场竞争制胜的法宝,必须重视人才的引进和使用,造就一支合格的经营管理队伍。

人才的重要性无须赘述。入关当前,我们必须抛弃传统的人才观念和人事体制,不能搞论资排辈,而要因事设岗、量才为用、优胜劣汰,形成一种人才辈出的局面。我们可能存在一种毛病,即人才不敢进,人才不敢用,人才留不住。思想深处有这么一种意识:图书发行是简单劳动,体力强,劳动态度好就行。其实这是错误的。劳动不仅有数量之分,还有质量之别。管理不能靠体力,而要用脑力。计算机管理和连锁经营都需要一批专家型人才。

5.遵照《企业法》《公司法》和现代企业管理的客观要求,建立现代企业制度,理顺、优化内部管理体制,改善和提高经营管理水平。

当前城市店外患内忧,"外患"是入关在即,国内、国际的大资本垂涎图书零售市场,市场激战即将展开,而我们未必做好了准备。"内忧"是新华书店作为典型的传统计划经济型企业,内部机构设置、决策模式、经营项目、经营风格和管理制度等,都存在许多与市场经济不适应的地方,有的还背离市场经济。"内忧"不解决,"内功"不过硬,我们怎么能向外竞争,向外发展呢?

当务之急是,顺应市场经济发展的要求,遵照《企业法》《公司法》的精神,学习、借鉴现代管理理论和国内知名企业的成功经验,建立新华书店的现代企业制度,包括组织架构、管理体制、决策体系、激励机制(重点是改革工资分配制度和劳动人事制度)等,提高运行效率,进而改善和提高经营管理水平,增强企业活力。这样城市店才能在更加激烈的图书市场竞争中立于不败之地。

下编　交流

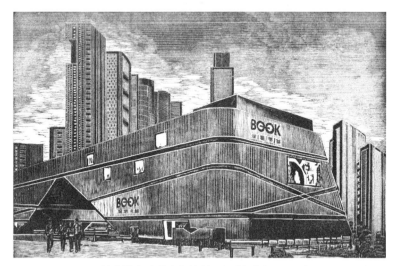

深圳书城龙岗城(木刻版画),梁国富,2018 年

深圳书城龙岗城。

2016 年 6 月开工建设,2018 年 7 月 18 日正式开业。

占地面积 11200 平方米,总建筑面积 35000 平方米。

深圳出版发行集团第五座大型书城,是"深圳书城"品牌的延续和提升,以书城品牌、科技时尚、亲子教育为特色,打造新一代文化万象城。又被称为我国第三代书城——"智能书城"。

深圳书城的价值使命和
我们的职业选择与职业修养*

宝安书城的领导班子、新入职的 34 名员工,以及比你们早几个月到岗的员工们,大家上午好!我是以喜悦的心情参加今天的开班式。我是主动向朱永峰董事长要求讲课的,自告奋勇,希望得到你们这个班子的认可。

时光倒回 27 年,1988 年 7 月 10 日,我从武汉大学毕业来到深圳市新华书店,一干将近 27 年,就是你们在片子里看到的当时的新华书店,店堂小而破烂。刚才尹昌龙总经理在讲话中提到,希望我们的同事与集团的事业共同成长,我们一路欢喜,一路高歌,同时享受我们集团发展的成果。这种喜悦不是从天而降,不是谁的恩赐,而是我们努力劳动的成果,这种喜悦是无以复加的。在深圳我们的成长历程是一样的,来深圳都是二十几年,共同见证深圳的发展、书城的壮大。今天我要讲的课,是自己走过来的人生经历,讲的是心里话,绝对不讲假话。

我们应该怎么样做职业选择?怎么样将理想选择变为现实?作为深圳书城宝安城的一分子,你们是"黄埔"第一期。我们应该具有怎样的职业修养?我总体上讲三方面:一、书城的使命;二、

---

* 本文根据作者 2015 年 1 月为深圳书城宝安城新员工入职培训开班授课讲话录音整理,有改动。

我们的选择；三、我们的职业修养。从这三方面做交流，我准备讲一个小时，最后十分钟，我们互动。

一、书城的使命

这个要往前追，寻根问底。要讲新华书店的历史，讲深圳书城的历史，讲深圳出版发行集团的历史。在这个基础上，我们宝安书城前行，要了解这个过程。在中国，或者说在国际上的文化界、学术界，懂书的人士，有知识的人士，稍微年长的人士，都知道中国的新华书店，它是全世界最大、最完美的一个连锁店体系。肯德基、麦当劳在我的心目中还是小学生。为什么这么说？新华书店1937年创立于延安，是我们民族的、进步的革命书店，它与我们国家和民族的关系非常密切。新华书店成立后，积极编辑、出版、发行进步书刊，宣传马列主义，传布科学文化知识，激发抗日救亡斗志。"新华书店"店招是毛泽东主席亲笔题写的，他先后题了三次。当时隶属于中共中央宣传部出版科，它集出版、编辑、发行、印刷四位一体，出版社、书店、印刷厂全部由新华书店管理。在解放区的任何一个城市，哪怕是偏远地区的小县城，都有四大机构，即人民银行、百货商店、新华书店、邮局。当时有四句话，哪里有革命军队，哪里就有新华书店；哪里有革命根据地，哪里就有新华书店；哪里有苏维埃政权，哪里就有新华书店；哪里有人民群众，哪里就有新华书店。这四个"哪里"到现在也是适用的，这就是新华书店对我们国家的价值贡献和独特影响，它跟人民群众的生活是分不开的，是老百姓精神文化的粮店。这就回答了为什么我们深圳市委市政府要把最好的土地，最中心、最有商业价值的地理位置用来开书城。

二、深圳书城发展历程回顾

我刚来深圳时,新华书店只有三个小门店,营业面积不到300平方米,年销售总额560万元(加上教材和宝安县新华书店销售额)。那时深圳百业待兴,人才大量涌进,而新华书店发展滞后,人们买不到专业书、文学书,都喊"买书难",当时深圳最大的门市是解放路中心门店即现在拆迁改建的"金太阳",号称深圳第一大书店,面积只有170平方米。当时我们的市委书记李灏同志(今年88岁),说接到很多的市民来信,不是说创业的艰苦,没有住房住草棚,到处是泥泞,到处是黄泥水,脱了皮鞋,拎着皮鞋上班。主要意见是买不到书,买不到学术名著,买不到专业书籍。李灏书记回忆,读者说了,"我们买不到《红楼梦》,要到外地买","我外地的朋友搬家到深圳,什么都没搬,就搬了几箱子书,要解决'买书难'的问题"。于是李灏书记亲自带着规划局、国土局等部门的负责同志,坐一辆中巴,沿着深南中路找土地,为建大书店选址。找了三四个地方,最后找到那里,即现深圳书城罗湖城的位置。当时还是黄土高坡。李灏书记跟同行的同志们讲:"十里深南大道,不能没有新华书店。"掷地有声!他还有一个讲话,叫《新华书店是社会主义精神文明建设的一支重要力量》,收录到中央文献出版社出版的《李灏深圳工作文集》。

罗湖书城占地面积6043平方米,要交30万元地价,差不多50元一平方米。当时汪顺安总经理还不想交,李灏书记说:"老汪,你是笨蛋,一元钱也是买。如果是政府送给你的,以后就扯不清啦。"后来就交了30万。修建南山书城的土地市里已经划给新华书店,后来被区委书记(后因犯法被抓了)给倒卖了,是李灏书记向继任的区委书记李锋同志写信强调开书店的重要性,李锋书记硬是从房地产商手中买回来,重新划给南山书城。李灏书记说:"老汪啊,你新华书店的事我要管,我从来没有给我的秘书写过条子,这是第一次。"土地面积8600平方米,地价580万元。中心书城占地43000平方米,地价花了不到3000万。这里面有多少领导背后给我们出力!当时市里已经把中心书城的用地规划为工业展览中心,2000年我们要求建科技书城,计划、国土规划等部门就把规划重新修改了,建设科技书城。说建科技书城,时任市委常委、宣传部部长白天同志坦率地对书店同志讲:"名字小啦,你们不是在中心区吗? 就叫中心书城。"2006年11月中心书城开业时,市委常委、宣传部部长王京生同志明确指示:"要精雕细琢,实现30年不落后,50年有饭吃。"我们每座书城都有自己的故事。

现在到了宝安书城。它的故事,我们以后慢慢说,希望我们一起努力工作,讲好它的故事。

三、新华书店的宗旨

我们把深圳书城的发展历程回顾了一下,现在我们一起讨论新华书店的宗旨:传播科学文化知识。这是在延安时就定下的,直到今天仍然适用。今天我们的图书、音像、电子出版物还是传播科学文化知识。但是我们处在新时代,特别是新技术、互联网与城市发展融合在一起,这是我们书城面临的新课题。我们除了卖书,卖音像电子出版物,我们还要有作为文化企业的文化担当。刚才我们看到的影片,我们的读书月,连续15年,我们是总承办单位。这里面故事也很多,详细下次再讲。

深圳建市至今35年。1979年国务院批准,1980年人大批准,今年在法律上来讲深圳是35周岁生日。一个城市只有35年的历史,却用了15年的时间办读书月,这在世界上是没有先例的。

我在第15届深圳读书月座谈会上发言,问了四个"为什么":为什么是11月?为什么是深圳新华书店?为什么是深圳?为什么还是深圳?读书月的初步草案当时是"节",可是这事要人大批,"周"太短,"季"又太长,现任市委常委、宣传部部长王京生(时任文化局副局长,主管新华书店)干脆利索:"太短太长都不好,就叫'读书月'!"所以是"月"。为什么是11月?一是为了纪念深圳书城,1996年11月8日隆重开业,8—18日成功举办第七届全国书市,创下7个第一,全国书市在深圳起死回生,改写了全国书市的历史,意义重大,同时一举摘掉了深圳"文化沙漠"的帽子。二是因为深圳11月不冷不热,不刮风不下雨,气候宜人,所以当时定了11月。为什么是新华书店?我们的职责,我们这块阵地,我们这班人是有担当有责任的。为什么是深圳?因为深圳人爱读书,深圳的领导站得高,看得远。当时很多人不看好深圳读书月,因为深圳大学不多,基础差,历史短。但是深圳人热爱读书,渴求知识。深圳年轻人多,阅读需求高。为什么还是深圳?深圳进入高速发展阶段,"读书月"能促进深圳科学发展,激发创新动能,尤其是处于经济社会发展新常态的今日。我们的前期规划阅读立法,都在大力推动深圳全民阅读活动的展开。我们是世界唯一的"全球全民阅读典范城市"。深圳读书月是全国全民阅读的标杆和成功典范。

四、我们的职业选择

第二个问题讲我们的职业选择。在座大部分人都是刚毕业的,我们有很多理想,很多选择。但是我们选择来到深圳发展,选择我们的宝安书城。这个概率是很小的,我们能共处一室缘分殊胜。我相信你们是自信的。因为我们还是有选择的,你们可以选择做好,不做好;可以选择离开,也可以选择留下。我们的选择是自己决定的,要对自己负责。我们欢迎大家。我来这里27年,没离开过半天。是因为我喜欢,喜欢这工作,市民不论男女少长,都喜欢书香。不只是因为我做到了副总。我非常开心能在这里上班。

人不分男女,不论长幼,最快乐的是做自己喜欢的。你的选择是否是你喜欢的,这是一个问题。人才是流动的,我们也鼓励流动。但是我是不会流动的,因为我喜欢。我们不能跟别人比,比豪车豪宅。我们要选择快乐。子非鱼,焉知鱼之非乐也。我们也不能跟那些名人去比,我们要通过学习、劳动、工作,创造自己的生活。深圳书城从几间小平房到世界闻名,是不容易的,谁也不能说它不好。

我们选择要自己做主,不要人云亦云。不要跟马云、王健林去比,那不对的。不要去看负面的东西,要看正能量的东西。我们要踏实过自己的日子,上自己的班。选一个合适的标杆,我的地盘我做主。这是我们的选择,当然我们还要优化,继续努力工作,不要想走捷径,想天上掉陷饼。做好自己的本职工作,希望大家记住这句话,你们能受用一生。南怀瑾老先生讲:必须"技在手,能在身,思在脑,从容过日子"。这就是正确的路,你没有技,没有能,又不动脑子,要过好日子,就没有方向,没有底气。不怨天,不尤人,要自信与自助。自己给自己脚下多垫几个砖头,站稳了,走高了,这就是正确的。

五、我们的职业修养

第三个问题讲职业修养。入职了上班了,成了宝安书城的一分子,我们要有怎样的职业操守、职业道德?职业道德是跟职业有关的、正确的行为准则的总和。我们的职业操守是正确的,符合规定的总和。我们要怎么判定它?首先,它是正确的,是规范的。职业道德带有强制性、被动性,所以我推崇职业修养。职业修养跟我们每个人紧密相连,是我们发自内心的表现。其次,它是文雅的、负责任的,而非粗鲁的,是外在表现。好的是好的表现,不好的就是不好的表现。

关于职业修养,今天主要讲三个内容。

第一,爱岗敬业。革命书店或者说新华书店对职业的要求,以此为第一条。要爱到敬到痴迷的程度,要喜爱。爱到白天黑夜,坐卧不安的程度。不要假装喜欢,要真喜欢,没有人强制你。爱不爱岗,你平时迟到早退,不整理卫生,不知道书在哪个架上,不主动热情服务好读者,你说你爱岗吗?你可能只是把它当一个敲门砖。要融入这个大家庭,就好像一对男女如果不爱就分开,不要强捏在一起。

第二,追求高尚。人首先得解决肉体生存,这是最基本的。我们不是宅男宅女,要与外界接触。我们的第二条命就是我们的社会职业。我有一个朋友,他有一个弟弟,天天打游戏,新电游出一个打通一个,他对游戏"钻"到痴迷的程度,然后往这方面发展,最后成为华为的技术主管。他十分喜欢这份工作。我们的第三条生命是精神生命,我们的亲情、爱情、友情、社会交往和精神生活等,我们爱地球,爱民族,爱国家,爱党,爱人民,爱工作。我们不能停留在生理层次,否则跟猪狗没有什么区别。这样对国家社会、家庭、个人都没有帮助。我们要追求精神层次的修养,互助互帮互爱。

第三,奉献精神。我们干的是服务行业,老一辈革命家有从新华书店干出来的。今天你服务我,明天我服务你,这是正常的。服务要追求完美。因此我们要诚恳、热情、文明、周到、识礼。我们四个书城要搞技能竞赛,要评金牌导购、金牌买手、金牌店长,要形成一种传帮带、比技术、比贡献的气候,建立晋升渠道。

最后,实干兴业。不要空谈,一切以你的业绩说话。实干兴业,空谈误事。讲服务,讲实干,这是我们最大和最需要的修养。这个是长期的,罗马不是一天建成的。这就要求学习能力,不会学习,或者学习能力不强的,竞争力就不强,生存能力就不强。怎么学习,如何学习?第一,要从身边,从父母长辈师友那里学习。要从社会学习,不是去听讲座就是学习,不是去哈佛读书就叫学习,要从身边的人和事学习,你就会进步很快。第二,多思考,多动脑。为什么是这样,为什么不是那样。这个事情怎样做会更好,三思而后行。第三,多学习,多看书,多看经典,少刷手机屏。经典的几句话就能让你受用一生,半部《论语》治天下。短信、微信、移动阅读不反对你们看,知道就行,不能让它浪费大家的生命。学习要讲效率,讲方法,要学会选择。

宝安书城要成立读书会、读书小组。大家一起就某个话题、某本书进行讨论,领导一起参加。我希望我们每月选一本书,从我们宝安书城开始。一个月读一本书,一本书大概15万字,每天读不到5千字。我们坚持试试看,一年、两年后,你就不是以前的你啦,人家就得刮目相看。从知识上,你就是有根子的人,你就浑厚,你就聪明睿智,你就是立体的而不是平面的。那是真正的美丽,真正的高富帅、白净美!

我今天就讲了三个方面,书城的使命、我们的职业选择、我们的职业修养。这是我 27 年来的一点体验、心得。没有讲义,这是我心里真实的想法,希望与大家共勉。谢谢大家! 祝你们进步、成长、幸福!

成为一名合格的书城员工
应具备的职业素养和心态[*]

今天应孙太清总经理的邀请,我来完成一个命题作文,给大家讲讲"成为一名合格的书城员工应具备的职业素养和心态"。个人的职业素养和心态跟职业选择、职业心态和劳动态度息息相关,主要看你如何认识和看待自己所处的单位和从事的工作,你对它的前景看不看好。下面我谈几点看法:

一、追忆深圳书城的历史,我们骄傲

我们是与书城一起成长的,可以说跟在座的同事是兄弟姐妹。深圳书城在我心中就是中国新华书店的延安,它有着崇高的地位。深圳书城为集团、为深圳市新华书店做出了特殊的贡献;为深圳的图书发行事业,为深圳的文明建设,为深圳的现代化发展也做出了突出的、不可替代的贡献。1996 年之前,深圳被称为"文化沙漠"。1996 年全国书市在深圳书城举办,很多名家被深圳的读书热情、书城的文明服务和先进管理所感动,从此以后深圳被称为"文化绿洲"。可以说,深圳书城(罗湖书城)为摘掉深圳"文化沙漠"的帽子立下了赫赫战功。今天讲罗湖书城、南山书

＊本文根据作者 2015 年 5 月 5 日在深圳书城罗湖城员工培训课上的讲话录音整理,有改动。

城、中心书城只是番号不同，我们都是深圳书城。今天在座的全体员工，对深圳书城的建设做出了贡献，应该为身为深圳书城的一员而感到光荣。

目前，罗湖书城正在改造。这次改造，集团班子、罗湖班子包括全体员工都寄予了厚望，这是罗湖书城的新生。作为深圳第一座书城，作为20世纪全国四大书城之一，罗湖书城是当时全国楼层最高、规模最大的一个书城，在业界的影响巨大。最近，我在研究新华书店的历史，才知道罗湖书城在全国书城历史队列里的地位如此重要。我之所以这么说，是为了给大家树立职业荣誉感、自豪感，作为书城的员工，要自信，庆幸自己是其中的一员，从而更好地工作。

第六届全国书市举办时，在全国新华书店系统里它已经成了"烫手山芋"，承办方亏损严重，影响负面，在这种严峻的形势下，我们深圳书城承接了第七届全国书市。1996年11月8日深圳书城（罗湖书城）开业，第七届全国书市在这里开幕，当时，书城创造了七个全国"第一"：第一次在自有物业内承办；第一次免收摊位费；第一次在非省会城市举办；第一次使用计算机管理系统；第一次邀请全国所有省、自治区、直辖市和港澳台各出版发行代表团参加；第一次实现POS机零售达到2170万元，书都卖疯了，每天进场人数达10万人次；第一个现代化的大卖场。这届书市的承办改变了全国书市的命运。之所以能办好这届全国书市，就是因为有我们这样的团队，有我们书城当家人、在座诸位及深圳书城全体员工的智慧和奉献。我们在这样一个单位应该倍感自豪和光荣。

深圳寸土寸金，市政府把最好的土地给我们建书城，从罗湖、中心、南山到即将开业的宝安书城,龙岗书城已经开挖,建筑面积4万平方米,龙华书城、坪山书城、湾区书城已经立项,"一区一书城"的战略规划正在付诸实施。建设、管理和营运书城,我们集团需要大量的干部和人才,我希望大家把你们的同学、老乡、朋友介绍到书城来,这是个值得信赖、值得受人尊敬的单位。讲这些是告诉大家,要清楚地认识到我们在一个什么样的单位,我们从事的是什么职业以及本职业的社会价值。

今天的题目是"成为一名合格的书城员工应具备的职业素养和心态"。好的心态从哪里来?存在决定意识,意识支配行动,为什么会有这样的职业选择,会有什么样的岗位表现、什么劳动态度,跟所处的单位、所从事的职业,跟自己对职业和岗位的认识有很大的关系。回顾书城的发展历史,展望书城的发展前景,我要跟大家讲清楚,让大家明白深圳书城在全国新华书店首屈一指的地位。深圳出版发行集团、深圳书城品牌、我们在座的员工,在全国新华书店是站得住脚的;我们的理念、我们的经营模式是独一无二的。中心书城模式可谓享誉全国、全世界。深圳书城小书吧的模式、读书月的模式都是很牛的。在书城的发展史上,最值得我们自豪的有两件事:一是第七届全国书市开业,这可以写进中国出版发行史,而且是要特写的一个章节;二是在全国新华书店行列中,我们是第一家建立连锁经营管理体系的单位。1996年,我们自主开发计算机信息管理系统,实现了信息流、物流、商流、资金流、人流等的互联互通。当时,深圳书城加外围自营门店16家,加盟连锁门店30家,均通过数据网络连接起来,全面实施连锁经营管理。1997年,国家新闻出版署在深圳召开全国新华书店计算机管理推广会,与会代表120人,全是省市级以上新闻出版局局长和新华书店总经理,前来参观深圳书城的计算机管理系统。2000 年,新闻出版总署又在深圳召开全国新华书城连锁经营研讨会,专门推广深圳书城的连锁经营模式。在会上,石宗源署长作了题为"加快改革发展,大力推进新华书店连锁经营"的重要讲话,邬书林局长也作了重要讲话。深圳书城作为代表发言,以营销创新、人才培养、物流配送、中央采购、连锁经营五项核心技术作为我们连锁管理的根本,可以说全国新华书店连锁经营深圳是首家,信息化、网络化深圳书城是全国新华书店的先行者。深圳书城也是全民阅读的首推者,罗湖书城是深圳全民阅读推广的主阵地,第一届启动仪式就在罗湖书城广场举行。讲到这里,我们职业的自豪感应该油然而生,这也是我们选择这个职业的原因,社会需要我们这样的职业,我们应该倍感光荣。

二、回顾新华书店的传统,我们自豪

4 月 23 日是世界读书日,最近,我在做一项课题研究,经翻阅相关资料发现,4 月 24 日是中国新华书店的生日。1935 年中央红军经过长征到达陕北,很多进步青年人士加入红军队伍,革命队伍不断壮大,需要进步的书籍和革命理论来武装头脑,需要进步的书刊指导全民抗战和民族解放战争。于是,中央宣传部专门设置党报委员会来发行革命刊物。1937 年 4 月 24 日,《解放周刊》创刊发行第一期,署名延安新华书局,新华书局在延安清凉山的窑洞内开始办公,这就是我们新华书店的前身。当时的新华书局集出版、印刷、发行为一体,清凉山就是新华书店的发祥地。1951 年,中央统一出版工作,成立全国新华书店总店。新中国成立后,在中国大地上,县级以上的城市的十字路口都有四个店:粮店、百货店、银行、新华书店。可见新华书店在我们党和国家历史上的重要作用。从新华书店的历史来看,我们是革命者,我们是革命理论的传播者,我们是精神食粮的提供者。

今天,我们讲职业价值、职业精神、职业道德,都离不开一个人——邹韬奋先生。中国新华书店的精神代表就是韬奋先生,我们新华人都要学习韬奋先生的职业道德、职业修养。他创办了诸多书店和书刊,坐过几次国民党的监狱,两次被迫出洋,考察苏联、英国、德国,撰写了《萍踪寄语》,极大地鼓舞了抗战区的民众。1944年,韬奋先生逝世,在延安举行了高规格的追悼会,周恩来要求把他作为中国出版业的榜样来学习。毛泽东做了"照此办理"的批示。我们讲历史,寻根问祖,我们的根在哪里? 在延安。我们的祖是谁? 是我们的老一辈无产阶级革命家,是以韬奋先生为榜样的文化斗士。

讲到这里,大家对我们书店的认识应该有所改变。如果一个小孩来到我们书店,他挑选了一本书,并且读进去了,这对他的成长、他的心智、他的思想以及今后生活的影响是不可估量的,这就是我们的使命和价值。我们要认识到自我的价值和使命,安心地做好本职工作。如果你把自己等同于一般的劳动者,就体现不出我们职业的独特价值,也就实现不了个人的自我价值。

新华书店成立之初,它的使命是以宣传马列主义、毛泽东思想、中国共产党的政策和革命纲领为己任。和平年代,新华书店的使命就是宣传马列主义、毛泽东思想、邓小平理论、"三个代表"重要思想以及"科学发展观"等。传播科学文化知识,这也是我们的职责所在,当然我们还可以进一步拓展这一使命和职责,认清我们所处的时代,确定我们的使命。我们分析问题、研究问题,立场观点从哪里来,就是应该时刻关注我们所处的新时代的要求。当前全球经济一体化,新技术、新经济迅猛发展,中国经济进入新常态发展阶段。出版发行业作为国民经济的一个门类,也面临新常态的机遇和挑战。我们再回顾一下罗湖书城的发展历史,1997—2007年,是罗湖书城飞速发展的10年,销售大幅增长,最高销售纪录达到1.2亿;2008年平平过,2009—2013年连续下降,当然这里因素很多,中心书城、南山书城崛起,电商冲击等等。如果用新常态来分析,我们在座的各位、我们的太清老总、我们的中层干部,怎么布局我们的营销策略? 一方面销售在下滑,一方面员工收入要增加,钱从哪里来? 如何达到平衡? 必须提高效率,降低成本。同时,需要大家齐心协力做好本职工作,做到在销售低速增长的前提下,保持效益的正常增长。当然,增长的动力,也不是靠投入,而是靠改革、靠创新、靠优化组合、开辟市场、提升服务质量、靠自身的内功、靠调动所有人的积极性、靠每个人的努力。但归根到底,我们改革的成果要惠及全体员工。

三、作为新华人、书城人应该具备的职业修养

我竭力给大家推荐《韬奋》这本书,希望大家传阅、讨论、学习,或许你认为他离我们太远,他太崇高了,但是韬奋先生也是从最普通一员成长起来的。作为一名普通的书城员工,我们就要以韬奋的精神为精神,不断完善自我的职业修养。

所谓职业修养,大家注意,我没有讲职业道德,因为道德是带有强制性的约束,而修养是一种软性的,它是积极、主动的规范行为。我认为,作为一名新华人,作为一名合格的书城员工应该具备的职业修养有以下几条:

第一,爱业敬岗。业就是我们从事的工作,可以分为三个层次:第一个层次,也是基本的层次,就是我们谋生的手段,养家糊口。第二个层次是职业,要有所追求,"人无恒业而无以立",没有职业何以安身立命,何以奉亲养老?职业是自我选择的结果,要对自我的选择负责,我的选择我负责,选择了这个职业就要对自己负责。我们就是"卖书郎",但是这个"卖书郎"的职业很崇高。我们是公职,事业和产业无高下区分,都是革命建设需要,只是社会分工不同。你如何看待和认识自己的选择,必须要有一个好的心态,人要跟自己比,跟过去比。作为一个成年人,对媒体宣传要有所判断,要汲取正能量。我们的职业是发行工作者,很光彩,对自身的职业要有自豪感,要有职业的使命感、认同感,要做到职业"安家"。第三个层次是事业,"富有之为事业,生生之为大德",把职业做得最好,经济效益和社会效益达到最优,对职业的追求要达到这个境界,要争做优秀的导购员、优秀的收银员、优秀的经理、优秀的店长、优秀的共产党员,不一定要惊天动地,这就是事业。毛主席讲人民群众创造历史,人民才是历史的创造者。我们是深圳书城的创造者,是劳动者,没有我们的劳作,就没有书城的今天;我们都在平凡岗位上,靠劳动创造价值,平凡中有伟大,简单中有崇高,朴素中有价值。如果我们仅仅把此作为一个谋生的手段,那我们更应该做好最基本的工作。当然更高的追求就是把它当作事业,来实现我们人生的社会价值。

第二,务实肯干。我们干的是基层工作,从总经理到营业员,所有的工作都跟服务读者分不开,一切工作的根本就是服务读者。我们要扎实工作,要做到懂书、荐书,认真做好每一项工作,服务好每一个读者。我做销售这么多年,总结出三条服务好读者的基本经验：一是跟读者交朋友，二是要常联络读者，三是要为读者着想。书城原来的服务宗旨是"为书找读者，为读者找书"，现在可以改成"为好书找读者，为读者找好书"。读者是我们的衣食父母，我们必须服务好读者。所以说顾客价值是企业生存的第一法则。我们要切切实实地探讨读者价值，实实在在地劳动，劳动光荣，劳动崇高，劳动美丽，劳动幸福。人没有累死的，只有闲死的，所以要劳动，要肯干。今天的微信里面有一篇文章，WHO 最新统计显示，人生分为四个阶段：18 岁之前属于少年，18—65 岁属于青年，65—85 岁属于壮年，85—100 岁属于老年。这样来看，我们都还是青年，我们还有大把的时间和精力来劳动、工作。

第三，全心全意为读者服务。我还是建议大家好好学习韬奋先生。当年，《生活周刊》杂志发行 15 万份，他设立书刊邮寄部，作为总编辑，韬奋先生能做到对每个读者的来信一一回信。我们要做好读者服务，全心全意服务读者。如何对待、服务读者？要学会自我剖析，发扬长处，改善不足。围绕读者价值对我们的服务做一个诊断，坚持发扬优点，改进不足，要以韬奋的服务理念和精神来提升自身。

第四，勤思好学。勤于学习，一方面要向书本学习。我们是卖书郎，接触的是精神产品，接触各个门类的图书，如果我们都不了解自己所管门类的图书，你怎么给读者荐书？我建议文学店的员工要了解中国文学史，了解几大文学流派，历史店的员工要了解史学流派，艺术店的要了解艺术流派，要学习、了解最经典、最出名、最新的各类图书。所以大家要多读书，我每天都坚持读两个小时的书，同时阅读好几本书。另一方面，我们要向同事学习，新同事向老员工学习，学习他们的丰富经验和知识积累；老同事向新员工学习,学习他们身上的热情和锐气。我们还要向读者学习,向身边的人学习。作为一个书城员工,如果能随时随地学习,做到有见地、有深度地向读者推荐好书,那我们就会很快提升,人人都成为深圳书城的金牌导购员,能够像中医开处方一样开书单。希望书城因你而精彩,你因书城而自豪。

今天我和大家就分享到此,以后有机会我们可以再交流。

新时代新青年的职业选择和修养[*]

　　2015 年 1 月,我曾经为宝安书城讲过"深圳书城的价值使命和我们的职业选择与职业修养",同年 5 月份,我为罗湖书城讲授"成为一名合格的书城员工应该具备的职业素养和心态"。今天,我为大家分享的是"新时代新青年的职业选择和修养"。

一、我们是新时代的新青年

　　首先,代表龙岗书城欢迎和祝贺大家加入我们这个大家庭。你们大部分都是新入职的,在我和于总的眼里,你们都是年轻人。

　　为什么要讲新时代、新青年? 因为我们所处的时代是新时代,你们是新青年,是新时代的新青年。我们集团是深圳的三大文化产业集团之一,而深圳是我国改革开放的前沿阵地,这一时空特点注定了我们企业的现实使命和责任担当。

　　深圳出版发行集团与深圳报业集团、深圳广电集团共同构成深圳三大文化产业集团,它在深圳宣传文化系统、文化产业布局里占有重要的位置,在文化产业和文化事业中发挥着不可或缺的作用,具有不可替代的价值。因此,我们书城的价值非常重大。

　　我们不管通过什么渠道,需要事先了解单位的情况。选择出

---

[*] 本文根据作者 2018 年 5 月 3 日在深圳书城龙岗城新入职员工培训班授课录音整理,有改动。

版发行集团、选择书城，在这之前我们都要有一定的了解，包括它是什么性质的单位？具体做什么的？尤其是刚刚从学校毕业的新入职的同事，你们肯定会问，我加入的是什么单位呢？

二、我们谁都离不开阳光、空气、水、粮食和书

我认为，除了阳光、空气、水和粮食，你的生命还有离不开的东西，这是肯定的。知识是我们离不开的，我相信有文化、有知识、有追求的人是离不开书本的。也许你会说，我们现在有网络，可以通过手机学知识，看"书"，但是手机网络的原始、原创和源头还是书籍。

人的一生是离不开书籍的。有多少人、多少代离不开粮食，就有多少人、多少代离不开书籍，人的一生，承继了一代一代地从祖辈父辈沿袭下来的文化基因。想做一个有文化的人，有所作为的人，是离不开读书的。比如，有个好父亲、好母亲，那么，父亲、母亲还得都有个好父亲、好母亲，这在古代叫"耕读传家远，诗书继世长"。

三、我们所做的事情就是向公众提供精神食粮

我们出版发行集团、我们书城，我们所做的事情，就是向公众提供精神食粮。深圳书城在深圳的地位是不可替代的，所以我们要一区一书城，广建书吧，建设书香小镇。我们公司是有志青年的海洋，如果要讲新华书店的历史，那要花很长时间。1937 年，在中国共产党领导的延安窑洞里创立新华书店，毛泽东主席亲自题写店名，金字招牌。大半个世纪来，新华书店在抗日战争的烽火、民族解放的硝烟里成长，在新中国发展壮大。八十春秋话新华，

十万书林遍神州,衾斯衍庆,欣以为志。改革开放以前搞计划经济,新华书店是旱涝保收的好单位,能在这里任职的都是有本事的青年,尽管比不过电老虎、钢铁侠、铁老大。1978年改革开放以来,特别是党的十八大以来,我们走进新时代,迎来了新华书店蓬勃发展的黄金时期。深圳出版发行集团是以深圳市新华书店为基础组建的国有企业,我们做事不要缩手缩脚、优柔寡断,要大张旗鼓、雷厉风行,要有底气。我们初心所系,首先是国家,其次是深圳,再次是集团。习总书记谈治国理政,强化"四个意识",协调推进"四个全面",实现"五位一体"的总体布局,抓住了改革、发展、稳定的牛鼻子。公有制的主体是国企和央企。在国有企业工作是为国家打工,在民营企业工作是为老板打工,各有选择、各安其命。我们不要好高骛远。

深圳书城的前进路线是这样的:第一座书城是罗湖书城,1996年11月8日开业;第二座书城是南山书城,2004年7月19日开业;第三座书城是中心书城,2006年11月6日开业,是全世界单层面积最大的书城;第四座书城是宝安书城,2015年5月15日开业;龙岗书城是第五座书城,今年7月18日正式开业。只有在中国社会主义体制下才能盖起书城来,因为资本家唯利是图,是不可能用黄金土地去建书城的。未来"十三五"、"十四五"期间深圳还要建设湾区书城、光明书城、坪山书城、大鹏书城,摆在眼前的是龙岗书城,在"深圳书城之城"历史上又添上精彩的一笔,希望我们能够做好开业和书博会分会场各项筹备工作,确保龙岗书城精彩绽放。我们寄希望于龙岗书城,也希望你们从一而终。

四、职业修养六点要求

星星之火可以燎原。从过去、当前、未来,回顾展望几座书城,感受颇深。读书要从小孩做起,虽然目前电子书比较普及,但读书是一个时代的发明之源、创新之基。要树立信心、挑战困难,没有一个成功人士不是从一而终的。选择书城作为职业生涯,就要做一行、爱一行、专一行。如果还没成功的,那么扪心自问一下,你的心在不在岗位?你用心了吗?你下功夫了吗?你动脑子了吗?各行各业的人,不管在什么岗位,要注重如何提高自己的职业修养,强调主观能动性,慎重、专注于自己的职业选择。

如何才能办好龙岗书城?如何才能不辜负领导对你的期望?不要光想不做,要马上去做,一心专注,一门深入。以下,我提出职业修养的六点要求:

1. 要干一行,爱一行。不要好高骛远、三心二意,要贵在坚持,贵在永恒。"世上无难事,只怕有心人","守正笃实,久久为功,水滴石穿"。要"今日事,今日毕"。

2. 要有胸怀,要有境界。要坚持辩证法,有逻辑思维。

3. 要有服务人民的意识。以读者为中心,服务是很崇高的职业,人的价值都是平等的。

4. 要勤于学习,勤于思考。

5. 要向书本学习,读书以及一切为读书所做的服务都是高尚的。

6. 要独立工作,独立思考,实践出真知,思考生智慧。

见证出版发行体制 30 年变迁 *

　　何春华是深圳出版发行集团副总经理、读书月组委会办公室常务副主任,对于在出版发行界摸爬滚打了 20 余年的他而言,"30 年 30 本书"评选活动,本身就是一次中国出版发行体制 30 年变迁的全面梳理。

　　谈到改革开放 30 年出版发行体制的变迁史,何春华用"从官方走向市场,从单一走向多元,从贫乏走向丰富,从封闭走向开放"四句话来概括。他向记者列举了一系列标志性事件:1983 年,中国第一家民营图书工作室"走向未来丛书编委会"成立;1994年,全国第一座超级书城广州购书中心开业;1995 年,第一家进入中国的外资书店贝塔斯曼在上海成立;1996 年,全国第一家连锁新华书店深圳市新华书店诞生;1998 年,第一家股份制省级新华书店广东省新华书店有限公司改组成立;1999 年,国内第一家大型网上书店当当网正式上线;2002 年,第一家跨省经营的超级书店上海博库书城出现;2006 年,第一家省级新华书店上市公司上海新华传媒上市;2007 年,第一家出版概念上市公司北方出版传媒上市;2007 年 11 月,国内第一家集出版物生产、销售及多元文化产业发展于一体的出版发行集团深圳出版发行集团挂牌⋯⋯

＊本文由深圳新闻网采写,发表于 2008 年 9 月 10 日。

这些"第一个",生动地诠释了 30 年来出版发行界翻天覆地的变化。

说起"从官方走向市场",就必须要回顾新华书店的历史。何春华告诉记者,新华书店 1937 年在延安成立,过去隶属于中宣部出版局,几十年来一直是事业单位体制,计划经济色彩明显。而且其定位也非常明确,"思想文化建设阵地,传播科学文化知识",国家从未在经济效益方面对新华书店提出专门要求,书店也因此故步自封。到了 1982 年 7 月,文化部首先发出《关于图书发行体制改革工作的通知》,要求建立"一主三多一少的图书流通体制"。自此,出版发行体制的改革便开始启动,30 年来经历了巨大变化,逐渐演化为市场主体。

第二个特征是从单一走向多元。何春华说,过去的经营主体是国有,一店独大、一社独大是正常现象。现在的市场主体已经非常多元了,国有、民营、外资、股份合资、混合所有制,超级书店、新华书店、民营书店、网络书店、专业书店,经营成分十分复杂。此外,出版社和书店也不再仅仅是书籍内容的提供者,更加蜕变为创意的策划者、生产者、流通者。产品形式的丰富多样更是日新月异,从纸媒到多媒体,甚至全媒体。

30 年来,全国出版发行行业的资产规模、经营产品种类、人员队伍都发生了翻天覆地的变化,用"从贫乏走向丰富"来概括也不为过。来自新闻出版总署的数字告诉我们,从 1978 年到 2006 年,我国的出版社从 105 个发展到 573 个,增加 4.5 倍;图书产品,从 1.5 万种增加到 23 万种,增加 14.5 倍;印数从 37 亿册增加到 64 亿册,增加 0.73 倍;出版系统利润,从 3.23 亿元增加到 46.49 亿元,增加 13.4 倍。何春华告诉记者,此外,书店的规模性增长也很能说明问题。目前，全国 1 万平方米以上的书城有 60 座，过去全国最大的新华书店王府井书店也只有三四千平方米。他回忆说，曾经的深圳中心书店是新华书店解放路门市，两层楼加起来只有 170 平方米，如今深圳中心书城已经达到 84000 平方米，是世界上单体面积最大的书店。

而出版发行体制"从封闭走向开放"，何春华认为可以从三方面来理解。第一，经营管理者的观念，从单一的计划经济摆脱出来，接受并实践了市场经济理念。其次，过去不讲经营和核算，只关心完成政治任务，现在能够妥善处理好社会效益和经济效益的关系。"深圳书城就是一个很好的例子，它实现了社会效益的最大化和经济效益最优化。"何春华认为，最后一点是出版社和书店逐渐有了"走出去，请进来"战略规划，以全球化视野、开放心态来探索出版发行体制的进一步变革。

深圳是否需要一个书展[*]

"香港书展是不可复制的。一组简单的数字对比很能说明问题，今年书展在香港会展中心所占的面积是4.4万平方米，深圳三大书城经营面积加起来达到8.4万平方米。365天有8.4万平方米的深圳书城，已经是永不落幕的书市了。香港书展这一周，就相当于香港最大的一个书城，华语世界的中文图书在这里集中展示，会展中心就是香港的'深圳书城'。"

尹昌龙(右二)与何春华(右一)在第20届香港书展展场

　　这便是何春华阅读的香港书展。说这番话的时候，透过他背后的玻璃，可以看到下面密密匝匝的人群包围着这个书展。

＊本文原载于《深圳商报》2009年7月29日，刘悠扬采写。

从一河之隔的深圳过埠,来到跨入第20个年头的香港书展,何春华的身份有些特殊。他不仅是深圳出版发行集团的副总经理,香港书展一位忠实的参展商和亲历者,更是深圳读书月组委会办公室常务副主任,参与缔造了辐射全国的"深圳读书月模式"。

7月22日,本报记者跟随何春华赴港,"细读"香港书展。对他而言,书展的成功之道不仅对深圳三大书城的经营模式有所启发,更能发掘出许多可供深圳读书月借鉴的思路和做法。

见证两地出版大融合趋势

"深圳出版发行集团已经参加香港书展六届了,但前面几届都亏本。2007年我认为是个转折点。"站在1号馆中国内地出版区深圳出版发行集团的展台前,何春华告诉记者,内地出版物在香港书展上亮相早已不是第一次了,但2007年以前都是个体书商各自摆摊、单兵作战。内地成规模地参加香港书展是在2007年,当时专设了"中国内地出版物精品馆","那一届影响非常大,交易额达到300多万。一下子,在香港市民心目当中改变了对内地出版的印象。"何春华回忆说。

两年过去了,内地出版物在香港书展上的身影越来越频密,简体字书以印工精致、价格便宜的优势迅速赢得港人青睐。何春华注意到,今年香港书展再次扩大了内地出版的比例,在1号馆和3号馆分设了两个内地出版展区,展区面积达到1000多平方米,中国出版集团、中国国际出版集团等实力强大的内地30家出版单位1.3万余种简体字新书,规模远远超过往届。在何春华看来,内地与香港文化同根,出版同源,香港书展见证了两地出版的大融合趋势。

"他们没有细读的时间"

《男人必学的魔术》《暮光之城》《精选百姓家常菜 1688》《饮食宜忌全书》《小团圆》——这是深圳出版发行集团在本届书展上的畅销书前五名,销售均在 100 本以上。环顾其他内地出版展位,最受香港读者欢迎的几乎都是中医、保健、养生书,以及一些比较通俗的历史文化类书籍。

"来香港参展,一件很伤脑筋的事就是选书。"何春华告诉记者,为了找到适合香港读者口味的书,经历了一个摸索的过程。最初几届带来的一些学术味浓厚的精品好书销得不是很理想,他们逐渐发现,香港的市民读者更青睐生活类、实用类、文教类的书。究其原因,他认为香港很特殊,买学术书要去小型的专业书店和二楼书店,大型书展承担的不是提供高、精、尖图书的功能,而是大众阅读和通俗阅读。说到这里,他指着汹涌而至的人流,"你看,人像潮水一样涌过,脚步根本停不下来,看到顺眼的书就随手买了。他们没有细读的时间。"

高度发达的会展经济是基础

分析香港书展的成功,何春华用一个词来形容:歪打正着。在他多年的观察中,书展的主办单位是一个半官方的机构香港贸发局,以其专业擅长而言,主要是把它当成一个商业展会来办。因此书展的目标定位、指导思想都与香港高度发达的商业文化氛围丝丝入扣。然而它坚持下来,从第一届干到第二十届,也在不断试图注入一些文化因素,其书香氛围的营造竟作为一个"副产品"被生产出来。

"香港书展的成功,我认为基础是其高度发达的会展经济、高度发达的商业理念。"何春华说,展会的组织、场馆的设计、展会的宣传、盛大的陈列,每一个细节都人性化到了极致。此外,他认为书展成功还有一个重要因素,那就是香港市民非常成熟、文明。"他们自觉买票,排队进场。排队的队伍高峰时达到两三公里,但秩序井然,由此可见香港市民的文明程度。"

细细辨析,何春华认为,香港市民的这种成熟,并不完全源于对书的尊重,更大的可能是香港社会商业理念的浸淫,他们已经把逛书展当作一种时尚行为。"在香港,热闹的不仅仅是书展,动漫展、设计展、车展……几乎所有展会,老百姓都有兴趣。专业展会代表的是各行各业的最新成果,逛展会于是成为他们了解最新资讯的一个窗口,一次机会,一种习惯。香港市民已经习惯了永远站在潮流的最前端,掌握第一手最新、最先进的资讯,这也是快节奏、信息发达的商业社会造就的。"他分析说。

深圳读书月与之大有不同

深圳读书月今年即将迈入第 10 个年头,与 20 岁的香港书展相比,同样是以书籍为核心的大型读书界盛事,共通之处和差异又在哪里呢? 何春华认为,香港书展和深圳读书月的共同点,在于都致力于营造一种书香氛围。不同处在于香港书展是"歪打正着",而深圳读书月首届就鲜明提出"营造书香社会"的总主题,是一种主动、有针对性的打造。

此外,二者的运作方式也极为不同,"你可以把香港书展定位为一个准公益事业。由于对文化活动'不计成本'的投入,书展本身可能不赚钱,但会展公司是全商业化运作,书展期间香港的住

宿、购物、旅游、交通等关联产业也被强力拉动。而深圳读书月则
是完全公益的,因此也无法实现香港书展这样的产业效应。"

何春华建议说,文博会新闻出版馆应向香港学习办书展的先
进理念。比如在展览的定位方面要面向广大市民,在开馆时间上
更方便市民。像香港书展平时是从上午 10 点开到晚 10 点,周末
更延长到夜里 12 点。从目前来看,新闻出版馆与香港书展还有
比较大的差距,但是可以向这个方向努力。

"香港书展是不可复制的。"何春华告诉记者,深圳也曾设想,
在每年的读书月期间办一个书市。经过论证和调研,却发现并不
可行。深圳有四家大书城(深圳出版发行集团三大书城以及浙江
省新华书店开设的深圳购书中心)、遍布全市的公共图书馆以及
八卦岭等折扣颇低的图书批发市场,已经能够满足读者日常的读
书需求,一年一度的大书展可能达不到香港书展的效果。而香港
的地价很贵,大量都是二楼书店或小一点的专业书店,最大的书
店也就是三联、天地的几处门店,没有一家像罗湖书城、中心书
城、南山书城这样永不落幕的"书市"。

对于香港书展的借鉴,何春华认为,比较可行的是阶段性举
办一些主题书展。比如配合读书月、创意十二月、文博会、高交会
等时段,尝试将主题书展与品牌文化活动捆绑策划,组织一些有
针对性的主题书展。

月在清波说向谁

（代后记）

古圣先贤有言："诗言志,歌永言。""文章合为时而著,歌诗合为事而作。"此处"诗"、"文"、"歌"泛指包括诗文在内的各种文体的文章著作,当然也包括演讲、报告、采访、访谈等文字。应时应事,有感而发,言之有物有情有理,是为好文章好境界之一种。此种境界之文章,则必合于钱穆先生在《国史大纲》序中所指出的,"尤必附随一种对其本国已往历史之温情与敬意"。这温情与敬意,最难得,最宝贵。舍此,为文者达不到物我一体、物我双忘,出乎情、入乎理的境界,则其所成之文字,不仅自己觉得隔膜,他人见之也觉得不真切。不止研究国史,研究任何事理都应持此态度。无此"温情与敬意",人人避之唯恐不及,听之置若罔闻,思之意乱心烦,则何以用功用力？何以格物致知？何以齐物论,一知行,止至善？此种道理,本人实无资格在这里讲出来。然于拙作《书海思问录》之出版,本人于此义实略有得之。说出来,不畏高明同仁和读者哂笑,实出于自己内心深植的对真理真知、正知正见,对图书典籍、出版发行业的"温情与敬意"。

一、书缘

本人生长于赣西萍乡丘陵地区农村。"萍乡"之名,据《太平

寰宇记》,盖因"楚昭王获萍实于此",以为大吉,故有"萍乡"之
称,又有"昭萍"、"楚萍"之别称。从历史和地理看,萍乡居湘省
之东,与浏阳、醴陵接界,近长沙而远南昌,在高速公路、高铁、飞
机兴起发达之前,这里的百姓跟湖南人民来往密切,互称"老表",
生活习惯、民俗等与湘省近似,部分属楚文化圈。查本家族谱,先
祖源自皖省庐江何江堂——"天下何姓出庐江",大概于明末迁赣
省吉安,再迁至萍乡,因此又有皖文化的基因。江西好山好水,鱼
米之乡,有首民歌,歌名干脆就叫《江西是个好地方》。在我的记
忆中,罕有灾荒的印象。在农业文明时代,这种封闭的地理、丰富
的山水田土资源,恰恰成为一种产业优势,同时逃避了战乱的摧
残,文明得以兴盛传承。最典型者,唐宋八大家中江西即有欧阳
修、王安石、曾巩三人。

　　我家祖上世代业农。祖父生于 1912 年,虽家有薄产(解放后
划定家庭成分为"下中农"),但并未进老式私塾和新式学校读书,
可称为"文盲"。乡下孩子早当家,何况祖父是长子。祖父不通文
墨,但明事理。我孩童时代记忆深刻的是:祖父会记数、算账,会
在竹椅靠背上用钉子刻上自己的名字,用毛笔蘸油漆在水桶、箩
筐、扁担、农具上写上自己的名字、添置时间,会结结巴巴又得意
地当着生客、熟客的面念孙子们贴在墙壁上的学校奖状。祖父是
县里的劳动模范,戴过大红花,68 岁高龄还领着主要劳动力的工
分:一天 10 分;还被提名当生产队长,因家人反对作罢。1982 年
春耕前,中央发布农村一号文件,准许分田到户。我家七口人分
到三亩多水田、四亩旱地、三片油茶林、一头老水牛(作价多少记
不清楚),与 10 家农户共有一口鱼塘。这是祖父活到 70 岁时最
欢喜、最得意、最幸福的事。为此,他主持(平时老人根本不管家

事,只顾干活)召开了一次家庭会议。只讲一件事,从此各人做好
各人的事,祖父负责农业生产,父亲只管教书,母亲只管家务、养
猪养鸡,孙儿孙女(四男一女)只管读好书,早晚、假期做完作业,
帮助做些农活。真没想到祖父有如此之将才。

父亲生于 1941 年,在兄弟姐妹中是老幺,最得祖父祖母宠
爱。祖父明确,父亲什么活儿都不要干,只管啃书。说"没有文
化,就是睁眼瞎子。不管读得进读不进,读到石头开花,也要做读
书人"。祖父的粗蛮、狠气,在十里八乡是有名的。子孙哪个敢违
逆? 1954 年,父亲考取江西省重点中学——萍乡市上栗中学初中
部,成为住校生。三年以后,由于作文、书法、绘画方面的特殊才
能,父亲被景德镇陶瓷学院国画系录取。在"三年困难"特殊时
期,国家精简城市人口 3000 万,父亲差半学期毕业,回到乡下,所
从事的工作从公社农机厂会计员、公社文书到民办教师、公办教
师,一直干到小学教导主任、校长、高级教师,直到荣休,完成了祖
父所要求的"做读书人"的期望。

到我们这一代,新中国新社会。虽有"文化大革命"一曲,但
那是一部分大人们的事。有两件事,我记忆特别清晰,一是开门
办学。老师把课上到了田间地头山岭,孩子玩性大,自然高兴,巴
不得天天如此,但是识字、作文、算术、音乐、体育等并没有明显耽
搁。二是斗地主、富农和落后分子。那些人头戴纸糊高帽,脖子
上挂着写有"打倒批臭×××"的木牌,或者挑着一担粪桶(兼具惩
罚和侮辱性质),绕楼溪水库岸边行走,叫"游行"。大人走在前
面,小学生凑热闹跟在后面,喊着口号,举着拳头,实际上并不知
道发生了什么事,不知道为什么,不知道为了谁。尽管如此,祖父
的训示孙儿们一刻也不敢忘记。我 1973 年 9 月入小学一年级,到

1978年7月小学五年级毕业,个个学期都是"三好学生"、班干部(学习委员、班长),作文好,经常被语文老师当作范文在班上念。体育勉强及格,主持(其实就是报幕)、歌唱、表演还行(因为那时不懂事,不怕丑)。记得在公社大礼堂还参加过全社文艺汇演,表演的角色是一队老农民参观大寨回来,意气昂扬,喜不自胜,欢喜得载歌载舞。歌曲叫《大寨亚克西》,唱词是:

"我参观大寨回家乡啊,说不尽的高兴话心里面装啊。我到了这样一个好地方啊,怎能叫我不歌唱啊? 来来来来来来来,来来来来来来。亚克西,亚克西,亚克西,大寨真是亚克西。大寨小伙子腰杆子硬,大寨的姑娘都是铁肩膀啊,大寨的老汉都是老愚公啊,大寨的小娃娃,上学背粪筐啊。来来来来来来来,来来来来来来。"

1978年9月,我被萍乡市上栗中学初中部录取,与父亲成了"校友"。别提祖父、父母和亲族朋友有多高兴。开学那天,父亲请假,帮我挑行李,从家里步行8里到公社,爬运砖的货车来到萍乡城西门长途客运站,再坐大客车到上栗县政府所在地上栗镇,然后步行4里到达上栗中学,时间差不多晚上八点。父亲当晚带我拜见了他读中学时的数学老师简道华老师,第二天上午又见了他的初中同班同学李映民、朱品文老师夫妇等,拜托他们管教好我。1981年9月,我继续在上栗中学高中部就读。1983年深秋的一天傍晚,祖父一人挑着棉被、米油和母亲炒的用罐头瓶子装好的菜蔬来到学校,不知道老人用什么办法找到我的教室。老人在教室门口,旁若无人冲着我大喊:"满伢! 满伢!"同学们都在上晚自习,教室里寂然无声,祖父的声音本来就大,此刻有如洪钟,大家都把眼光投向祖父和我。我赶紧起身,走出教室。祖父挑担，我跟在后面，到宿舍把行李放好。我想留祖父住一夜，祖父习惯性地手一摆："满伢！不歇了。我还要赶到火烧桥，定了两只猪崽，趁早赶路。"看着祖父的背影消失在夜色里，我眼眶湿润，眼泪潸潸流下。那一年，祖父71周岁。

从小学到初中、高中，那时候闹"书荒"，书、报、杂志非常有限，而且农村穷苦，即使有地方有书可买，农家孩子也没几个能买得起的。书、报、刊绝对是奢侈品。我记得：上栗中学邻金山供销社有一个图书专柜，陈列少数连环画书，到货往往一"抢"而光。农村孩子常望书兴叹。同桌好友黄同学是城里人，新书到货必买，有书必慷慨首先借我阅读。课间偷看《三国演义》、《第二次握手》、《烈火金刚》、《桥隆飙》、《林海雪原》等，多次被老师抓住，点名批评。

1984年9月我以542分的成绩，阴差阳错被录入武汉大学图书馆学系图书发行管理学专业。当年此成绩，入北大少一点，上复旦没有问题。好在那时武大排名前五，刘道玉校长搞教育改革，在全国高校反响很大。但图书发行专业，相比文史哲、经济、法律、金融等热门学科，是有点黯淡无光，而且毕业去向明确。或问："将来干什么？"我心头紧张，多数时候沉默。受过高等教育、身为语文高级教师的父亲不无幽默地替我回答："发什么不发什么先不去管它。反正跟人民币发行相似吧，钱人不怕多，知识人嫌少。"

年少不更事，且张狂可爱。入学后，随着见识多起来，班里同学专业思想不稳定问题显得突出。有的同学四处打听，试图转系，不听专业课，跑到别的专业听课；有的整天泡图书馆，悄悄做二手准备；有的吊儿郎当，逃学，自暴自弃；有的发牢骚，讲怪话，没有理由骂天骂地骂娘,种种情况都有。这些情况引起了院系领导、党总支、专业教授和辅导员的关注重视。于是召开主题班会,谈心谈话,集中解决专业思想不稳定问题。领头创办图书发行管理学专业的傅敬生副院长首先讲话,介绍专业创办过程:为适应全国出版发行体制改革需要,培养高端行业管理人才,新华书店总店在武汉大学、南开大学、南京大学等著名高校中择优选中了武大,光荣啊! 1983 年创办并正式招生,你们是黄埔第二期!

院总支书记王秀华老师语重心长,如慈母般对我们说:"同学们可都是佼佼者。1984 年全国大中专综合录取率不到 5%。真正是百里挑一,国之骄子。三百六十行,行行出状元,同学们要珍惜,要安心,要成才。"

资历相对深、主讲《图书发行学概论》的罗紫初教授激动地说:"是哪个领袖教导的,我们都是为人民服务的,只是分工不同,没有高低贵贱之分。"会开到这里,全场鸦雀无声。

罗教授继续讲:"要以发展的眼光看待问题,思考问题。你们将来工作了,可以参考工业经济和管理行业,评定发行师、高级发行师呀。"此话一出,班里立刻炸了锅,同学们纷纷举手要求发言。

J 生说:"老师讲的都在理。总店出钱办学招生,是不是委培性质? 我们上的可是国家重点大学啊! 我们都是有理想的人啊!"

R 生(辽宁人,有哲学思维,毕业后从事种养业):"我们前途明确,出路有限,道路平坦。比较产生价值。我看还是多想想没有考上大学的那些同学们吧。"

G 生:"你这是什么话? 放之四海而皆准。阿 Q 精神!"

　　W生忽地站起，大声说:"罗教授，发行学研究什么? 有什么规律? 有什么学问? 我高分入校，决没有填报此专业，是调剂的，冤枉! 评什么发行师，还不如理发师。"教室里哄堂大笑。系主任招呼大家:"安静! 安静! 严肃! 严肃!"

　　H生说俏皮话:"罗老是实话实讲。同学们，我觉得既要有理想，又要脚踏实地。祖国哪里召唤，我们就冲向哪里。"

　　"是啊!""对头!""正确!"H生的话赢得师长首肯，大部分女生和少数男生表示认可。场面复归安静。

　　此次班会后，同学们专业思想暂时稳定下来。听专业课的多了。顽固分子还是那么几个:有人把精力花在选学别系的专业课上，准备考研究生;有人泡图书馆，只读自己想读的书;有人专业课程平平过，喊出"60分万岁"。我则属于三者兼具。

　　但是，W生还是时不时骂骂咧咧。我的印象中，他对本专业的"痛恨"，颇类乡下妇女骂街，不见了鸡鸭被偷了菜瓜，不知道小偷是哪个，找不到具体咒骂对象，可是心头又有气难平息，于是拿把菜刀，提块砧板，在村口摆开架势，劈一刀，骂一声，跺一脚，反复不已。不时有人围观，直到筋疲力尽才作罢。但他在学生中很有威信，被认为是"敢讲真话的人"。

　　吊诡的是，今年国庆期间，84级本专业35位同学（全班57人）离校30周年重返母校，看望师长，信息管理学院郑重地举行座谈会。现任院长方卿教授说:"本专业自1983年创办以来，共计招生1200多人，你们班在本行业从业的比例是最高的，职业也是最稳定的。国家一级重点学科，武大共有五科上榜，包括出版发行管理学专业在内的图书情报与档案管理算一科。现在的信息管理学院，科研能力和综合评分亚洲第一、世界第二，学校非常看重。”

二、书业

业者，专业、职业、事业、业绩之谓也。在中国，在事业单位和国有企业中，个人和集体是分不开的，个人是集体的分子，集体是个人的集合，个人经由集体展开自己的职业和专业，并通过企事业单位的业绩和发展，实现自己的社会价值和职业梦想。

1988年5月，地处我国改革开放前沿的深圳市新华书店，总经理汪顺安来到武汉大学挑选应届毕业生，下榻珞珈山宾馆。辅导员胡典世、徐春和老师均首先推荐了我。汪总在宾馆里一一面试学生，把名单慎重装进了西装口袋。我去了图书馆，那时没有BP机、手机，错过了面试的机会。同学们绘声绘色回来讲："那位汪总不得了，穿西装，打领带，拎着密码箱，好像还有秘书，那派头像电影里的资本家。"经过面试的同学心里痒痒的，恨不得明天就跑到深圳去。我呢，心里倒平静，一直等研究生考试出榜，但以数分之差落选。不久，接到了深圳市文化局应届毕业生接收函，五人名单中有我。真是谢天谢地谢恩师。

1988年7月10日清早，我挤上了从上海经停萍乡开往广州的绿皮火车，站着，摇晃着，直到湖南衡阳才坐到座位。约下午三点到达广州火车站，左请右问，找到去深圳的中巴。走107国道，在东莞换乘另外一台巴士，重新买票上车（后来才知是被卖了"猪崽"）。摇啊摇，下午六点半到达深圳特区南头边检站，却进不了关，因为没有到户口所在地公安局办理进出深圳经济特区的边境通行证，凭学校派遣证是不能进关的。那时深圳市新华书店机关已下班，情急之下我找到了宝安县新华书店。碰巧遇到加班的钟惠民副经理,他一看我是武汉大学学生,又是来深圳市新华书店报到的,态度亲热十分,请我吃饭,帮忙找招待所(20元一晚),答应第二天亲自送我进关,到市店报到。从那刻起,我坚信:新华书店真好!

1988到2018,足足30年,是人生的黄金时间。我加入深圳市新华书店至今满30年,干一件事,待一个单位,许多人认为不可能,我自己也觉得是奇迹。我给自己"算命",在书店要待一辈子,卖书要卖一辈子。这是中国天翻地覆,高歌猛进的30年;是深圳高视阔步,奋勇发展的30年;也是中国书业脱胎换骨,改革创新的30年。我所在的深圳市新华书店,成为全国书业裂变的缩影,我亲见了深圳图书发行事业前进的一步步坚实足印,一幕幕壮丽场景,一个个鲜活人物,一桩桩动人故事。

凡出版发行业内人士,对下列事件都是熟悉的:从统一核算的大锅饭到联销计奖超利润分成;从柜组承包到单店承包;从单店销售到市级、省级新华书店系统连锁经营;从心算、算盘、计算器,手工开单到计算机信息管理和联网运行;从供销社图书专柜、独立书店到超级书城、线上线下融合发展、智能化书城;从中药铺似的闭架销售到开架超市一站式服务;从单一的全民所有制、集体所有制到多种经济成分共存、股份制改造直至上市;从事业单位企业管理的准企业性质到完全自主经营、自负盈亏的市场主体;从单一课本发行、图书销售功能到全民阅读主阵地、城市文化中心、文化万象城和知识服务商。深圳市新华书店一次又一次蜕变,华丽转身。在《在深圳亲历的"全国第一"》一文中,我有较全面的叙述。

这期间,我最少有两次离开新华书店到党政机关,三次离开本行到其他国企和外企工作的机会,一度动心过,但思之再三还是决定留下来。跟上级的答复是,我了解自己,只适合卖书,留下来看书摊吧。跟外企的答复是,薪水当然诱人,但你不能保证给我在国企的尊严,我可能受不了森严的制度和别样的企业文化。说实话,骨子里的原因是,在书城楼上工作,坐拥书城,时刻与好书相伴,这是天底下最幸福的事情。

卖书——买书——读书——藏书——偶尔写些文字,构成我生活的基本要素和主要成分。跟妻子没有什么要求,从不抽烟,酒可以不喝,但是,必须时刻有钱买书,而且买书必须实报实销。因此家里的空间、办公室的空间,能放东西的地方都摆满了书。30年积攒下来的图书,粗略计算有3万种之多,足以开一个小型图书馆。朋友问:"你不觉得单调乏味吗?""现在是网络世界,电子时代,你不是迂腐吗?""你不觉得自己可笑吗?"我说:"'鱼之乐',你知道吗?我的丰富性、喜悦感、满足感都在书里头,那是什么样的世界啊!"国务院参事,原中国出版集团副总裁、三联书店总经理樊希安先生送我八个字:"一个书痴,乐此不疲。"知我者,国参也!

三、书情

收入本书的文章大概分两类。主体部分是文化名家暨"四个一批"人才自主选题《最美是书城》。书城是我最专业、最熟悉的领域,写作非常艰辛。其中三分之二是公开发表过的,收入本书时只对明显的文字错漏作了修改,对观点不作修饰,以存其真。硕士研究生论文虽未公开发表,但被武汉大学评定为2005年优秀学位论文,收入中国知网,也算是公开了。其余三分之一是根据党课团课培训班授课录音整理而成,加上两篇记者采访。我的习惯是:讲课只列提纲,根据现场人气、互动和借力,天马行空,但不离大体。整理出来的文字,不敢相信出自自己的头脑和嘴:是我讲的吗? 是我的认识吗? 感谢现场听众、员工和组织者之余,多少有些得意,说明互动、沟通、借力之重要;同时也说明,写作文字需要碰撞,触发灵感,激发潜能。所以,我要感谢的人太多太多,包括所有的听众——他们有的是奉命行事,并非是真的愿意听我讲,真的需要听我讲。

概括本书文字的写作场景,一是闷头闷脑型,课题和论文等是也。多少讲究结构、论据、论证、论点,以及叙述方式和学术规范。不敢以高论、新论、妙论自许,但务求呈献亲历、亲见、亲闻、亲行、亲悟,对应身体感官之眼耳鼻舌身意。准确说,在我眼里心里,历史逻辑优先于事实逻辑,事实逻辑又优先于理论逻辑。二是临场发挥型,讲课和采访稿是也。其特点是略有大体范围,视现场气场互动激荡,脚踩西瓜皮,滑到哪里算哪里,比较随意率性。在行业里,有点影响,被人称道的东西,多出自此方。

本书得以出版问世,我发自内心要感恩的人士实在太多。在此申明,叙述有先后,感恩之心则一也。

我感恩新时代和深圳这座城市。是这方热土给了我梦想、力量和行动,是这里我所遇到的每一位领导长辈,宽容我的稚嫩、鲁莽和无知;是这里的同事们在我无论顺境逆境、平台高低,还是喜怒忧伤时,都对我护佑关怀,伸出援手,不离不弃。

我感恩武汉大学信息管理学院黄凯卿教授。大学期间和毕业后一直关心、指导我的学业。在国家整顿规范学历教育后的2002 年,动员、鼓励我参加研究生"国考"。录取后,担任我的指导老师,使我得以"开小灶",耳提面命,有机会朝夕请益。黄老于本人拙著,慨然欣然赐序。"同年"夏兴通、李春成、吴赟等也在学业上给予我无私帮助。

我感恩深圳出版发行集团掌门人尹昌龙博士,以其缜密的思维、开阔的视野、专业的认知和文学的语言,多次正式非正式地指导课题研究。感恩著名版画家梁国富先生以精湛的技艺、精巧的构思、精心的创作,呈现深圳书城六城图。感恩青年书画家、藏书家、出版人陈义望先生闻说本书编撰,慨然创作国画《书海泛舟图》见赠,以示鼓励。

我感恩我的同事赵琴、倪海娟、陈玉梅女士和班国春先生,他们不厌其烦,不辞辛劳,承担了大量的本属于作者的文字整理工作,没有他们的帮助和付出,本书至少一年后才出得来,这种帮助是无价的。

我感恩中华书局领导徐俊、顾青、周清华诸位先生。他们厚爱我,抬举我,不以我学术地位低微(准确说根本没有),根本就是一个事务主义者、经验主义者,慨然允诺在我国的学术出版重镇——中华书局出版本书,真让我受宠若惊,喜莫大焉。尤其,感恩徐俊先生以其如椽巨笔,不辞小作,欣然题签。责任编辑罗华彤先生、葛洪春先生,多次往返京深,多少个日夜挑灯夜战,拿出绣花功夫为我的书稿定架构,审观点,改文字,倾注了大量心血。由此我深刻认识到:书之难成,书之宝贵,书之以人大快乐!也因此我有一个观念:书籍是人类历史上最伟大的发明!

饮水思源,吃水不忘挖井人。我感恩中央宣传部将我列入文化名家暨"四个一批"人才加以培养,改革办、干部局、出版局的领导同志给予我正确的宝贵的教育和指引,原国家新闻出版广电总局评定我为"全国新闻出版行业领军人才"，广东省委宣传部将我列入"广东省宣传思想战线优秀人才"，深圳市委宣传部将我列入"十百千工程"第一层次人才，深圳市人社局将我认定为深圳市高层次人才。中宣部和广东省委宣传部、深圳市委宣传部给予我充足的课题经费。凡此种种，皆是激励我不忘初心，奋力前行的原动力。

　　最后，我还想说一句："高山仰止，景行行止。虽不能至，然心向往之。"

2018 年 10 月 31 日于深圳